AF398466

Éditions DIASPORAS NOIRES

www.diasporas-noires.com

©Arsène Francoeur Nganga 2019
ISBN version numérique : 9791091999953
ISBN version imprimée :   9791091999960
Date de publication numérique : Juin 2019
Impression : Juillet 2019

ARSÈNE FRANCOEUR NGANGA

LES ORIGINES KÔNGO D'HAÏTI

PREMIÈRE RÉPUBLIQUE NOIRE DE L'HUMANITÉ

HISTOIRE DU PEUPLE NOIR

Collection RACINES

SOMMAIRE

- DÉDICACE
- REMERCIEMENTS
- PRÉFACE
- AVANT-PROPOS
- INTRODUCTION
- LE MOUVEMENT DE LIBÉRATION DU KÔNGO ET LA DÉPORTATION DES KÔNGO POUR LES AMÉRIQUES
- L'ARRIVÉE DES KÔNGO DANS LA COLONIE DE SAINT-DOMINGUE
- III : LE VODOU HAÏTIEN : UNE RENCONTRE DE PLUSIEURS TRADITIONS AFRICAINES, MAJORITAIREMENT KÔNGO : UN HÉRITAGE MAJORITAIRE DES SORCIERS KÔNGO
- ÉTUDES DE L'INFLUENCE DE LA LANGUE KIKÔNGO (H 10) DANS LE VODOU HAÏTIEN SUR LA BASE D'UN ÉCHANTILLON DE 3 PRIÈRES
- LA POUPÉE VAUDOU OU LE FÉTICHE NKONDI DES KÔNGO
- LA TRADITION KÔNGO DANS LES LIEUX ET SANCTUAIRES EN HAÏTI
- VII : LE RÔLE ET L'APPORT DES KÔNGO DANS LA PÉRIODE RÉVOLUTIONNAIRE
- VIII- LA CÉRÉMONIE DU BOIS CAÏMAN D'AOÛT 1791 : LA PLUS IMPORTANTE CÉRÉMONIE RELIGIEUSE D'HAÏTI : QUELLE TRADITION ?
- IX- LA BATAILLE DE LA CROIX DES BOUQUETS : 22 MARS 1792
- X- LA BATAILLE DE L'ARTIBONITE OU LE SIÈGE DE LA CRÈTE-À-PIERROT MARS 1802
- XI- TOUSSAINT LOUVERTURE
- XII- LA BATAILLE DE VERTIÈRES ET L'EFFORT DE GUERRE KÔNGO ABOUTISSANT À L'INDÉPENDANCE
- XIII- EMPREINTES KÔNGO PENDANT LA PÉRIODE POST-RÉVOLUTIONNAIRE
- XIV- LA TRADITION KÔNGO ET L'UNIVERS FOLKLORIQUE HAÏTIEN
- XV- LE PALMIER SUR LES ARMOIRIES DE LA RÉPUBLIQUE D'HAÏTI : UN SYMBOLE KÔNGO
- CONCLUSION
- ANNEXES
- BIBLIOGRAPHIE

DÉDICACE

En mémoire de :

Sa Majesté le roi Kôngo, Garcia II (Ndo Ngalasia) Nkanga A Lukeni A Nzenzé A Ntumba dit Kimpaku (Féticheur) (1641-1660).

Sa majesté le roi Kôngo, Dom Antonio 1er (Ndo Ntoni) M'Vita Kanga (1663-1665) : décapité à la suite de la bataille de Mbwila (Ambwila) d'octobre 1665 par les Portugais. Sa tête fut rapportée à Luanda (colonie d'Angola) dans un coffre de velours noir et enterrée dans l'Église de Notre dame de Nazareth de Luanda (Colonie d'Angola) et le sceptre royal Kôngo envoyé au Portugal comme trophée.

Mpanzu Kia Ntinu, assassiné lors de son affrontement avec son neveu, le futur roi Nzinga A Mvemba Afonso Ier, lors de la bataille de Mbandza Kôngo de 1506 à cause de son attachement ferme à la tradition Kôngo.

L'Abbé François Lubeladyo, natif Kôngo, ordonné prêtre capucin à Mbandza Kôngo en 1637.

François Makandala dit " Makandal ", prêtre, féticheur, guérisseur et bouc émissaire de l'idéologie révolutionnaire qui a conduit à la première république noire de l'humanité, auteur de la plus grande histoire méconnue de l'histoire.

Le père Philémon, capucin, curé à Limbé (Nord de Saint-Domingue), pasteur des noirs, exécuté parce qu'accusé d'avoir excité les rebelles Africains au lieu de les ramener à l'obéissance en août 1791. Il fut pendu sur la place d'armes du Cap à quatre heures trente de l'après-midi.

Le père Alix Francoeur, missionnaire haïtien digne d'éloges, ayant moissonné en République du Congo pendant une quinzaine d'années. Décédé et enterré au Congo à la cathédrale du sacré cœur de Brazzaville, au milieu de tant d'autres missionnaires comme lui qui y ont fait le sacrifice de leur vie.

Philippe Mbumba de Kikengue, un des premiers Ngundza (prophète) modernes de la région de Manianga (dans l'actuelle province du Kôngo Central du Congo démocratique), durant les décennies 1920. Homme puissant et mystique, auteur de plusieurs miracles et guérisons ; il disparaissait souvent devant les autorités coloniales, rapporte la petite histoire.

 Mountsopa (il était fort comme Héraclès), Moundoumango (il grondait comme le léopard), Mataï Muanda, Ta Biza de Moutampa, Mutu Mu Ntadi (La tête dans la pierre), Esaïe Massamba, Ta Samba Ndongo, Ta Malonga Ma Mpakassa, Emmanuel Bamba, Tata Ngonda Wa Nguitoukoulou Wa Siluwa et aussi pour les professeurs Fukiau Bunseki Lumanisa, David Wabeladio Payi, Jean Pierre Makouta Mboukou et les personnalités : Ange Bidié Diawara, Luc Kimbouala Nkaya, Barthélemy Kikadidi, Massamba Herbert et Moukôngo Mountou Abraham alias " Le Rambo du Congo ".

REMERCIEMENTS

Ce livre n'aurait pu être finalisé et édité sans l'aide multiforme et les encouragements de l'honorable Gerald Matsima Kimbembe, député au parlement de la République du Congo et défenseur des valeurs culturelles africaines. Monsieur Emmanuel Ngombet, ingénieur en aviation civile, homme d'affaires, président du conseil d'administration du groupe Ingénieries prospectives (IP), fondateur et président du club Congo émergent.

Le manuscrit initial a été lu et apprécié par :

Professeur Pierre Buteau, professeur d'histoire à l'institut d'études et de recherches africaines d'Haïti (ISERSS/IERAH) de l'Université d'État d'Haïti et professeur d'histoire à l'Université Caraïbe (Haïti). Ancien Ministre de l'Éducation nationale (Haïti) et président de la société d'histoire, de géographie et de géologie d'Haïti (SHHGG).

Professeur John.K.Thornton, professeur d'histoire Africaine et Africaine-Américaine à l'Université de Boston (États-Unis d'Amérique).

Monsieur Jean Jr. Lhérisson, spécialiste en communication, ancien directeur de cabinet au Ministère de la Culture et de la Communication (Haïti 2004-2006), ancien directeur des Éditions HSI, (Haïti 1994-2001), et surtout passionné de la vie et des êtres humains.

Je remercie, toutes les personnes qui ont de loin ou de près, collaboré à l'écriture de cet ouvrage de manière directe ou indirecte :

Son Excellence, Madame Vanessa Matignon Lamothe, ancienne Ambassadrice de la République d'Haïti à l'UNESCO, ancienne Ambassadrice Extraordinaire et Plénipotentiaire d'Haïti en France, présidente du Groupe des Ambassadeurs Francophones de France (GAFF), représentante d'Haïti auprès de l'Organisation Internationale de la Francophonie et fondatrice de la bibliothèque d'Haïti (France).

Professeur Terry Rey, sociologue, ancien enseignant à l'Université d'État d'Haïti et à l'Université internationale de la Floride (États-Unis d'Amérique) et actuellement professeur en sociologie des religions à la Temple University de Philadelphie (États-Unis d'Amérique).

Professeur Michel Philippe Lerebours, ancien président de l'IERAH (Institut d'études et de recherche africaine d'Haïti) de l'Université d'état d'Haïti et ancien directeur du musée de l'art haïtien (Haïti).

Professeur Koen Bostoen, professeur de linguistique africaine à l'Université de Gand (Belgique). Depuis 2012, dirige le groupe de recherche KÔNGOKING, financé par une subvention de démarrage ERC et menant des recherches interdisciplinaires sur les origines du royaume Kôngo.

Professeur François Lumwamu, linguiste et dialectologue, Professeur titulaire, spécialiste de la langue Kikôngo, fondateur et ancien chef du département de linguistique de l'Université Marien

Ngouabi (Congo), ancien recteur de la même Université, cofondateur du CICIBA (Centre International des Civilisations Bantu), cofondateur du CERDOTOLA (Centre de Recherches et Documentation sur les Traditions et Langues Africaines) et ancien Ministre de l'éducation nationale et de la Recherche scientifique du Congo.

M. Hervé Fanini Lemoine, auteur- éditeur américano-haïtien, directeur des Éditions Kiskeya Publishing Co de Miami, Floride (États-Unis d'Amérique).

Patricia Beauchamps Afadé, coordonnatrice de l'Association des anneaux de la mémoire (Nantes – France) et membre du comité français pour la mémoire de l'esclavage (France).

Luc Mayitoukou, artiste et opérateur culturel, président de Zhu Culture (Sénégal).

Monsieur Brice Loupe, chef spirituel et Pasteur de l'Eglise traditionnelle Kôngo "Ntangu Yi Fweni " (Le temps est arrivé).

Monsieur Ramsès Mbongolo, M.Edmond Kiwami, M.Ravel Samba-Vouala, Mme Edwige Matouna-Kolélas, M. Auguste Miabeto, M.Anselme Mbemba-Mpanzou, M. Janvier Gustave Samba, M. Fidèle Makouiza, M.Christian Malonga, M.Jean Joseph Nkounkou, M. Jehu Bikoumou, Dr Jean Pierre Banzouzi, M. Joachim Mpassi, M. Merols Diabankana Diabs, Saintrick et Michel Mayitoukou, Colonel Patrick Bagana, Colonel Charles Maboussou, Roland Mbinda Nzaou, Raldich Jorel Ndongani, Jea-Paul Onésime Mvouatou et M. Jean Jacques Bungu.

PRÉFACE

Monsieur Nganga parait bien au fait de nos coutumes ancestrales. Originaire du Congo et membre de la tribu Bakôngo (descendant du royaume Kôngo), il entreprend dans cet ouvrage de retracer les liens historiques entre son peuple et la 1ère République noire de l'humanité selon ce qu'indique le titre. Vaste entreprise, non dénuée de risques et pouvant aboutir, comme cela survient souvent pour ce genre de projet, à pas mal de controverses. C'est ce défi que semble avoir bien voulu relever notre congénère à partir d'une étonnante érudition soutenue par un appareil académique particulièrement riche où sont invoquées tour à tour la Linguistique, l'Histoire, l'Anthropologie, l'Ethnologie et une Philosophie fortement imprégnée d'une certaine spiritualité éclairée quelques fois par des considérations ésotériques. Cela ne devrait pas trop surprendre le lecteur qui, souvent, se laissera conduire vers cette quête des profondeurs dont l'enjeu consiste à signaler les traces les plus pertinentes, à tisser, puis à fixer tout ce qui rattache le Bassin du Congo, particulièrement le royaume Kôngo, à cette terre d'Haïti sur les plans racial, ethnique et plus largement cosmogonique.

Selon Monsieur Nganga, le nom Kôngo dériverait d'un Totem " NGO ", représentant un animal, le léopard. Le Kôngo, se traduirait par " le pays du léopard ". L'histoire de la formation du Royaume Kôngo fait suite à la désagrégation de plusieurs entités étatiques Kôngo dont la genèse en Afrique Centrale se situe à partir du VIIIe ou IXe siècle de l'ère chrétienne. Comme tout peuple, surtout à cette époque, les Kôngo avaient une certaine conception du monde qui les entourait. Ils avaient la conviction qu'il existait deux mondes : celui des humains vivant sur la terre et un autre sous terre. Tous deux sont peuplés d'esprits dont sont originaires, pour une bonne part, les nôtres.

Dans cet assemblage, se croisent la plupart des dieux du panthéon haïtien et de nos lieux Saints. Il n'est guère aisé de les énumérer tous, mais la majorité tirerait leur origine des divinités Kôngo. Ti Jean Petro, Baron Samedi, les simbis dans l'ensemble de leur diversité ainsi que les loas ogou ; bakouloubaka (Bakulu/les esprits des Ancêtres au Kôngo) ce merveilleux diablotin qui, en dépit de son petit air angélique, de sa présentation toute d'ingénuité, se révèle l'un des esprits les plus terrifiants, parmi les plus démoniaques, de la cosmogonie Vodou. L'étude de Nganga se présente comme celle d'un grand spécialiste, mais ne s'adressant pas qu'aux seuls spécialistes. Tout lecteur, même le plus éloigné des pratiques de notre religion populaire, trouvera un intérêt à parcourir ce livre. C'est toutefois dans la longue et tragique aventure coloniale que se définissent les profondes assises de cette cosmogonie. Dix années pratiquement avant l'arrivée de Christophe Colomb dans les Amériques, débarquent au Kôngo, les Portugais. Le 23 avril 1482, selon Nganga, accoste au Royaume du Congo, l'amiral Don Diego Câo. À l'époque, ce Royaume, limité au Nord du Benin, comprenait plusieurs provinces et des vassaux, dont le Loango, le Kakôngo, le Ngoyo, le Cassange et le Ndongo-Matamba. Appelé encore la Basse Guinée, ce Royaume présentait toutes les caractéristiques d'une grande civilisation. Une langue fortement structurée, un système d'écriture, des codes juridiques et politiques particulièrement avancés et un certain savoir dans les techniques d'aménagement de l'espace. Les Portugais ont dû attendre longtemps avant de pouvoir pleinement imposer leurs croyances, leur culture et leurs principes politiques. La christianisation des Kôngo, par exemple, n'a pu s'effectuer que près de vingt ans après leur arrivée dans les premières années du XVIe siècle. Aussi, l'auteur est-il en droit de soutenir que bon nombre des Kôngo à avoir débarqué à Saint-Domingue étaient déjà dans une large mesure christianisés.

Ce processus de christianisation n'avait pas pour autant nui, ni altéré les pratiques antérieures, le Lemba, par exemple, constituait le foyer de diverses révoltes entretenues et alimentées par l'action de diverses sociétés secrètes. Ainsi, avance Nganga, en août 1704, se produit une importante révolte contre l'occupant portugais conduite par la jeune Kimpa Mvita. Tout juste âgée d'une vingtaine d'années, elle est brûlée vive, le 2 juillet 1706, comme sorcière, prophétesse. Cette vierge noire, responsable d'une secte, a selon toujours Nganga, inspiré pas mal de mouvements dans les colonies d'Amérique à l'instar des révoltes de Romaine la Prophétesse et de Mackandal, sacrifié sur un bûcher comme cette jeune congolaise. Voilà déjà pour les premières filiations. Ces deux grandes figures des révoltes serviles auraient pratiqué un christianisme syncrétique à la Kimpa Mvita comme bon nombre d'esclaves de Saint-Domingue et qui serait directement sorti du Kôngo.

La tendance qui se dégage à la lecture de ce livre, réside dans le fait que les Kôngo constitueraient le rameau le plus puissant en regard de nos racines ethniques. D'après l'auteur, peu après le cri de détresse de Las casas en faveur des Indiens et qui sera à l'origine de la traite atlantique, on avait déjà relevé la présence de quelques Kôngo dans les premières cargaisons amenées à Hispaniola qui devint dans sa partie ouest Saint-Domingue. Il est difficile de confirmer ou d'infirmer une telle assertion. Les recherches antérieures ou celles actuellement en cours ne nous autorisent guère à trancher véritablement sur la question.

À suivre la courbe de la traite comme toute une littérature l'a d'ailleurs consacrée et à laquelle Nganga fait souvent référence, on comptait des ethnies à avoir manifesté leur présence bien avant la nation Kôngo avec la traite française. Cette courbe obéit à une chronologie qui démarre, pour Saint-Domingue, au début du XVIIe siècle. Elle devait grossir de manière impressionnante jusqu'au soulèvement du 22 Août 1791. Cette révolte générale marquait pratiquement un brutal coup d'arrêt à ce sombre trafic qui reprend en 1802 par une décision de Bonaparte.

Selon toute vraisemblance, les Bambaras seraient les premières nations à s'établir sur le sol dominguois. Suite aux déplacements successifs liés aux exigences de la traite française, cette courbe partirait de la Sénégambie, au nord de l'Équateur en Afrique, pour glisser vers le Sud en passant par Ouidah (Juda ?) pour plus tard toucher le Kôngo, l'Angola et le Mozambique. Vers 1638, se constate l'arrivage massif de plusieurs nègres originaires du Sénégal et de la Gambie. Avec l'extension de la canne à sucre et plus tard du café, d'autres ethnies commencent alors à débarquer. Entre 1730 et 1767, le Royaume du Dahomey fournissait à partir de Juda (Ouidah) le gros contingent de ses prisonniers avant d'être à son tour assujetti. Les Aradas vers cette époque, auraient composé les éléments ethniques les plus anciens et les plus influents de la colonie. A partir de 1750/1758 (année de l'exécution de Mackandal), les Kôngo commencent à affirmer une plus forte présence dans la colonie. Dès1770, résultat sans doute des premiers caféiers établis depuis 1754, le Kôngo, très demandé pour son efficacité dans le travail, était partout : dans le champ, les manufactures et dans les mornes où il grossissait les bandes de marrons.

C'est dans le cadre de cette configuration que bon nombre de penseurs haïtiens, attentifs à l'évolution de notre peuple ont pu reconstituer le vieux fonds (??) ethnique de Saint-Domingue et d'Haïti. L'historien Jean Fouchard, que Nganga cite dans certaines pages de son livre, a pu, à partir de ces divers travaux, effectuer une synthèse assez pertinente des différents rameaux ayant produit notre ethnicité. Selon ce dernier, trois grands groupes composeraient ce bassin ethnique.

- Le groupe soudanais comprenant les différents peuples du Sénégal, de la Gambie et du Niger. Tous ces peuples seraient partis des forts de Saint-Louis, de Gorée en touchant le cap des Palmes (Sénégalais / Wolofs / Calvaires [Peuls ou Pulaars] Toucouleurs / Bambaras / Bissagos / Sossos) ;

- Les peuples de Guinée, plus au Sud, mais également au nord de l'Équateur et regroupant toutes les " Nations " des côtes de l'or, d'Ivoire et des Esclaves. Ce deuxième foyer peut être considéré comme le plus important apport à la constitution ethnique haïtienne (Bourriques/Mesurades /Caplaous / Kôngo [?] / Nagos / Mines / Minas/ Yoruba / Thiempas / Fons / Fontins / Mahis/ Dahomey / Aradas / Haoussas / Ibos et les Makas du Benin).

- Le dernier groupe rassemble les " Nations " vivant plus au Sud de l'Équateur surtout dans les royaumes du Kôngo et d'Angola. Ce qui constituerait les limites géographiques de la traite française incluant toutefois quelques nègres provenant des îles de Madagascar et Maurice situées en Afrique de l'Est (Congos / Francs-Congos / Moussonbis / Mondongues / Malimbes / Angoles) Leur apport demeure également considérable.

Tous ces rameaux, à chaque étape de l'histoire coloniale à Saint-Domingue, ont exercé une influence, selon leurs particularités, sur notre évolution de peuple. Et plus tard, au cours des diverses péripéties de la révolution, ils finiront par se fondre jusqu'à l'affranchissement de toute forme de domination militaire et politique en particulier. Pourtant, certains penseurs, et Nganga semblent être de ce nombre, qui aurait tendance à privilégier davantage la contribution des Kôngo dans cette évolution. Cette inclination dans leurs réflexions ne parait pas dénuée d'intérêt si on prend en considération l'influence de ces Kôngo dans la lutte des marrons durant la guerre de l'Indépendance. Certaines de nos pratiques et de nos manifestations religieuses de type syncrétique comme la Sainte Rose, Notre Dame, Saint-Jacques le Majeur, la nature de pèlerinages à Soukri Danache incitent à de telles inclinations. Toutes ces manifestations, autant d'expressions de nos croyances populaires, de nos superstitions, souvent enveloppées d'un caractère maléfique à l'image des bizangos proviendraient donc, pour une bonne part, des rites Kôngo. Tout notre patrimoine historique, immatériel serait donc redevable à ces fameux Kôngo. C'est l'impression en tout cas qui semble se dégager à la lecture de cet intéressant ouvrage.

La réputation de ces Kôngo commence à se forger de manière déterminante durant cette terrible guerre d'indépendance quand ils avaient pris les armes contre l'armée expéditionnaire, peu après la capitulation de l'armée de Louverture en mai 1802. Depuis, cette légende s'est construite autour des noms tels Lamour Sérance, Petit-Noel Prieur, Sans-Souci, Sylla… Et bien avant, elle s'était étoffée au cours de l'action des marrons dont bon nombre étaient identifiés comme étant des Kôngo.

Une réputation trop empreinte d'exagérations ? Légende trop outrancièrement grossie ? Sans aucun doute et même certainement. Toutefois, nous devons aux frères Auguste et tout particulièrement à Claude d'avoir tenté d'éclaircir certains points d'ombre autour de l'épopée de ces grandes figures Kôngo pendant cette période révolutionnaire. Dans l'équipe de Louverture se retrouvaient les représentants de toutes les " nations " et cela dès les premiers moments de son intervention capitale dans cette lutte d'émancipation. De nombreux Kôngo, tout en préservant leur méthode de combat ancestrale, s'étaient familiarisés, sous l'effet de cette ascension louverturienne, avec les techniques de guerre conventionnelle. Sylla, ce célèbre Kôngo qui avait causé avec ses compagnes de résistance pas mal de misères aux troupes du général français Clausel au Mapou puis à la Brande, peu après la capitulation de Louverture. Selon toute vraisemblance, il travaillait en étroite complicité avec ce dernier et sous son autorité. C'est d'ailleurs l'un des facteurs à l'origine de sa déportation. Kôngo, Bossales, tout un enchevêtrement assez complexe et des plus confus dans lequel se tissent de multiples destins individuels. Une histoire qu'on n'a pas fini d'écrire et n'autorisant guère un point de vue définitif sur cette présence Kôngo à Saint-Domingue et en Haïti tant elle demeure enveloppée de mystère. Mystère auquel cette riche contribution de Nganga, tout empreinte de passion, tente d'apporter quelques réponses souvent pertinentes.

Plus qu'un livre ordinaire, cet essai se projette davantage comme un sérieux travail d'inventaire pouvant nous permettre de reconstruire des liens plus solides entre le Kôngo ou plus largement entre l'Afrique et l'ensemble de nos compatriotes. Cet ouvrage arrive à un bon moment ; à une période où la société traditionnelle haïtienne semble menacée dans ses assises les plus profondes par une migration massive, désordonnée et hors de tout contrôle pour des centres urbains, eux-mêmes éclatés et peu appropriés à la reproduction et à l'enrichissement de ses valeurs.

Merci à vous cher congénère de nous avoir tendu généreusement cette main pour nous inviter à rebrousser chemin ; à revenir sur nos pas afin d'emprunter des sentiers plus sûrs.

Professeur Pierre BUTEAU

Professeur d'histoire à l'Institut d'études et de recherches africaines d'Haïti (ISERSS/IERAH) de l'Université d'État d'Haïti et professeur d'histoire à l'Université Caraïbe (Haïti). Ancien Ministre de l'Éducation nationale (Haïti) et président de la société d'histoire, de géographie et de géologie d'Haïti (SHHGG).

AVANT-PROPOS

Arsène Francoeur Nganga sait des choses sur Haïti. Cela fait longtemps qu'une recherche sur les liens entre Haïti et le Kôngo lui trotte dans la tête. Comme un sportif, il s'y préparait. Il y a trois ans, quand on s'est rencontré, ce fut naturellement que nous nous mîmes à parler de la proximité culturelle — vodou, mystère, danses, chants — et linguistique d'Haïti avec le Kôngo, le grand Kôngo, comme on aime le dire ici.

Certainement, le travail de recherches n'a pas été facile. Ses différents séjours à l'étranger et ses différents échanges avec des chercheurs haïtiens, l'ont certainement aidé dans ses recherches sur les trois continents, Afrique, Europe, Amérique, et surtout HAÏTI, dans la Caraïbe.

Arsène Francoeur Nganga, comme tout bon historien, a privilégié la comparaison ou la mise en parallèle des faits qui se sont produits au Kôngo, en Europe, en Amérique en général, ou à Saint-Domingue, en particulier.

Présenter un texte d'histoire, telle est la lourde tâche qui m'incombe, sur requête d'Arsène Francoeur Nganga, jeune intellectuel, fougueux et épris d'histoire, en tant que discipline. Je ne suis pas historien. Pourtant, je me sens si proche de ce que raconte Arsène Francoeur Nganga. Il nous parle du Kôngo, du passé Kôngolais en regard du commerce triangulaire, de la colonisation de l'Amérique, et révèle tant de choses sur l'histoire de la seule lutte anti-esclavagiste de l'histoire de l'humanité, victorieuse contre l'esclavage, celle qui s'est déroulée à Saint-Domingue, aux abords de 1791 à 1804. En tant qu'Haïtien vivant au Congo, ai-je le droit de refuser ce privilège d'écrire l'avant-propos de ce beau texte qui risque, certainement, de me faire traiter d'usurpateur intellectuel, mais aussi de bousculer tant d'ignorances sur nous Haïtiens, et rater une occasion de mieux nous connaître en vue d'avancer d'un pas plus certain encore, vers notre avenir ?

Sans passion pour le présent, il est difficile de demander à un être humain de s'intéresser au passé. Et sans ambition de comprendre le passé, il est impossible de planifier l'avenir. Tel est, en filigrane, ce qui se cache derrière toute la quête de compréhension des liens qui existent entre le Royaume de Loango, ceux du Kôngo, et par-delà même, les peuples de l'Afrique Centrale avec Haïti, la première République nègre du monde, le premier État moderne nègre.

Arsène Francoeur Nganga est passionné du passé, car il aime la vie au présent, la saisir dans son envol, tout en regardant en arrière, pour la conduite de ses congénères. Eh oui, Arsène Nganga dans sa quête de comprendre le Congo d'aujourd'hui s'est mis à regarder le Kôngo d'hier, celui du Ma Loango, du Mani Kôngo, du Nkisi, ces hommes à la magie au service de l'État pour le bien-être de la population. En fait, Arsène Francoeur Nganga, dans son périple de recherches sur l'histoire, la vie du peuple Kôngo a, tout naturellement, tourné la tête vers les Amériques, les Caraïbes. Et c'est ainsi qu'il tombe dans les labyrinthes de la colonisation, cette relation douloureuse entre l'Europe, l'Amérique et l'Afrique. C'est de là que nous est venu le terme si géométrique du commerce triangulaire. NGanga va nous parler du lieu où ce commerce va, florissant, porter dans son for intérieur, dans la matrice même du puits d'où venait en grande partie la main-d'œuvre esclave de la perle des Antilles, Saint-Domingue qui deviendra, après 1804, Haïti.

Aussi donc, Arsène Francoeur Nganga nous fait découvrir, au travers des siècles de son Congo natal, des similitudes avec les pratiques, us et coutumes des esclaves de Saint-Domingue des années 1600, 1700 et 1800. Trois siècles de colonisation de Saint-Domingue, trois siècles de captures des nègres du bassin du Congo, trois siècles de luttes aussi, tant des Créoles que des Bossales. Ces derniers, héritiers de Kimpa Mvita. Cette jeune fille qui inventa le syncrétisme religieux pour combattre les colonialistes portugais, en Angola. Enfin, avec ce texte, Nganga vient d'ajouter une grande lumière sur l'histoire mouvementée, tant du bassin du Congo que celle d'Haïti.

Enfin, avec Nganga, nous avons compris que le vodou haïtien, définitivement, est beaucoup plus Kôngo que dahoméen/béninois, dans sa partie mystique du moins. Et que peut-être, sans l'héritage magico-religieux du Kôngo de Kimpa Mvita, Boukman, Lamour Dérance, Laplume, Biassou, Romaine La Prophétesse... ne seraient pas nées. Je recommande vivement la lecture de ce livre, " **Les origines Kôngo d'Haïti** " à toutes celles et tous ceux qui veulent un éclairage sur l'histoire d'Haïti, et comprendre pourquoi ce petit pays, moitié d'île, est si complexe dans la Caraïbe.

Jean Jr. LHERISSON

Spécialiste en communication, ancien directeur de cabinet au Ministère de la Culture et de la Communication (Haïti 2004-2006), ancien directeur des Éditions HSI, (Haïti 1994-2001).

INTRODUCTION

" Les origines Kôngo d'Haïti ", est une étude sur les origines des acteurs et des racines des faits ayant eu lieu dans la colonie française de Saint-Domingue. La conjugaison successive du cours de l'histoire de cette colonie, a abouti à une république noire. Les faits narrés prennent leurs sources à travers les études précédentes des historiens et chercheurs tels : Thomas Madiou, Gabriel De Bien, Jean Price Mars, Jean Fouchard, Terry Rey, Michel Étienne Descourlitz, Leslie Gérard Desmangles, Wyatt McGaffey, John K. Thornton, Robert Farris Thompson, David Patrick Geggus, Monseigneur Jean Marie Jan et autres. L'ethnographie, la description sociale et historique des acteurs de ce qui est aujourd'hui Haïti, ont été les méthodes utilisées pour cette dissertation sur les racines historiques d'Haïti.

Ces recherches n'ont pas seulement obéi à la méthodologie classique des sciences historiques et celle des sciences sociales pour déchirer le voile du substratum de la grammaire de la civilisation d'Haïti d'aujourd'hui, au sens Braudelien. Lors de notre étude, il y a des vérités qui sont avérées cachées et enfouies dans la mémoire collective et qui se sont révélées uniquement à travers les traditions orales. Haïti est un pays à culture orale et le créole a été le vecteur de la transmission de cette riche culture orale. L'étude de la tradition orale nous a permis de combler les lacunes et d'élucider les questions fondamentales sur lesquelles les sources écrites et les archives ne nous ont rien fourni et ne nous ont pas donné une appréhension complète et objective.

Le but de cet ouvrage se veut comme une tentative d'établissement de l'authenticité de la société haïtienne sur une fondation historique solide. Ce n'est pas de l'ethnohistoire s'il situe une grande partie des racines du peuple haïtien chez les Bakôngo de l'Afrique Centrale. C'est un devoir de mémoire pour la vérité et la dignité de l'humanité afin de donner une image claire et sincère de l'évolution socioculturelle du peuple haïtien, qui a connu l'un des faits les plus marquants de l'histoire de l'humanité. Parler des origines Kôngo d'Haïti n'est pas une manière de porter la construction de l'histoire d'Haïti au seul peuple Kôngo de l'Afrique Centrale, d'autres peuples Africains ont également peuplé l'île de Saint-Domingue, notamment les Fons du Dahomey, les Yoruba et les Ibo du Nigeria, les Macua du Mozambique, les Bambaras du Sénégal et autres. Mais la sociologie nous apprend que c'est le peuple majoritaire sur un territoire qui domine généralement les productions culturelles, ce que Pierre Bourdieu appelait " La violence symbolique "[1] ou le poids qui influence la construction d'une culture. Voilà ce qui explique le titre " Les Origines Kôngo D'Haïti ", détruisant ainsi, toutes les anciennes théories qui pensent qu'Haïti n'est qu'une œuvre singulière des populations du Dahomey.

---

1 Domination sociale.

Il ne s'agit pas d'une prise de position intellectuelle ou idéologique, mais une entreprise scientifique pour éclairer le passé d'Haïti, les contradictions sur l'origine de certains de ses rebelles et sur la cérémonie de bois caïman (…). Valorisant ainsi les rôles et les origines réelles des Africains de la période esclavagiste à Saint-Domingue.

Ce livre n'est pas une critique sur ceux qui ont pensé le contraire de ce qui constitue son contenu, c'est une tentative de reconstruction pour éclairer. Comme le dit Jean Basile " En explorant le passé, nous pouvons espérer un futur ". L'épistémologie, nous enseigne que la vérité, ne se fait pas ex nihilo, elle se construit toujours en détruisant "Les Connaissances mal faites ", ce que Gaston Bachelard[2] traduit en ces termes : **" En revenant, sur un passé d'erreurs, on trouve, la vérité en un véritable repentir, intellectuel "** et la finalité est comme indiquée par Alexis de Tocqueville disant **" Quand le passé n'éclaire plus l'avenir, l'esprit marche dans les ténèbres "**.

Ce livre voudrait détruire l'image du nègre de l'histoire haïtienne, sur qui le créole avait dans l'imaginaire colonial un droit naturel de supériorité ; mettre fin à l'attitude des chefs mulâtres, qui ne revendiquaient pas une origine Africaine et désignaient les cultivateurs sous le vocable " Africain ", comme injure. Ce livre voudrait ouvrir la bouche des leaders haïtiens noirs qui se taisent sur leur origine Africaine, devenant aussi impitoyables que les chefs mulâtres envers les cultivateurs, devenus paysans. Ce livre voudrait finalement effacer l'image négative de l'Africain en Haïti, en réhabilitant son image en tant que fondateur du premier État moderne noir de l'humanité, pour qu'à jamais soit banni le mot "Africain " au sens d'esclave, comme le proclamait si haut Léger Félicité Santhonax et Etienne Polvérel.

Il faudra également noter que tout document de base est incomplet donc tout chercheur est appelé à développer les thèses ébauchées dans cet ouvrage. Ainsi, ce livre doit donner lieu à d'autres recherches pour mieux élargir l'analyse sur les événements et manifestations culturelles dépeintes, particulièrement la cérémonie de bois caïman, événement qui fait couler beaucoup d'encre et de salive, malgré la table ronde internationale[3] de Port-au-Prince de 1997.

Notre étude, sur les origines Kôngo d'Haïti, commencera par plonger sur un aperçu historique du Royaume Kôngo et du personnage de Kimpa Mvita, une prophétesse qui a mené un large mouvement de libération du Royaume Kôngo envahi et vassalisé par les Portugais ; un mouvement qui peut être considéré comme s'étant étendu vers ses disciples déportés aux Amériques et qui ont fini par mener le même combat pour se libérer du Joug Colonial. Ainsi, sera-t-il donc question de savoir si les mouvements de libération d'Haïti ne sont que les continuations des luttes initiées par Kimpa Mvita au royaume Kôngo ? Est-il légitime de parler des origines Kôngo d'Haïti ? Comment et pourquoi ? Évidemment, on ne saurait faire notre étude

---

2   Gaston Bachelard, 1967, *La Formation de l'esprit scientifique, Paris, 5e édition, Librairie philosophique J. Vrin.*
3   Laennec Hurbon, 2000, *L'insurrection des esclaves de Saint-Domingue, 22-23 août 1791 : Actes de la table ronde internationale de Port-au-Prince (8 au 10 décembre 1997), Édition Karthala.*

sur les origines Kôngo d'Haïti sans connaître " Kôngo " et ceci, pour le bénéfice des descendants Kôngo d'Haïti afin de bien cerner l'identité des auteurs de la première république noire de l'histoire du Nouveau Monde en particulier et de l'humanité en général et les comprendre. C'est dans ce sens que Jacques Attali[4] s'exprimait en disant " Le nom d'un peuple constitue son identité, le définit et en fait un sujet : Il ne peut ni l'abandonner, ni en changer. Perdre son nom c'est se perdre ".

Nous aurons souhaité que ce livre permette ainsi aux Haïtiens qui ont perdu leurs noms et leurs identités de pouvoir se recouvrer, et peut-être, se retrouver pour parachever la belle fête humaine de 1804, ainsi que le rêve de François Makandal et celui de Jean Jacques Dessalines.

---

4   Jacques Attali, 1988, Au propre et au figuré : Une histoire de la propriété, Fayard.

I- LE MOUVEMENT DE LIBÉRATION DU KÔNGO ET LA DÉPORTATION DES KÔNGO POUR LES AMÉRIQUES

" L'esprit d'un homme est élevé au statut de la femme avec laquelle, il s'associe "

Alexandre Dumas

" Pendant des milliers d'années, la femme Africaine a été vénérée et idolâtrée par des individus, des familles et des nations en Afrique et dans le monde entier. Les archives anciennes, la montrent comme reine, déesse et sainte. La femme Africaine a mené des nations puissantes dans les batailles, a fondé de splendides dynasties royales, a accompli des miracles sacrés et a donné naissance aux messies. Aucun autre être humain de quelque type racial ou ethnique n'a été ou ne devrait être aussi largement vénéré que la femme Africaine. Les Madones noires d'Europe sont peut-être les icônes les plus vénérées de la chrétienté européenne. D'après L.W. Moss et S.C. Cappannari : Toutes les Madones noires sont des images puissantes, elles sont des faiseuses de miracles, elles sont implorées pour l'intercession dans les divers problèmes de fertilité. Le degré de ferveur d'adoration dépasse de loin celui attaché aux autres représentations de la vierge. En Russie, au cours du XIXe siècle, le général russe Koutouzov fit prier son armée devant la Madone noire de Kazan avant la victoire historique de Borodine. La même Madone aurait inspiré Raspoutine (...). L'Espagne a plus de cinquante images de la Vierge noire. Dix-neuf ont été documentés en Allemagne. L'Italie a plus de trente madones noires. La France en a plus de trois cents. "

Professeur Runoko Rashidi

I.1- Le Royaume Kôngo

Que veut dire Kôngo et comment se présente sa généalogie ? Quelle est *" la forme et la couleur de l'identité Kôngo "* ? Quelle est la grammaire de la civilisation Kôngo dirait Fernand Braudel ? Ce sont ces réponses qui nous permettront d'étudier et de comprendre les origines Kôngo d'Haïti, car on ne peut pas se connaître si on ne sait pas d'où l'on vient. Dis-moi d'où tu viens et je comprendrai et te dirai qui tu es.

La connaissance de l'histoire et de l'évolution Kôngo est appelée "*Kikulu*"[5](l'origine), un mot venant de la racine "*Kula*" (grandir), qui a aussi donné le mot "*Kulunsi*" qui symbolise, l'évolution de l'homme, son instruction et son initiation ; souvent représentée dans les écoles initiatiques, par une croix entourée d'un cercle qui à la manière d'une roue, indique la trajectoire que suit l'homme dans son évolution.

Notre étude des origines débute d'abord par le nom "*Kôngo*[6]" qui s'est francisé et lusitanisé en "Congo", car c'est ce nom qui porte le géniteur du peuple et son "*totem*". Le mot Kôngo pose une énigme, aucun déchiffreur n'est parvenu à emporter un accord décisif. On a proposé à lier ce terme à "Ko o ngo" ou "Ku ngo", traduit par "pays du léopard". On a aussi dit, la côte du léopard, comme on a parlé de la côte de l'or ou la côte de l'ivoire. D'autres par contre ont parlé de "Ba nkua ngo", ceux qui détiennent le léopard. On dit aussi, "Lukôngolo Lua Ngo"[7] (le cercle du léopard). Lievin Van de Velde, dans une conférence donnée à Bruxelles (Belgique), le 22 février 1886, estimait que le terme Kôngo est composé du préfixe "Ko" ou "Ku" qui veut dire "Dans", "Vers" et de la racine "Ngo" qui signifie le "Léopard"[8]. Raphaël Batsikama faisant la description géographique du royaume Kôngo, la présente sous forme de cercle, symbole de la plénitude "Kôngo dina nza". Batsikama[9] déclare d'ailleurs que le mot Kôngo vient de "Kongeka", la forme sphérique du royaume Kôngo.

Monsieur Miatudila Malonga, ancien fonctionnaire de la banque mondiale, assimile le mot Kôngo à celui qui désigne le chasseur émérite : "NKôngo". Il se propose de lier ce terme à une arme en fer, nommée Dikôngo. Cette thèse est supportée par les éléments suivants : le terme Kôngo est une contraction de "Dikôngo". À l'origine, ce terme avait le préfixe classificateur Di, de la classe "Di-Ma" (Li-Ma en lingala et en zulu ; "Ji-Ma", en swahili, "Di-Ma", en tshiluba ; "Le-Ma", en tswana ; "Ri-Ma"…). Au cours du temps, le Kikôngo a fait disparaître le préfixe, comme il l'a fait devant plusieurs substantifs tout en le maintenant au début des mots qui s'accordent à ce nom. De la même manière que "Di-keto di a Kanda" est devenu "Keto di a Kanda", "Ki-lumbu ki a Lumingu" est devenu "Lumbu ki a lumingu", "Kisalu ki a mboté" est devenu "Salu ki a mboté". Cette tendance à faire disparaitre les préfixes s'observe non seulement dans le Kikôngo mais aussi dans d'autres langues bantoues. Ainsi, en swahili, les termes "Ji-kaa" (Di-kala en Kikôngo) et "Ji-jina" (Di-zina en Kikôngo) sont devenus respectivement "Kaa" et "Jina". Dans le cas qui nous concerne, les expressions "Kôngo di-a ntotila", "Kôngo di-a Bula", "Kôngo di-a ngunga", "Kôngo di-a mulaza" prouvent clairement qu'au début, nos Ancêtres disaient "Di-kôngo di-a Ntotila, Dikôngo di a bula, Di kôngo Di-a ngunga et Di kôngo Di a mulaza".

Le terme "di Kôngo" se référait à un objet en fer, plus précisément à une arme de jet. On retrouve le même mot dans d'autres langues bantoues : le lingala parle de "NKôngo" (houe) et de "Li-Kôngo" ou "Li-Konga" (lance) et le kuba de "Kong". Le missionnaire Karl Laman s'est proposé de voir, dans Kôngo, un mot bantu commun dont les variantes sont "Kôngo", "Kong", "Koo", qui signifie, couteaux ou flèche de chasse. Une énième hypothèse sur

---

5   R.P.J.de Munck, 1956, Kikulu Kia nsi eto a Kôngo, édition Tumba.

6   La voyelle "ô" est une voyelle longue et "Kôngo" sans accent sur le "o" peut s'écrire "Koongo".

7   Entretiens avec Mr Auguste Miabeto, spécialiste de la tradition orale (oralité) Kôngo, Brazzaville (Congo), le 28 Aout 2015.

8   Joseph Zidi : Onomastique et Histoire : Cas du terme Kôngo, document, p.41.

9   Raphaël Batsikama, 1999, L'ancien royaume du Congo et les BaKôngo, l'Harmattan, p.177.

"Kôngo" considère ce mot comme étant celui d'un aïeul. En général, lorsqu'un peuple se sédentarise, son nom devient aussi celui de sa terre et de ses propriétés. Le père Van Wing[10] avait remarqué que les noms des provinces en pays Kôngo, à l'exception de celle du chef suprême, sont des noms masculins personnels, transmis de génération en génération, pour honorer la mémoire des grands Ancêtres. "Mpangu" par exemple est d'abord, le nom de l'ancêtre, ensuite sa résidence "Mbandza", enfin la contrée habitée par ses sujets. Van Wing déclare d'ailleurs que " *… dans les villages les terres portent habituellement le nom des aïeules, à savoir Kimpemba, Ki-Malenga et Ki-Nkengui. Kôngo l'ancêtre conquérant, a fondé sa Mbandza, au milieu de son domaine, son nom a passé à sa résidence et à son domaine tout entier* ". Le mot "Kôngo" vient ainsi donc du nom du chef principal des clans Bakôngo, appelé "Na Kôngo", sa résidence reçut son nom, Mbandza Kôngo. "Nakôngo" est le nom de l'ancêtre de la tribu Kôngo, Nakôngo est le nom de sa résidence, nom du pays conquis par lui et ses successeurs. Le héros éponyme Na Kôngo est le sujet de beaucoup de dictons " *Na Kôngo muntu utuka ku nzambi mpungu* " (Kôngo est un homme qui vient de Dieu).

Face à cette panoplie, la signification la plus cousue et la plus acceptée par les anciens, et la plus scientifiquement assise, est que "Kôngo" désigne un territoire schématisé par un cercle (Lukôngolo) dont le totem est le "Ngo" (le léopard). "Kôngo" vient donc de "Lukôngolo Lua Ngo", l'enclos du léopard, un territoire commandé par l'esprit du léopard. Le changement linguistique de "Lukôngolo lwa ngo", en "Kôngo" est solidement soutenu à partir des principes de la linguistique interne ou linguistique classique :

1. L'énoncé "Lukôngolo lwa ngo" a trois termes, qui sont : "Lukôngolo", "lwa" et "ngo". Ces trois énoncés ont fini, par la pratique, par se transformer en un énoncé à un seul terme qui est "Lukôngolo".

2. L'énoncé "Lukôngolo" possède le prédicat non verbal, lequel se constitue autour du nom "Lukôngolo".

3. Par ailleurs, avec le temps le terme "Lukôngolo" a subi simultanément deux changements phonétiques qui sont :

   ✓ L'aphérèse : disparition d'un segment à l'initiale d'un mot.

   ✓ L'apocope : chute d'un segment à la fin du mot.

   Exemple : Lukôngolo------- -------Kôngo.

Conclusion : L'énoncé à trois termes " Lukôngolo lwa ngo " exprimé ci-haut se résume dans le terme " Kôngo ".

Du point de vue ethnologique et philosophique, la représentation totémique du "Ngo" (Léopard), est une identification sur laquelle la nation Kôngo s'appuie pour se lier au créateur. Les plantes et les animaux qui sont généralement utilisés comme totem, existent dans la création avant l'être humain ; ayant été créés par Dieu, ils sont dotés d'énergies. À travers le totem, l'homme s'associe à une énergie divine (animale ou végétale), qu'il additionne à la sienne, pour

---

10 Joseph Van Wing, 1959, Études BaKôngo : Magie, sociologie et religion, Bruxelles, Éditions Desclée de Brouwer, p. 41.

marcher dans le sentier de la vie matérielle et immatérielle. À travers le totem du " Léopard ", les Kôngo s'associaient à la force de cet animal, afin de gagner une énergie vitale à caractère divin. Le léopard était ainsi, le patron, le père de la nation "Kôngo ", un peuple du léopard, un peuple guidé et gardé par le léopard. C'est pourquoi, le Kôngo était le territoire du léopard. Le léopard et ses dents figuraient sur les armoiries du royaume et le roi était assis sur une peau de léopard " Ngo ", le Ngo des Kôngo est le grand esprit protecteur et guide. Les armoiries sont comme un portrait céleste (Grand esprit) ou qui, comme dirait Pascal Gambirasio d'Asseux[11] *"vivant et vivifiant, qui exprime au travers de ses couleurs et de ses tracés, de ses figures (pièces honorables ou meubles) la vocation spirituelle de son porteur"*.

Le mot " Kôngo " se retrouve dans la religion japonaise du shintoïsme, où " Kôngo " est un titre spirituel, titre bouddhique, l'un des plus grands, attribué à Zao-gongen de l'époque des Heian ; Kôngo-Zao figure dans le Mandala. La statue de Kôngo-Zao figure dans la chapelle de Zao Gongen au temple Kimpusenji, au village de Yoshino (Japon). Toujours au Japon, on retrouve Kôngorikishi[12], Naraen Kôngo et Misshaku Kôngo qui sont des statues de personnage musclé qui garde Buddha. La tradition orale du Japon dit que Buddha Gautama voyageait avec Kôngorikishi pour le protéger. Les Kôngorikishi sont également considérés comme étant les protecteurs de l'empire du Japon.Durant la période japonaise de Kamakura, le culte Koshin de la secte Tendaï était associé à une divinité nommée Shomen Kôngo qui protège contre les maladies. Le Kôngo est le nom d'un croiseur de bataille de la marine impériale japonaise pendant la Deuxième Guerre mondiale. On retrouve le mot " Kôngo-Ka " en Égypte pharaonique, désignant une divinité. Les grands prêtres égyptiens des temps des pharaons n'avaient-ils pas un costume de léopard (Ngo), comme tenue sacerdotale ?

Dans le désert de Gobbi en Mongolie, on trouve le toponyme " Khongor ", dans une région très riche de fossiles et restes des dinosaures ainsi qu'en gisement de minéraux. En Zambie, il y a la ville " Lunde Tukôngo " et au sud-est du Rwanda entre Butare et Cyangungu, il y a la ville de " Gi-Kôngoro ".

Plusieurs légendes Kôngo disent que le berceau du peuple Kôngo est une étoile du nom de Kakôngo (Kwa Kôngo) et c'est de cette étoile qu'ils ont été déchus pour échouer sur terre. Kakôngo dont il s'agit ici est une allégorie qui symbolise un foyer d'origine et non le royaume Kakôngo. La fameuse étoile serait le berceau légendaire des Kôngo, plus que Mbandza Kôngo dia ntété, capitale du premier état Kôngo. La tradition dit : " *L'ancêtre des Kôngo est venu de la planète Kakôngo. C'est Ne Nzala Mpandu et sa femme Mama Nkenge Lufuma qui furent débarqués par le char de feu sur le plateau de l'Éthiopie* ". De l'Éthiopie il eut une migration au début de l'ère chrétienne (Ve ou VIe siècle)[13] vers le sud par les Grands Lacs pour le Zimbabwé… jusqu'au Kôngo dia Ntété ; via le Kalahari et le désert de Namib. Nous notons que les grands mouvements migratoires initiaux des peuples Bantu, au sortir du " Néolithique ", ont vraisemblablement eu lieu au premier siècle de l'ère chrétienne, avec le développement de la métallurgie en Afrique Centrale. Il n'est pas impossible que la migration eût lieu entre le IIe et le IIIe siècle de l'ère chrétienne. Notons aussi que la région de l'Éthiopie ancienne (Nubie) faisait

---

11 Pascal Gambirasio d'Asseux, 2012, La voie du blason, lecture spirituelle des armoiries, seconde édition, Éditions Télètes.

12 Charles Russell Coulter,Patricia Turner,2012,Encyclopedia of ancient deities,Routledge, p.273-274.

13 Hypothèse orientale des origines Kôngo par Jan Vansina cité par Ndinga Mbo (1984, p.74.) ; Jan Vansina : " Notes sur l'origine du royaume de Kôngo ",in :Journal of African History,vol.IV, n° 3,1962, p.380.

partie de la région du Haut Nil, située à la fois sur le Kenya, le Soudan et l'Ouganda (Grands Lacs Africains) et elle est considérée par des chercheurs tels que Babacar Sall[14] comme la région fondatrice de l'Égypte ancienne. La paléoanthropologie ou paléontologie humaine classique présente la région du haut nil comme étant la zone de dispersion originelle des peuples vers le sud et vers l'ouest. Les Égyptologues comme Theophile Obenga[15] et Emile Massoulard considèrent ce territoire comme le lieu commun de départ de l'Égyptien et du Négro-Africain. La tradition orale des Égyptiens anciens ne mentionne-t-elle pas la région des Grands Lacs Africains comme leur lieu d'origine[16] ? Le professeur Louis Leakey disait aussi que la race humaine a commencé à exister en Afrique, dans la région des sources du Nil, et les populations se sont dispersées à travers la Vallée du Nil et le Sahara.

En tout cas, l'étoile Kakôngo équivaut à l'étoile Sirius, l'étoile principale de la constellation du Grand Chien. Vue de la Terre, Sirius est l'étoile la plus brillante du ciel après le Soleil, dépassant Canopus et Arcturus. Elle fait partie de la catégorie des étoiles blanches (selon la classification du catalogue de l'astronome Pietro Angelo Secchi). Depuis des temps anciens et à travers de multiples civilisations, Sirius, l'étoile du chien, a été entourée de mystérieuses traditions. Des enseignements ésotériques de tous les âges ont attribué invariablement un statut spécial à Sirius et l'importance de l'étoile dans le symbolisme occulte atteste du fait que les Écoles de Mystères le considèrent comme un " soleil derrière le soleil " et, par là même, la vraie source d'énergie de notre soleil. Si la chaleur de notre soleil maintient le monde physique en vie, Sirius est considérée comme conservant le monde spirituel en vie.

Sirius est la " vraie lumière " qui brille à l'est, la lumière spirituelle, alors que le soleil illumine le monde physique, considéré comme une grande illusion. Le fait d'associer Sirius au divin et de même le considérer comme le berceau des " grands enseignants " de l'humanité n'est pas seulement ancré dans la mythologie de quelques civilisations primitives : c'est une croyance répandue qui a survécu (et s'est même intensifié) jusqu'à aujourd'hui.

Sur le plan astronomique Sirius est le fondement de tout le système religieux égyptien. Il était révéré en tant que Sothis et était associé à Isis, la déesse maternelle de la mythologie égyptienne. Isis est l'aspect féminin de la trinité formée par elle-même, Osiris et leur fils Horus. Les anciens Égyptiens tenaient Sirius en tel égard que la plupart de leurs déités étaient associées, de près ou de loin, à l'étoile. Anubis, le dieu de la mort à tête de chien, avait un lien évident avec l'étoile du chien et Toth-Hermès, le grand enseignant de l'humanité, était aussi lié ésotériquement à l'étoile. Le système de calendrier égyptien était basé sur le lever héliaque de Sirius qui survenait juste avant l'inondation annuelle estivale du Nil.

 Le mouvement céleste de l'étoile Sirius était également observé et révéré par les anciens Grecs, les Sumériens, les Babyloniens et d'autres nombreuses civilisations. L'étoile Sirius était donc sacrée et son apparition dans le ciel s'accompagnait de fêtes et célébrations. L'étoile du chien annonçait la venue de la chaleur et des jours de sécheresse de juillet et d'août, donc le terme populaire était la " canicule " (du latin " canis ", le chien.

---

14 Babacar Sall, 1999, Racines Éthiopiennes de l'Égypte ancienne, l'harmattan.
15 Theophile Obenga, 2000, Pour une nouvelle histoire, Présence Africaine.
16 Unesco General History of Africa, Abridged édition, Tome II, p. 46-47.

Plusieurs occultistes prétendent que la Grande Pyramide de Gizeh est construite en alignement parfait avec des étoiles, spécialement Sirius. L'éclat de Sirius aurait servi dans des cérémonies de Mystères égyptiens. Pour l'astronomie chinoise et japonaise, Sirius est connue comme "l'étoile du loup céleste". Plusieurs tribus indigènes d'Amérique du Nord se sont référés à l'étoile en termes canins : les tribus Seri et Tohono O'odham du sud-ouest décrivent Sirius comme un "chien qui suit le mouflon", alors que Blackfoot (indien américain) l'appelle "Visage de chien". Les Cherokee couplaient Sirius avec Antarès comme étoile-chien gardienne du "Chemin des Âmes". La tribu du chien au Nebraska le connaissait comme "l'étoile du loup", tandis que d'autres branches de la tribu le nommaient "l'étoile coyote". Plus au nord, les Inuits d'Alaska l'appelaient "chien de la lune".

Dans la mythologie dogon, l'humanité serait née du Nommo, une race d'amphibiens qui étaient des habitants d'une planète entourant Sirius. Ils seraient "descendus du ciel dans un vaisseau accompagné de feu et de tonnerre." et auraient communiqué une connaissance approfondie aux humains. Ceci a conduit Temple à établir la théorie que les Nommos étaient des habitants extraterrestres de Sirius qui voyagèrent vers la terre à un moment donné dans un lointain passé pour enseigner les anciennes civilisations (comme les Égyptiens et les Dogons) sur le système d'étoiles de Sirius ainsi que sur notre propre système solaire. Ces civilisations intégreront ensuite les enseignements des Nommos dans leurs religions et les feront converger vers leurs Mystères. Le système mythologique dogon est remarquablement semblable à ceux d'autres civilisations telles que les Sumériens, les Égyptiens, les israélites et les Babyloniens, car il inclut le mythe archétypal d'un "grand enseignant qui vient du ciel". En fonction de la civilisation, ce grand enseignant est connu soit comme Enoch, Thot ou Hermès Trismégiste et aurait appris des sciences théurgiques à l'humanité. Des anciens textes concernant Hermès le décrivent comme un enseignant de mystères qui "venait des étoiles". De plus, Thot-Hermès était en lien direct avec Sirius dans la mythologie égyptienne.

 Dans l'Eglise de Bundu dia Kôngo en pays Kôngo, l'étoile "Sirius" est appelée "Zita dia nza" : Le centre du monde, le soleil Sirius ou encore "Malezima" : Le brillant, Sirius, parfois "Mani zita dia nza" le seigneur du soleil Sirius. Sirius, est une Hiérarchie dont l'influence dans la tradition Kôngo du kingunza, est notoire. Le kingunza est une pratique initiatique spirituelle de tradition Kôngo, très répandue dans l'ancien Royaume Kôngo. Les ngunza évoluaient en petits groupes qui étaient composés d'un détenteur de la "flamme" de rang de "Ntuadisi" ou "Ntumua" assisté de 2 à 3 aspirants. À l'exception de ceux qui étaient membres du Lemba, la plupart des Ngunza sillonnaient le royaume "mu sadisa ma kanda", apporter une assistance spirituelle aux individus et aux familles en général, quand ce n'était pas pour un village tout entier. Ils étaient aussi le référentiel de la culture Kôngo.

 Nombre des éléments de la culture Kôngo, aujourd'hui abandonnés restent inscrits dans la tradition ngunza. La tradition ngunza affirme qu'un jour de mpika (troisième jour de la semaine Kôngo qui en compte quatre), Nzambi a Mpungu Tulendo (Dieu), Parla à Mbanza Kôngo et toute oreille humaine put l'entendre ! De fait le jour de mpika est le jour sacré du kingunza.

Ainsi, les Bakôngo ont construit l'état du "Kôngo Dia Ntotela" sous la configuration astronomique de Sirius "Zita dia Nza". Cela rappelle étrangement les constructions égyptiennes orientées vers les constellations du ciel. Le temple d'Iounou/Héliopolis était orienté sur la constellation de Sirius. Celui de Memphis était orienté sur la constellation du lion. Celui de Thèbes était orienté sur la Grande Ourse. Ce sont les mêmes configurations astronomiques du royaume Kôngo qui se trouvent sous ces trois constellations associées à :

1. Kôngo Kalunga/Nsaku (Hosi/Lion) prêtrise couleur bleue : Ntu A Nkosi (La tête du lion).

2. Mbumba/Mpanzu (Zita dia Nza/Sirius) science couleur jaune : Ntima Nkosi (Le cœur du lion).

3. Mpungu/Nzinga (Kibelete Kianene/Ourse) politique couleur rouge : Kiandu kia Nkosi (Le trône du lion).

Descendus de façon allégorique de l'étoile Sirius sur les Grands Lacs Africains[17], comme d'ailleurs la déesse Amatérasu[18] chez les Japonais qui vient du soleil, les Kôngo partirent de l'Éthiopie vers le Kôngo dia ntété, via le Zimbabwé et les déserts de Kalahari et Namib. Les Héréros de Namibie seraient la fraction des Kôngoïdes restée dans le désert de Namib.

La tradition orale parle d'un " Kôngo dia Tuku " parfois dit " Kôngo dia Ntété " le premier foyer d'établissement Kôngo en Afrique Centrale. C'est dans cette optique que le père Joseph de Munck[19] déclare que " *Tous les Bakôngo, se sont dispersés à partir de la capitale du premier état du Kôngo (Mbandza Kôngo dia ntété), d'où ils allèrent constituer des états comme le " Vungu ", le " Mazinga... "*.[20]

Etienne Mayoulou[21], se basant sur la tradition orale est un des rares à écrire sur les premiers états Kôngo : " *Le Kôngo-dia-Ntuku fut le premier État des Kôngo. On a longtemps ignoré l'existence de cet État d'où viennent les Kôngo des premières générations... Les récits demeurés très vivaces dans la mémoire collective de ces populations, font du Kôngo-dia-Ntotila, le foyer primordial de leurs dispersions, effaçant ainsi, toutes les autres périodes antérieures à l'histoire de ce dernier royaume, c'est-à-dire l'histoire des autres ensembles politiques Kôngo, qui jadis posèrent les substrats socio-culturels, sur lesquels Nimi-A-Lukeni s'appuya plus tard, pour fonder son royaume baptisé du nom de son ancêtre patriarche : Ne Kôngo* ".

Mbandza Kôngo dia Ntété était donc la capitale du premier État Kôngo en Afrique Centrale qui fut créé sous l'initiative du roi "Na-Kôngo". Na-Kôngo était adoré et vénéré comme un " Dieu "[22]. La fondation de son royaume est située à peu près autour du VIIIe siècle de l'ère chrétienne. Malheureusement, la tradition est restée imprécise et vague. On ne sait rien de l'aire d'extension, l'emplacement même de la ville capitale du Kôngo dia Ntuku. Cet État était vraisemblablement situé au sud du Mpumbo, au nord de l'actuel Manianga du Congo[23]. Les linguistes[24] du Musée royal de l'Afrique Centrale (Belgique), ont situé le noyau probable de ce premier foyer des Kôngo entre Brazzaville et Kinshasa. Beaucoup d'objets préhistoriques et

---

17 La région du Haut Nil (Grands Lacs Africains) est aussi nommée " Pays des pharaons noirs " : cfr, Grands reporters : Égypte, les secrets du haut nil, 1- janvier 2003, article.

18 Okami ou grande déesse selon le Kojiki et le Nihon shoki : " Amaterasu-Sume-Okami " :

19 R.P.J de Munck, 1956, opcité, p. 12.

20 Certains descendants du Mazinga, donneront le clan Kizinga, que l'on retrouve dans plusieurs villages du Manianga des deux Congo.

21 Etienne Mayoulou, 2006, L'histoire des forces armées dans l'espace culturel Koongo : Des origines à la colonisation, Publibook, p.16.

22 Joseph Van Wing, 1920, " L'être suprême des BaKôngo ", in Recherches des Sciences Religieuses, p.70-81.

23 Il y a des traditions historiques Kôngo confirmées par l'anthropologie culturelle et la linguistique qui indiquent que le premier état Kôngo était situé entre les deux fleuves : le fleuve Congo au sud et le fleuve Niari et sa savane au nord.

24 Bernard Clist, Pierre de Maret et Koen Bostoen, 2018, Une archéologie des provinces septentrionales du Royaume Kôngo, archaeopress Archaeology, p.54.

proto-historiques ont été trouvés à Brazzaville, dans la plaine de Kinshasa et au-delà de l'île Mbamou sur le fleuve Congo.

La tradition orale de la région de Manianga où, semble-t-il, se trouvait la capitale du Kôngo dia Ntété ou dia Ntuku, insinue que c'est le lignage Mpangala (Mbangala) qui se détacha le premier du royaume, entrainant la désagrégation de l'État. Il y aura la création du Kôngo dia Mpangala ou Mbangala, s'inspirant du modèle Kôngo d'origine. Les Bakôngo du temps de Cavazzi[25] lui rapportèrent l'histoire du prince nommé Mabambolo-Mani-Mpangala dans les régions de Nsundi et Mbamba.

Plus tard, le lignage " Mulassa " ou " Nlassa " ou " Nlaza ", peu de temps après les " Mpangala ou Mbangala " s'en iront créer un autre État qui est le Kôngo dia Mulassa, mais la tradition orale est muette sur son emplacement (peut être vers le Kwango). Le Kôngo dia Mulassa apparaîtra sur les titres du Roi du Kôngo dia Ntotila en 1583. Le royaume du Kôngo dia Mazinga sera fondé par des descendants du lignage mère de Na Kôngo (Ngunuu). Mazinga sera aussi l'un des principaux clans que l'on trouvera plus tard chez les Téké, présents également chez les Manyanga de Mboko, les Ntaandu, les Ndibu (...). Il y aura dans l'aire actuelle du Manyanga la fondation du Kôngo dia Bwéndé par les Bisi Bwéndé. L'éclatement du Kôngo dia Ntuku fera également immigrer des Mazinga vers le Kasaï et leur extension dans l'actuel Bandundu (Congo démocratique) pour fonder les petits royaumes du moyen Kasaï dont parle Van der Kerken[26] qui déclarait "*A une époque ancienne indéterminée, des émigrants, originaires de l'Afrique Equatoriale... les Batéké, les Baboma, (descendants des Mazinga) populations à succession matrilinéaire... avaient pénétré dans les districts actuels du Kwango, du lac Leopold II, du Kasaï et du Sankuru* ". Les premiers émigrants auraient traversé par vagues successives et seraient apparus au lac Inongo.René Tonnoir[27] aurait émis des hypothèses que les peuples matrilinéaires de l'actuel lac Inongo (ancien lac Leopold II) auraient émigré dans le Kasaï au XIe siècle et auraient fondé le premier royaume des Baboma dont parle Olfert Dapper.Ndinga Mbo[28] dit que : "*Les Baboma se divisèrent... une partie se répandit le long du Kasaï, au-delà de l'embouchure du Kwango et forma ce qu'on appelle la tribu des Baboma Yumu... ; une autre bande prit la route du nord-est pour s'installer entre le Kasaï, la Mfini et la Lukenie* ".

Nous avons également la fondation du Kôngo dia Mpandzu, qui englobait une partie du Nsundi, la vallée du Niari et une partie de la côte est de ce qui deviendra le royaume Kôngo de Nimi Lukeni. La tradition orale ne nous fixe pas d'où partirent les fondateurs du Vungu ou Mbungu, créé par les mêmes Kôngo à une date restée imprécise dans les annales de la tradition orale ? Roland Mbinda Nzaou nomme cette région, le Kôngo dia Mpanzu [29](La vallée du Niari et le Mayombe). Nous nous demandons si le Kôngo dia Mpandzu ne se désagrégea pas pour faire naitre le Vungu ? Le Vungu se trouvait du côté de l'actuelle République Démocratique du Congo et pour d'autres, il se trouvait plutôt du côté de la République du Congo. Mais le fait qu'il y a

---

25 Giovanni Cavazzi,1687,Istoria Descrizione de tre regni Congo,Matamba et Angola...bologna,Lib.II,p.86.

26 Georges Van der Kerken, 1944, L'ethnie Mongo, Bruxelles, Librairie Falk, G. Van Campenhout, p.142.

27 René Tonnoir, 1970, Giribuma : Contribution à l'histoire et à la petite histoire du Congo équatorial, Tervuren, Musée Royal de l'Afrique Centrale (Annales, série in-8°, monographies ethnographies, n° 14).

28 Abraham Constant Ndinga Mbo, 1984, Introduction à l'histoire des migrations au Congo (..), P.Kivouvou Verlag, p. 50.

29 Roland Mbinda Nzaou, Aux racines du Kôngo dia Ntotila (....), Communication faite lors du colloque scientifique international sur vie et existence au Royaume Kôngo, Brazzaville (Congo) du 02 au 03 octobre 2018.

beaucoup de noms "Nimi" du côté de la République du Congo, cette zone serait la plus plausible à avoir été la zone du Vungu[30], particulièrement la région de l'actuel district de Kimongo et Fwati (Congo Brazzaville). Pour l'historien français Hubert Deschamps[31], le petit état de Mbungu ou Vungu était non loin de la ville moderne de Boma, proche du fleuve Congo au sud de la République démocratique du Congo. Du royaume Vungu, partira un certain Nimi Lukeni pour fonder le Royaume Kôngo dia Ntotila (parfois écrit "Ntotela "), constitué en dernier lieu, et fut le plus étendu, le plus puissant et le plus prospère. Il y a des Bakôngo qui quittèrent le Kôngo dia Ntotila, traversèrent encore le fleuve Congo et se mêlèrent aux autres clans qui étaient restés sur la rive droite du fleuve Congo (Manianga).

Une étude récente[32] des linguistes du Musée royal de l'Afrique Centrale (Belgique) confirme de façon relative le noyau central d'où se sont éclatés les Bakôngo (actuel Manianga) et les différents itinéraires des migrations :

" *3000 à 2000 ans de cela une branche kikôngoïde s'est séparée des proto-kikôngoïde autour du pool Malebo pour le sud, entrainant l'émergence des langues kikôngoïde comme le kiyaka, kisuku.... Un autre groupe suivit le fleuve pour s'établir dans la zone de Boko, et ce sont les locuteurs de la variété kikôngo telle que le kisundi, kibembe, kidondo, kikunyi et le kisundi de Kimongo... les yombe, les woyo et lindji allèrent plus au nord du fleuve. Ceux qui arrivèrent sur la rivière Inkinsi donnèrent naissance au kitandu, kimpangu, kimbata... Les vili traversèrent le Shiloango, les zombo, kisolongo et autres arrivèrent plus au sud du fleuve Congo. La zone centrale de contact est aujourd'hui prédominée par le kimanyanga et le kidinbu* ".

Quand la population était devenue très dense au Kôngo dia Ntotila, il y a des lignages qui migrèrent vers le nord. Les yombé par exemple et les Manianga, ne partirent pas vers le Vungu et le Kôngo dia ntotila, mais, ils sont originaires du "Kôngo dia ntuku" et l'ancêtre de tous est celui que l'on appelle "Na Kôngo". Na Kôngo est la personnalisation ou l'incarnation du totem "Ngo" et le territoire dit "Lukôngolo lwa ngo", qu'est le "Kôngo". Le Kôngo dia Ntotila sera l'état le plus puissant qui sera créé par les Bakôngo. Ainsi, la séparation progressive des enfants de Ngunuu conduit à la création des États comme le Vungu, le Kôngo dia Ntotila, le Loango, le Téké et autres. La variété du kikôngo n'est pas due à une fragmentation qui date à peine d'un siècle comme le déclare Ntunda Nzeza[33].

Lukeni Lwa Nimi (Nimi A Lukeni) le fondateur du dernier État fondé par les Bakôngo était selon Marcel Soret d'un clan qui dominait au Vungu. Nimi A Lukeni était le cadet des fils de son père, le roi qui se nommait Nimi A Nzinga et sa mère fut Lukeni Lwa Nsanza originaire de l'état du Mbata, localisé à l'est du fleuve Kwilu, près de la jonction du fleuve Kwango et de la frontière entre l'actuelle République démocratique du Congo et l'Angola.. Nimi Lukeni portait donc le

---

30 Entretiens avec Auguste Miabeto, Août 2015, op.cit.

31 Sous la direction d'Hubert Deschamps, 1970, Histoire générale de l'Afrique noire, Volume I : Des origines à 1800, PUF, p. 372.

32 Gilles Maurice de Sschryver,Rebecca Grollemund,Simon Branford et Koen Bostoen,Introducing a state of the art phylogenetic classification of the kiKôngo language cluster,Africana linguistica 21(2015),p.58.

33 Ntunda Nzeza,2007,La variation dialectale koongo.Essai de classification des parlers Kôngo en RDC.M.A dissertation, Université de Kinshasa, p.106.

prénom que sa mère hérita de son nom de clan, alors que son père serait issu du clan Nzinga, le seul autorisé à régner.

Pour Roland Mbinda Nzaou[34], Nimi est, chez les Kuni de la vallée du Niari et les Yombe du Vungu, un nom de jumeau. Avec toutefois une nuance : chez les Yombe il est donné à l'aîné mâle des jumeaux tandis que, chez les Kuni il est donné au cadet[35]. Mbinda Nzaou ajoute qu'il y a des cas où des personnes portaient en apparence des noms composés, comme c'était la coutume, par exemple *Mabiala ma Nimi, Makanga ma Ngo*, cela indiquait simplement que les vrais noms de ces personnes étaient Mabiala pour la première et Makanga pour la deuxième. Les expressions *ma Nimi* ajoutées à Mabiala et *ma Ngo* à Makanga indiquent que Mabiala est fils de Nimi, Makanga est fille de Ngo. Le *ma* étant une préposition (de) par conséquent, Nimi et Ngo deviennent les déterminatifs pour indiquer de qui Mabiala et Makanga étaient fils ou fille.

Tel que nommé, Nimi'a Lukeni ou Nimi lwa Lukeni, le premier roi de Kôngo fut lui-même un jumeau ce qui signifie qu'il n'avait pas reçu son nom Nimi du fait de son grand-père. Si son grand-père s'appelait Nimi, ce grand-père devait donc être un jumeau. D'après Batsikama, ce déterminatif indique que ce roi était un descendant de Kenge Lawu ce qui traduit, la Belle aux chances[36]. Cette Kenge était aussi surnommée Lukeni. Toujours, d'après cet auteur, ce surnom Lukeni avait été donné à Kenge Lawu du fait que "très délicate dans le choix des mets, elle dédaignait presque tout sauf peut-être la viande. Ce caractère lui valut le nom de Lukeni (lukenya) ou Ngongo ou encore Nkunyi. "

Pour Mbinda Nzaou, il semble que l'indicatif Lukeni en rapport avec le premier roi de Kôngo ne viendrait pas de sa mère Lukeni ni des caractères capricieux de cette mère. Il faut chercher la signification Lukeni accolée au nom du premier roi Kôngo dans son pays de départ. Nimi Lukeni était un jumeau d'après les traditions Kuni confirmées par d'autres données de l'anthropologie culturelle notamment les rites et les pratiques d'attribution de nom aux jumeaux. Or le jumeau dans cette civilisation est un être doté d'une puissance particulière. C'est là qu'il faut chercher la source du nom Lukeni. Au pays d'origine de Nimi, Lukeni est un animal mythique et mystique qui confère à son possesseur des pouvoirs magiques de soumettre, d'attirer et d'asservir les bêtes et les hommes.

L'œuvre de Nimi laquelle avait consisté à unifier les chefferies Kôngo en un destin commun devait être le résultat aussi de ses pouvoirs surnaturels. D'après les traditions kuni Nimi devaient posséder un lukeni pour réaliser le Kôngo dya Ntolila. Donc le déterminatif Lukeni associé au nom Nimi du premier roi Kôngo indiquait que ce dernier avait de grands pouvoirs surnaturels, il était en possession de lukeni. D'ailleurs dans la civilisation Kôngo une personne accomplissant une œuvre qui sort d'ordinaire était toujours un être particulier aux pouvoirs surnaturels.

L'histoire de Nimi A Lukeni nous est parvenue par un ensemble de traditions parfois contradictoires. Étant donc l'un des plus jeunes enfants du roi de Vungu, il ne pourra pas hériter du trône. De plus il était frustré de ne pouvoir accéder au trône de son père et que son territoire était peu étendu. Nimi A Lukeni aurait tué sa tante qui allait avoir un enfant qui devait succéder à

---

34 Roland Mbinda Nzaou, 2018, Aux racines de Kôngo dya Ntotila : Le Nyadi-Nsundi et le Vungu, communication faite lors du colloque scientifique international sur Vie et existence au Royaume Kôngo, du 02 au 03 octobre 2018 à Brazzaville (Congo).

35 Au pays Kuni, dans un couple des jumeaux mâles : l'aîné porte le nom de Ngo et le cadet celui de Nimi.

36 Raphaël Batsikama, 1971, Voici les Jagas ou l'Histoire d'un peuple parricide bien malgré lui, Kinshasa, ONRD, p. 184.

son père. Nimi A Lukeni éventra sa tante, tuant aussi le fœtus qu'elle portait en elle. De cette façon Nimi A Lukeni croyait avoir mis fin à la lignée royale maternelle. C'était un crime et il devait subir le même sort. Craignant d'être châtié, il rassembla quelques soldats de son père et sa bande et il s'émigra de sa zone, en traversant un long cours d'eau qui serait la rivière Inkisi. Antonio Cavazzi parle du Kwango et le père Jérôme de Montesarchio parle du fleuve Congo pour s'installer plus au nord. Une énième tradition rapporte que Nimi A Lukeni et sa suite franchirent le fleuve à Nsangila, pour s'établir dans un pays des cultivateurs en passant par l'actuelle ville de Boma.Nimi A Lukeni serait donc parti à la suite d'un meurtre qui causa une scission au niveau du royaume nommé le Vungu (parfois écrit Bungu) dont le souverain avait le titre de " Ma-vungu ". Nimi A Lukeni, " fort guerrier " était connu avant sa conquête comme celui qui rançonnait les peuplades aux gués du Kwango avec une bande à lui.

Hubert Deschamps et certains historiens insinuent que les conquêtes de Nimi A Lukeni assujettirent les populations locales des alentours (Mbundu et Kôngo). Le territoire où se réfugia Lukeni, chez les Ba Mbata (parents de sa mère), près du " Zari-anene ", le kwango était partagé entre l'autorité de " Mwene Kabunga " et de " Mwene Mpangala Mbumbulu ".

Le premier est une autorité religieuse sur la sous-région, une sorte de Pape. Le second est en revanche un chef politique. Une tradition orale dit que Nimi A Lukeni conduit d'abord ses partisans vers Mpemba-Kasi ou Mbandza Kazi selon le père de Munck, et qui se trouvait autour de l'actuelle ville de Matadi (Congo démocratique) avant de traverser le fleuve et continuer ses conquêtes jusqu'à ce qu'il arrive sur un plateau où il établira sa capitale définitive qui deviendra la capitale Mbandza Kôngo qui semble avoir été un no mans land.

Une autre tradition rapporte que le site où sera érigé Mbandza Kôngo fut la terre des Mbundu, qui se rétablirent plus au sud[37].Une tradition récoltée par Giovanni Cavazzi, asserte que Nimi épousa la fille du dignitaire politique du Mbata du clan Nsaku Lau qui s'était soumis de sa propre volonté à Nimi A Lukeni. La tradition des Bakanu, peuplade Bakôngo assez mêlée qui habite la région du Kwilu, affluent du Kwango et les affluents du Kwilu, la Lubuzi, la Tawa et la Benga disent que le Kôngo a été fondé par Nimi A Lukeni.

Nimi A Lukeni fut proclamé " Mutinu " (chef) ou " Ntinu Wetu " (notre chef) et " Ntotila " qui vient du verbe kikôngo Ntota (ramasser), mais aussi " Ntotila " (rassembler, rassembleur). " *Ntinu wetu, ntotila mwene Nimi A Lukeni Lua Muzinga, Kôngo* " (notre chef, le rassembleur, Nimi Lukeni, l'indomptable, expert dans les armes en fer).

Nimi A Lukeni était un guerrier redoutable et émérite " NKôngo ", expert dans la technique de fabrication des objets en fer et très habile dans le maniement du redoutable couteau de jet, et il était très rapide : " Le Roi guerrier et forgeron ". Le forgeron occupait une place exceptionnelle,

---

37 Pour former les royaumes du Ndongo et du Matamba qui deviendront la colonie de l'Angola, le mot Ngola fut la désignation des rois du Ndongo et du Matamba. Les Mbundu sont considérés comme étant un peuple bantou d'Afrique australe établi au nord-ouest de l'Angola. Ils sont particulièrement nombreux à Luanda, la capitale. On les appelle aussi " Mbundu du Nord " pour les distinguer des Mbundu du Sud, plus connus sous le nom d'" Ovimbundu ". Cependant l'ethnonyme Mbundu est parfois employé pour désigner l'ensemble de ces populations Selon les sources, on observe en effet de très nombreuses variantes : Ambundu, Ambuun, Bailundo, Bailundu, Bambundu, Benguella, Bimbundu, Bmoundou, Dongo, Kimboundou, Kimbundu, Kyaka, Mambari, Mbundus, Mbuni, Nano, N'bundo, Nbundu, Ndongo, Ngola, Oumboundou, Ovimbali, Ovimboundou, Ovimbundu, Umbundu, Vakuanano, Viye. Pour l'historien Joseph Zidi, l'existence du clan " Kong " chez les Mbundu interpelle sur leurs origines ? (Entretien avec Zidi en Mars 2018).

il était classé parmi les plus puissants. L'historien congolais Ndinga Mbo[38], nous dit que, *"Le forgeron chez les Kôngo, on lui devait des prélèvements de toutes sortes à l'échelle de son village. Ce qui lui procurait avec le propre commerce de sa production, une aisance matérielle considérable... Il était le plus souvent un magicien, faiseur de pluie, guérisseur, conseiller du chef de terre ou directement chef de terre... il était considéré partout comme créateur de vie, de force... il possédait les secrets du feu, il soignait les brulures, il était le maître des chasseurs... On observait à son égard, le respect pour ses connaissances technico magiques. "*. Le fer, apanage du roi, était un symbole du pouvoir royal chez les peuples Kôngo et du Loango son vassal. Le sceptre avait la forme d'une cloche : Le " Nkendo ".

Les dignitaires des chefferies conquises à savoir : Nsundi, Nsoyo et Mbamba, cédèrent le trône au conquérant. Le gouverneur du Nsundi subjugua l'État de Mpangu. Les États comme le Kôngo dia Mazinga vont s'engloutir dans la province Kôngo du Nsundi. L'appellation " Mazinga " fut d'ailleurs déformée sous la graphie de " Anzinga " et " Anziko, Anzique ou Anzicana "[39]. Patrice Joseph Lhoni[40] nous informe que le nord du Mpumbu (Stanley pool) parallèle situé à 5° de latitude nord faisait partie du royaume de Kôngo dia ntotila comme frontière septentrionale et *" devint le royaume téké à partir du XVIe siècle "*. Le vrai nom de ce royaume fut le royaume de Mazinga. Or le même Lhoni dit qu'à la fin du XVe siècle, une révolte des tribus tékés à la frontière nord-est du royaume Kôngo provoque une guerre. Notre étude nous permet d'émettre l'hypothèse que le royaume Téké, n'est autre que le Kôngo dia Mazinga, englouti dans le Kôngo dia ntotila. Le fameux royaume des téké ou royaume d'Anzico (Mazinga) se reforma en se détachant du Kôngo dia Ntotila à la suite d'une sécession comme le Loango pour devenir indépendant au XVIe siècle comme le royaume d'Anzico dit Anzicana (Mazinga) ou anziques dit aussi " Nsi A Tyo " ? L'hypothèse de la sécession est rendue probable au regard des déclarations de Joâo Barros qui a parlé d'une révolte des Mundequetés (Tékés) qui occupent un territoire sur les rives du fleuve Congo. C'est en 1491[41] que le roi de Kôngo, Joao I part en guerre sur ses frontières à Nsanga et Mazinga, pour mater une révolte des Anziques (Mazinga). En 1567 et en 1568, deux rois de Kôngo sont tués dans des guerres avec les anziques (Mazinga). Le premier Bernardo I, le fut par des anziques (Téké) et le second Henrique I, par les mêmes anziques, au moment où les jaga s'attaquèrent au royaume de Kôngo. Filipo Pigafetta et Duarte Lopes[42] rapportent aussi que *" Les îles occupées par les Anziques révoltés ne sont pas donc situées dans le bas fleuve, mais plus en amont jusqu'à ce " lac " qui peut être identifié au pool Malebo. Les rebelles auraient été les chefs de Nsanga et du mazinga "*. Goma Foutou[43] disait que le royaume Téké s'était formé au XVe siècle, voir XVIe siècle !

---

38 Abraham Constant Ndinga Mbo, 1984, Introduction à l'histoire des Migrations au Congo (…), Tome I, P. Kivouvou Verlag-Éditions Bantoues, p.124.

39 Anziko ne vient pas de Nziku comme l'affirme le Professeur Nzinga Mbo, car le passage de la phonologie de Nziku en Anziko n'est pas explicable par les règles de la linguistique, un mot simple (nziku) ne peut pas devenir compliqué (anziko). Le contraire est possible, c'est-à-dire anziko en nziku. De même, les propos d'Ebiatsa Hopiel (2011, p.37.) qui déclare que " Les Anziques, Nzikini, Anziki et autres sont bien des déformations ou des variantes du mot authentique " Nzi ", n'obéissent à aucune règle linguistique et elle est contredite par la loi de l'économie linguistique.

40 Patrice Joseph Lhoni, 2018, Brazzaville, cœur de la nation congolaise, Mbongui édition, p. 68.

41 Marie Claude Dupré, Bruno Pinçon, 1997, Metallurgie et politique en Afrique centrale : deux mille ans de vestiges sur les plateaux Batéké du Gabon, Congo, Zaïre, Karthala, p.19.

42 Filippo Pigafetta et Duarte Lopes, (Traduction de Willy Bal) 2002, Le royaume de Congo et les contées environnantes, éditions Chandeigne-UNESCO, p307.

43 Celestin Goma Foutou, 1981, Histoire des civilisations du Congo, paris, Éditions Anthropos, p. 209.

Pour Raphaël Batsikama[44], l'Anzicana (Mazinga) était le territoire (Province) frontière du royaume Kôngo habité par les Batékés, Bawumbu etc.etc.Les propos de Batsikama se raccordent à la tradition orale qui insinue que " *les Batékés constituaient l'Armée Puissante du Kôngo qui précède aux frontières pour les garantir et étendre le Pays Kôngo* ". *L'Armée Royale du Kôngo était ainsi composée des Batéké, qui étaient dans le nord pour garder la frontière* ".

Le Mani Kôngo à Mbanza Kôngo avait ordonné que cette armée des Batékés soit cantonnée dans la région comprise entre les rivières Alima, Lukeni (Lekoni), Mpasa, Lufini (Lefini), et le Fleuve Muanza (Congo, Zaïre). Cette grande région militaire donnée aux Batéké s'appelle la région de Mboma, Chef-Lieu Ngamboma. Au Sud se trouvait une autre région militaire qui s'appelle Mpumbu. Cette région s'étendait de part et d'autre du Fleuve Muandza. C'est la Région du Pool englobant les deux rives du Fleuve (Mfua et Kinshasa " Chassa ") jusqu'au Kuamutu et la rivière Kuangu. Le Roi de Mbandza Kôngo donna cette deuxième région militaire aux Bawumbu. Le rôle militaire des Batéké dans l'espace Kôngo est également relaté par Pigafetta et Lopez qui disent que " *pour sa protection, le roi de Kôngo a une garde composée d'Anziques, qui se tiennent autour de son palais* ". Le père de Munck[45] ne disait-il pas que " *Les Anziques étaient probablement nos Manianga actuels... ils ont passé le fleuve Kôngo entre Léo et Matadi, où nous trouvons encore actuellement leurs clans installés dans les villages...* ".Jusqu'à nos jours, il y a encore beaucoup des Batékés dans le pays Manianga des deux Congo !

Téké ne vient donc pas de " Téka " (vendre), mais plutôt de " Tékéla " (précéder), car les Téké étaient des éclaireurs et des soldats, toujours en avant lors des migrations des Kôngo[46].Ils ont migré de l'est vers l'ouest, sans jamais atteindre la mer.

Le pays Téké, depuis l'Ogooué (Gabon actuel), passant par la rivière Alima (Congo), jusqu'au Badundu et Kasaï (Congo démocratique) est donc un pays Kôngo (Aire culturelle Kôngo). Pierre Savorgnan de Brazza, cité par Monseigneur Jean Cuvelier[47] dit : " *ce pays de Mucoco n'a d'autre nom que celui de Kôngo. Son chef-lieu ou capitale s'appelle Kôngo dia mbé. Le pays de Mucoco reste à la discrétion du roi du Congo* ". Si l'historien congolais, Célestin Ngoma Foutou[48], dit que le royaume Téké était contemporain de celui du Kôngo dia ntotila et qu'il fut créé sur la base d'un rassemblement clanique du groupe Téké, cela confirme les propos tenus par un chercheur[49] Téké que les Kôngo et les Téké sont de la même racine. Le journaliste et historien Antoine Malonga disait : " *les Téké affirment qu'ils sont venus de Kôngo. Ils ont la même origine avec les Bakouo (bakôngo) et vili...* "

Patrice Lhoni[50] va même loin en disant que " *Le Makoko serait un descendant des rois de Mbandza Kôngo* ". La parenté du Makoko avec les rois de Mbandza Kôngo est établie par Patrice Lhoni en se basant sur Antonio Brasio qui dit que " Mucoco " (écrit aussi Onko) semble

---

44 Raphaël Batsikama, 1999, L'ancien royaume du Congo et les BaKôngo, l'harmattan, p. 124.

45 Josep de Munck, 1966, Kinkulu kia Nsi eto A Kôngo, diocèse de Matadi, p.22.

46 Tradition rapportée par le colonel à la retraite Madzou Daniel, de l'ethnie Téké.

47 Mgr Jean Cuvelier et l'abbé Louis Jadin, 1954, L'ancien Congo d'après les archives romaines, AR SC.C, p.168.

48 Célestin Ngoma Foutou, 1981, Histoire des Civilisations du Congo, Paris, Éditions Athropos, p.209.

49 Entretien avec Eugenie Opou, à Brazzaville (Congo) en octobre 2014.

50 Patrice Joseph Lhoni, 1978, opcité, p. 68.

être une forme de "Nkuw" (Roi)[51]. Duarte Pacheco Perreira appelle le roi d'Anzica, "Encuquanzico-Nkuw-AN'zike" roi des Téké. Patrice Lhoni pense que "M'Kuwu" est écrit faussement avec Brasio et Duarte qui se seraient cru obliger de prononcer séparément la lettre initiale "M'(èm)" et le reste du nom "Kuwu". Ils auraient alors écrit "M'cucuanzico" mieux "Nkuku-Anzico", sans les phonèmes "C" et les "Q" qui en alourdissent l'orthographe, et déroutent davantage. Pour l'historien Igor Matonda[52] de l'Université de Kinshasa (Congo démocratique) "*D'un point de vue linguistique, les parlers Kôngo et Teke font partie de ce que l'on appelle les Bantu de la côte occidentale par Vansina. De ce fait, ils ont une origine commune (les parlers !). Vers 300 av J. C, deux groupes se seraient formés, l'un donnant naissance à l'ancêtre des parlers kikôngo actuel et l'autre donnant naissance aux parlers Teke-zebi-mbuun-mboma. La séparation se serait passée au niveau du Pool Malebo. Où précisément, difficile de le savoir. C'est probablement entre la Manianga et le Pool Malebo. C'est ce qu'essaie de répondre le projet Bantu First entre autres. Mais le parler Teke actuel et le kikôngo actuel ne descendent pas directement d'un ancêtre commun. Les deux groupes de populations ont eu des contacts depuis des siècles. C'est un débat intéressant que l'atelier scientifique de Brazzaville en octobre 2018 a effleuré*".

Ainsi donc, le royaume Téké n'a pas été fondé des siècles avant le Kôngo dia ntotila comme l'affirme, le professeur Ndinga Mbo[53].Notre hypothèse est que le royaume du Kôngo dia Mazinga fut conquis par Nimi A Lukeni et englouti dans la province du Nsundi du Kôngo dia ntotila. Ensuite une sécession d'un rassemblement clanique créera le "Nsi A Tyo" (royaume Téké) qui était une renaissance du Mazinga (Anziquo) ?

Nous avons néanmoins la certitude que les Téké ne sont pas la strate ancienne de cette partie de l'Afrique comme le dit Gilles Sautter[54].La formation du royaume Téké entre le Ve et le Xe siècle de l'ère chrétienne, tel qu'affirmée par le professeur Ndinga Mbo[55], n'est pas possible. Tous les lignages qui se sont installés aux Kôngo dia ntotila, Vungu, Loango, Téké (…), viennent du premier état du Kôngo (Kôngo dia Tuku), qui se situait aux environs du "Mpumbu" (Stanley Pool), confirmé par la tradition orale des Bamanianga. Olfert Dapper[56] disait d'ailleurs que les royaumes Téké, Kôngo et Loango tiraient leurs origines au nord du lac Malebo. L'historienne britannique Phyllis.M.Martin[57] qui a écrit sur l'histoire du royaume de Loango a également déclaré que les populations Kôngophones ou Kikôngoïde dont celle du Loango, tiraient leurs origines d'un ancêtre commun ou une communauté commune située près du Pool Malébo (région de Manianga). L'archéologue américain James Denbow[58] de l'université du Texas (Etats-unis d'Amérique) qui a fait des fouilles dans la région du Loango a parlé d'un établissement des peuples du Loango sur leur habitat actuel en provenance de l'intérieur et il a trouvé des traditions

---

51 Patrice Joseph Lhoni, 1978, opcité, p.72.

52 Échanges avec Igor Matonda Sakala, professeur-assistant à l'Université de Kinshasa, par poste électronique, le 17 novembre 2018.

53 Abraham Constant Ndinga Mbo, 1984, Introduction à l'histoire des migrations au Congo (…), P. kivouvou Verlag, p. 49.

54 Antoine Malonga se basant sur des sources orales recueillies auprès des anciens, on distingue quatre vagues migratoires tékés qui ont remonté ainsi le fleuve Congo, allant de l'est vers l'ouest sans jamais atteindre la mer.

55 Abraham Constant Ndinga Mbo, 1984, Introduction à l'histoire des migrations au Congo (…), P. kivouvou Verlag, p.53.

56 Histoire Générale de l'Afrique, Tome IV : L'Afrique du XII au XVIe siècle, UNESCO/NEA, Paris, 1985, p. 622.

57 Phyllis.M.Martin,1972,The external trade of the loango coast(…),Oxford university press,p.3-9.

58 James Denbow,2014,Archaeology of Central africa,Cambridge university press,p. 175.

généalogiques identiques à celle du Kôngo. La région du Pool Malebo serait le foyer originaire lointain avant le royaume Kôngo dia Ntotila, des peuples du Loango. Ce nord du lac Malébo, n'était pas Téké au temps du Kôngo dia Tuku, c'est un espace qui partait depuis l'actuel pays Manianga jusqu'au Mpumbu (actuel Brazzaville).

Un dicton Téké ne dit-il pas que : " Mukwô wa Ngûnu,Mûte wa Ngûnu " (Mukôngo et Mutéké ont une même aïeule qui est Nguunu).On n'est pas loin de la légende de Marcel Soret[59] qui disait " *Une femme, nommée Ngounou, eut quatre fils Moutéké, Moukôngo, Mooyo et Movili. De ces quatre frères sont issus les peuples qui sont appelés du nom de leur fondateur* ". Le territoire du Kôngo dia Tuku était donc celui de Na Kôngo et de Ngunuu, les Ancêtres primordiaux des Kôngo en Afrique Centrale.

La terre conquise par Nimi A Lukeni n'était pas la terre de ses Ancêtres, il avait donc sollicité la coopération rituelle de Mwene Kabunga qui avait joué le rôle d'intermédiaire entre les vivants et les Ancêtres pour régir le cours des cultures et la maitrise de la chasse. Nimi A Lukeni ne pouvait pas gouverner son royaume sans une intronisation religieuse auprès du chef religieux. Nimi A Lukeni établit des lois et organisa son royaume à une date qui ne fait pas l'unanimité. Les résultats des laboratoires archéologiques dans le processus de sa classification comme patrimoine mondial, ont donné les années 1425 et 1439 et accepté par la coordination de ce projet conduit par madame Sonia Domingue z, pour la fondation de la capitale Mbandza Kôngo. Mais cette date suscite beaucoup de controverses. Des sources traditionnelles Kôngo insinuent que la ville de Mbanza-Kôngo a été fondée par Nimi A Lukeni en 690 de notre ère, au septième siècle. Le royaume s'agrandit de plus au XIIe et XIIIe siècle par une politique de conquête et atteint son apogée entre le XIVe et le XVe siècle.

Mais si René Tonnoir[60] a émis l'hypothèse de l'émigration des Téké (Mazinga) dans le Kasaï au XIe siècle de l'ère chrétienne, il est probable que cette émigration serait partie de la désagrégation du Kôngo dia Tuku, donc le VIIIe siècle de l'ère chrétienne pourrait-il être la date de fondation de ce dernier (Kôngo dia Tuku) ? Le Kôngo dia Ntotila serait-il créé à peu près au XI ou XIIe siècle apr. J.-C., ensuite le Vungu d'où part Lukeni, existait-il depuis le IXe siècle apr. J.-C. ? Les linguistes du Musée royal de l'Afrique Centrale ont déclaré qu'il était difficile d'estimer avec exactitude le début de l'expansion des Kôngophones (Kikôngoïde) et déclarent[61] enfin :

" *l'expansion du KLC [62] (kikôngoïde) est plutôt liée à l'arrivée et la migration des premières communautés bantuphones au sud de la forêt et puis à sa fragmentation progressive suite à une longue évolution sur place de ses différents groupes. Constituant la frontière naturelle entre plusieurs des sous-groupes majeurs KLC, le cours inférieur du fleuve Congo ainsi que certains de ses affluents, comme l'Inkisi y ont joué un rôle primordial* ".

---

59 Marcel Soret, 1978, Histoire du Congo Brazzaville, Paris, Berger-Levrault, p.72-73.

60 René Tonnoir, Giribuma. Contribution à l'histoire et à la petite histoire du Congo équatorial. Tervueren : MRAC, coll. Archives d'ethnographie N°14, 1970, xiv 500 p., gd in-8°.

61 Bernard Clist, Pierre de Maret et Koen Bostoen, 2018, opcit, p.54.

62 Le KLC est le KiKôngo language Cluster. La nouvelle classification des langues de la famille du kiKôngo par les linguistes du musée royal de l'Afrique centrale (Belgique). C'est une classification sur la base des méthodes phylogénétiques empruntées au domaine de la biologie.

La date avancée par le projet "Kôngo King" sur la fondation du royaume Kôngo, n'est en fait que la date de l'apparition de la céramique à Mbandza Kôngo entre la fin du XIVe siècle et le XVe siècle.[63]Le professeur John.K.Thornton propose l'année 1390 comme date probable de la création du Royaume Kôngo par Lukeni. Du point de vue de la tradition ngunza, l'établissement des "bena Kôngo" dans l'espace vie actuel est le résultat d'un périple parti de Nguipiti (ancienne Égypte) en passant par l'Afrique Australe (Zimbabwe,…), pour finir en Mbanza Kôngo dia ntété (Kôngo dia Tuku), "nsi ya nsilulu", le pays prédestiné. C'est la migration scientifique des bantus de l'ouest qui est une migration nord-sud à travers la forêt équatoriale pour certains ou à travers l'Afrique de l'Est (Kenya-Zambie-Zimbawé). L'archéologue britannique D.W.Philipson[64] qui a fouillé en Zambie, au Kenya et en Éthiopie a reconstruit dans son hypothèse dite "phase 4 : Ca.300-100 BC" ce qui suit : "*certains Bantuphones se répandirent autour du flanc de la forêt équatoriale jusqu'à la savane méridionale et puis vers l'ouest jusqu'à la région du bas-Congo (cours inférieur du fleuve Congo)... les Teke et les Kôngo feraient partie de cette vague*". Il eut une désintégration à travers différents sous-groupes. La tradition orale dit que le mouvement qui décida le groupe, à marcher en direction du "nsi ya nsilulu", est attribué à une instruction de "Muanda Kôngo, Mfumu mpandu" donnée à un ntumua (prophète). Il lui demanda de réunir ses adeptes et de sortir d'Éthiopie pour une destination qu'il préciserait au fil du périple. Des leaders traditionnels Kôngo situent cet évènement en 220 av. J.-C. certains auteurs font remonter l'établissement des Kôngo, dans leur habitat actuel, au 4e siècle au début des années 300. Ce sont là des données qui relèvent de la généalogie des congrégations religieuses Kôngo qui doivent faire allusion au Kôngo dia Ntété ou dia Tuku[65]. Plusieurs leaders religieux ne trouvent pas crédible, la thèse assez répandue du fondement du Royaume Kôngo dia Ntotila (dernier état politique fondé par les Kôngophones (Kikôngoïde) vers les années 1200 ou 1390. Ils ne croient pas du tout à la mise en place d'un royaume aussi structuré que l'a été Kôngo dia Ntotila en l'espace de trois siècles, puisque les Portugais vont débarquer en 1482 et y trouver un royaume dont les institutions traduisent déjà une gloire qui commence à passer.

Notre hypothèse finale s'alignera à celle du Docteur Lendo Makunga[66] qui s'appuie sur une tradition orale sincère et qui situe la fondation du "Kôngo dia Ntuku" en 850 de notre ère à Mpumbu-Fwa aux environs du Stanley-pool avec Mbandza-Kôngo dia Ntété comme capitale. : "*L'éclatement de ce dernier et l'expansion des Kôngo atteignent l'embouchure du fleuve Kôngo vers 1150 après avoir installé les royaumes de Mazinga et de Bwendé sur la rive droite du fleuve, certains arrivent au mayombe où ils fondent le royaume de Vungu. A la fin du XIIe siècle, Lukeni*

---

63 Tollo, E.C, 2017 " Territorialité et internationalisation d'une culture africaine : le cas de la culture des BaKôngo du royaume du Kôngo. In D.Simo(ed).Études culturelles : Concepts, théories, pratiques et enjeux. Actes du grand colloque international tenu du 5 au 7 avril 2016 à l'université de Yaoundé I (Cameroun), revues Trans N° 20 (2017).

64 D.W.Phillipson,1977,The later Prehistory of Eastern and Southern Africa,Londres,P.210-230 : " The Iron Age of the Bantu speaking peoples: archaeological and linguistic consideration".

65 Il faut admettre aussi une confusion entre Kôngo dia ntété et Kôngo dia Ntotila. A la période du IIIe ou VIe siècle, il faut plutôt voir Kôngo dia Ntété.

66 Lendo Makunga, 2009, La notion de mémoire dans l'Ancien Testament : confrontation avec la culture yombé du Congo, Publibook, p.253.

Lua Nzinga traverse le fleuve et arrive à Mbata…….. ". Nous rejetons ainsi les déclarations du camerounais E.C. Tollo[67], qui a situé le Kôngo dia Ntété dans les régions du et de Bungu.

La date de la fondation du royaume Kôngo dia ntotila est en tous cas, difficile à préciser, car les sources écrites et orales sont fragiles et leurs interprétations diverses. La réalité scientifique de notre hypothèse et de celle des diverses congrégations religieuses, ne peut être établie que par des fouilles archéologiques sérieuses. Le projet "Kôngo King", en conjonction avec des découvertes archéologiques, les études linguistiques, amènera une nouvelle approche sur les origines du royaume Kôngo à travers une reconstruction sincère et originale des origines et de l'histoire ancienne du royaume Kôngo.

Notre étude trouve assez complexe la distinction suggérée par le professeur Koen Bostoen[68] entre "État politique Kôngo" et "Aire culturelle Kôngo". Il n'y a pas eu qu'un seul état politique Kôngo, car depuis le Kôngo dia Tuku de Nakôngo au Kôngo dia ntotila de Nimi Lukeni, il y a eu plusieurs états politiques Kôngophones (kikôngoïde), par conséquent, l'aire culturelle Kôngo n'est que l'espace territorial occupé par les anciens états politiques Kôngo qui ne saurait se limiter au Kôngo dia Ntotila ?

Pour l'historien congolais Joseph Zidi [69]comme pour d'autres historiens, Nimi A Lukeni, après avoir fondé le Kôngo dia Ntotila, finit par conquérir le Vungu[70] de son père, et même les Yombé de la région du mayombe. Le Vungu va s'engloutir dans la province du Nsundi, ainsi que les terres du Kôngo dia Tuku. Le Nsundi devint la province royale, province déterminante, la tête du Kôngo dia Ntotila[71]. Les Kôngo de la région de l'Inkisi savent néanmoins que leurs Ancêtres venaient du Kwango et c'est du Kwango qu'ils sont partis pour fonder Mbandza Kôngo, mais Paiva Manso[72] parle d'une région du Kwilu Tawa, occupée par les Bakôngo, quand ils eurent passé le Kwango, avant d'arriver à Mbasi à Nkanu. Le roi du Kôngo Nimi A Lukeni, était soit le contemporain de Lalibela l'Éthiopien et de Sumanguru Kanté au Sosso soit celui de Sunjata Keita le Malien, voire de Ndiadiaan Ndiaye, le fondateur du Dyolof. Il serait aussi contemporain du Dernier Almohade, Al Wathik, qui régna de 1266 à 1269, en France, par exemple, aux capétiens, Philippe-Auguste (1180-1223) et Louis IX (1226-1270).

Lukeni est mort jeune et il fut succédé par son cousin Nanga ou Kinanga Kia Ntinu. A la suite du roi forgeron, les forgerons dans le centre de l'Afrique seront reconnus comme des conquérants et fondateurs de plusieurs états. La corporation des forgerons fut appelée "NSundi". Le Ndongo et le Matamba qui se trouvaient au sud du Kôngo et vassal de ce dernier fut fondé par un certain "Ngola Mousouri". "Mousouri" est une déformation de "Musundji" qui veut dire forgerons. Tous ces forgerons venaient du Vungu, le second foyer originaire après le Kôngo dia Tuku d'où

---

67 E.C.Tollo, Tollo, E.C, 2017 " Territorialité et internationalisation d'une culture africaine : le cas de la culture des BaKôngo du royaume du Kôngo. In D.Simo(ed).Études culturelles : Concepts, théories, pratiques et enjeux. Actes du grand colloque international tenu du 5 au 7 avril 2016 à l'université de Yaoundé I (Cameroun), revues Trans N° 20 (2017), p. 11.

68 Échanges avec le professeur Koen Bostoen, par poste électronique le 04 avril 2019.

69 Entretien avec Joseph Zidi, département d'histoire, université Marien Ngouabi (Congo), le 24 Janvier 2017.

70 Le Vungu était situé sur les actuels districts de Kimongo et fwati (République du Congo) et jusqu'à Boma (actuellement en République Démocratique du Congo).

71 La province de Nsundi, enjambait le fleuve congo au nord-est du royaume (actuel sud des régions de la Bouendza et du pool). L'essentiel du fer utilisé dans le royaume provenait du Nsundi. Avec le fer on forgeait les armes, avec les armes on fait la force du pays. Beaucoup des Nsundi faisaient la garde rapprochée du roi Kôngo.

72 Paiva Manso,1877, Historia da Congo, Documentos, Lisboa .

partit également Nimi Lukeni. Ngola ou Ngolo est un bataillon, un groupe armé. Ngola Musundji, désigne, un bataillon de forgerons qui aurait conquis et fondé le Ndongo et le Matamba qui devint la colonie portugaise de l'Angola (de Ngola : bataillon ou le chef du bataillon qui est le Ngola ou le roi). Le Loango fut également fondé par une confrérie de forgerons que sont les " Buvandji ". Un témoignage du père Merolla, considère ces forgerons comme des gens adonnés à la magie, des sorciers. Les Sundji étaient des forgerons qui fabriquaient des armes. Gervais Loembe[73] a insinué que les plus adroits des Sundji, comme les Bembe, vont créer des bataillons. Ce sont des Sundji (Sundi) qui vont dominer, la période pré-révolutionnaire et révolutionnaire dans la colonie de Saint-Domingue, pour donner naissance à la première République noire de l'humanité (Haïti).

La capitale du nouvel état créé par Lukeni (Kôngo dia ntotila) était entourée par une chaine montagneuse ; la capitale qui selon certaines traditions fut appelée premièrement " Nkumba Wu ngudi " ou " Mongo Wa Nkaila ". Le Palais Royal se trouvait sur un éperon rocheux, et son emplacement reflétait une image de l'univers céleste. Le comité scientifique international pour la rédaction de l'histoire générale de l'Afrique[74], présente l'espace du groupe ethnolinguistique Kôngo, allant du sud du Gabon, jusqu'au plateau de Benguela (Angola) et de l'océan atlantique, à la rivière Kwango (couvrant les deux Congo). Cette facette est le résultat de l'extension et les migrations des peuples Kôngo. C'est dans ce sens que Karl Laman[75] déclara que "*La langue Kikôngo est parlée dans tout le Congo inférieur entre le Stanley Pool et l'océan, le long de la côte qui s'étend au nord vers l'Ogooué, dans l'intérieur du pays jusque vers l'est par-delà la rivière Kwango*". Théophile Obenga, s'inspirant de l'Abbé Proyart va dans le même sens en déclarant "*Le Kôngo de Mbandza Kôngo (San Salvador), le Yombé (Iomba), le Vili (Loango, Ngoyo, Cabinda) sont, en effet, les divers parlers de la langue Bantu parlée par les Kôngo du nord-Ouest de l'Angola, le Bas-Zaïre, le Congo méridional, soit le Kikôngo*".

Nous rejetons ainsi au regard de ce qui précède, les déclarations de Christina Frances Mobley[76], dans sa thèse de Doctorat qui a déclaré que le label " Kôngo " n'est pas forcément lié au royaume Kôngo et que les Yombé et les habitants du Loango n'ont rien à avoir avec le royaume Kôngo. Frances Mobley a d'ailleurs parlé d'une fausse théorie qui dit que "*Le Royaume Kôngo fut le berceau de toutes les ethnies Kôngo… le Royaume Kôngo est un terme générique qui se réfère à la zone linguistique et culturelle de la langue Kôngo (H 10)*". Nous disons non à ces déclarations, qui manifestent une méconnaissance de l'histoire du Kôngo, qui débute avec le Kôngo dia Tuku, suivi du Kôngo dia Mpangala, du Kôngo dia Bwendé, pour créer le Kôngo dia Ntotila, dont le Loango, son vassal s'étendait jusqu'à la pointe Sainte Catherine (Gabon actuel), un ensemble d'états créés par des populations dont le foyer initial est nommé " Kôngo dia ntété ", donc un pays " Kôngo ". Roland Mbinda Nzaou[77] enseignant au département d'histoire de l'université Marien Ngouabi de Brazzaville (Congo) ajoute que "*La civilisation ou civilisations du Loango n'existe pas dans la mesure où la " civilisation " est l'ensemble des genres de vie, des*

---

73 Gervais Loembe, 2017, Parlons Vili : Langue et culture de Loango, l'Harmattan, p. 43.

74 UNESCO General History of Africa, Tome V, p.273.

75 E. K. Laman, 1936, Dictionnaire KiKôngo-Français, p. l.IV.

76 Christina Frances Mobley, 2015,The Kôngolese Atlantic :Central African slavery and culture from Mayombe to Haïti, Thèse de Doctorat en Histoire, Department of History, Duke University,2015,Supervisor, Laurent Dubois, p. 17-25.

77 Entretien avec Roland Mbinda Nzaou, chargé de cours d'histoire ancienne au département d'Histoire de l'Université Marien Ngouabi de Brazzaville (Congo) le 08 juin 2018.

procédés de travail, des croyances etc qui constituent l'originalité d'un peuple. Tous les peuples Kôngo ont les mêmes croyances, les mêmes moyens de travail. Le Loango est tout simplement un trait de la civilisation Kôngo.Tous les travaux qui s'acharnent à montrer que le Loango serait autre chose que Kôngo commettent une erreur à cause d'une faible analyse aggravée par l'adulation d'un passé imaginaire ". Dans le même sens, Tollo parle d'ailleurs d'une uniformité des traditions céramiques dans l'aire culturelle Kôngo transmises de génération en génération.

Comment porter le label " Kôngo " et ne pas être " Kôngo " ? Les travaux de Doutreloux[78] sur les Yombe du loango, établissent une parenté avec les Vili et par extension avec les autres Kôngo. Le clan Mimandu est identifié aujourd'hui chez les Vili, Yombé, Kuni, Sundi, Bembe, Dondo, Kamba, Lumbu et Punu du Congo méridional. La mythologie, la tradition orale et même certains travaux des historiens comme Randles, Goma Foutou, Ngoie Ngalla et Sacripianti font transparaitre un lien de sang entre Mbandza-Kôngo et Mbandza-Loango. On ne peut pas porter le nom Kôngo et ne pas être Kôngo. L'histoire du royaume Kôngo, est une expérience d'unification d'une culture politique, d'unification qui avait connu du succès pendant une longue période avant de sombrer à nouveau dans la décentralisation. Tous les Kôngo, nous l'avons vu sont partis d'un foyer originaire appelé dans la tradition " Kôngo dia Tuku ", pour créer d'autres États Kôngo. Baumann et Westermann ne disent-ils pas qu'" *Au sud de Loango jusqu'au 8° de latitude sud et jusqu'au Stanley Pool, habitent aujourd'hui et habitaient des Mushikôngo* "[79]. Le label Kôngo n'est pas un terme générique, il y a une unité culturelle et historique entre tous les Bakôngo de l'Afrique Centrale.

Le royaume Kôngo en 1711. Le projet de fouilles archéologiques " Kôngo King "[80], nous a fait remarquer que la frontière du royaume Kôngo située à la rivière Kwango par les chroniqueurs portugais, est en fait beaucoup plus à l'ouest qu'on ne croyait.

---

78 Doutreloux Albert, 1967, L'ombre des fétiches, Société et culture Yombé, Édition Nauwelaert.
79 H. Baumann et D. Westermann, 1948, Les peuples et civilisations, Payot, p.174.
80 www.kongoking.net

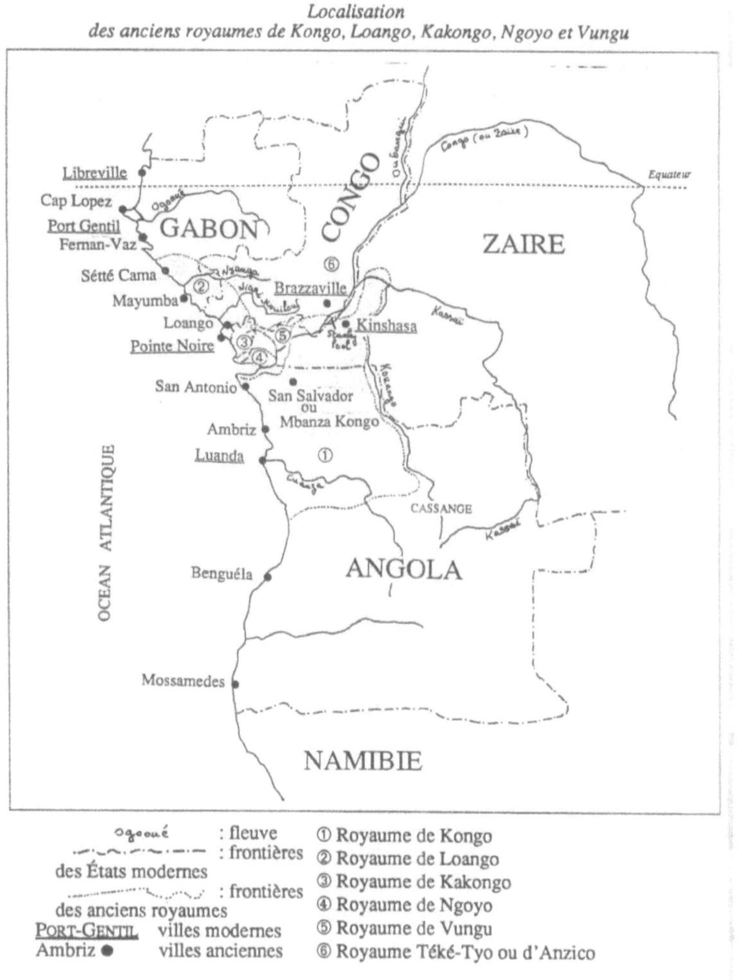

La présentation du trône du Kôngo, par Olfert Dapper[81], nous a donné une magnifique gravure. Devant, le siège sont étalés les 3 emblèmes principaux de la dignité royale, ce sont le couvre-chef (Mpu), qui était un bonnet blanc avec des dents de Leopard tel que rapporté par le Père de Munck, trois bracelets en fer (Nlunga) qui se portaient au bras gauche et étaient parfois en ivoire, en cuivre ou en fer et un sac en fibres d'ananas, destinés aux tributs des vassaux (Nkoto). Le siège du roi était en ivoire, orné de bois, sculpté à la mode indigène.

Lafiteau[82], précise ces données, quand il raconte la réception du portugais Ruiy Da Souza à San Salvador : " *le roi l'attendait, assis sur une chaise d'ivoire, placée sur une estrade. Il avait sur la tête un petit bonnet de feuilles de palmier en façon de mitre, son bras gauche était orné d'un bracelet de laiton et d'une queue de cheval, marque distinctive de la royauté, qui lui pendait de dessus une épaule. Chez les Kôngo, l'extrémité de la queue de certains animaux, est le siège d'une force spéciale qu'ils croient s'approprier par la possession, de même, les poils de la queue d'un éléphant ont un pouvoir extraordinaire)* ".

---

81 Olfer Dapper, 1676, Nauwkeurige Beschrijving der Afrikaansche Gewesten, Tweeden druk,.Amsterdam ET Bastian. A ,1859, Ein Besuch in San Salvador der Haubstadt konigreichs Congo, Bremen.

82 Lafiteau. J, 1734, Histoire des découvertes et conquêtes des Portugais dans le Nouveau Monde, Paris.

A ces emblèmes, il faut aussi ajouter la lance, l'arc et la flèche, un collier appelé "Simba", et une chaine de fer sur lequel sont accrochés beaucoup de pendentifs en fer. Il avait aussi, une chasse mouche "Nsesa", en queue de buffle (remplacé par une queue de cheval par les Portugais), le spectre "Ngwanda" et enfin, le bâton de chef, le Mvwala, en bois très dur, orné de sculptures, surmonté d'une croix. Le roi portait une peau de léopard "Nkuwu" qui désigne aussi le Roi. Le léopard est un "Mbisi I Kimfumu", l'animal de la seigneurie, sa peau est le siège du roi. Un Kôngo ne peut tuer un léopard que pour défendre sa vie, mais ensuite, il faut rester enfermé pendant trois jours dans sa hutte, sans avoir de relation avec qui que ce soit. On n'oubliera de notifier la présence du tambour sacré qui n'est jamais vu en public, sauf en quelques rares occasions : quand le roi allait en guerre, lorsqu'il était couronné et à sa mort. La relique la plus importante était la corbeille des Ancêtres, gardée par le chef spirituel du royaume, celui qui dirige le culte d'intronisation du roi (Le Mwene Kabunga). Cette corbeille est gardée dans la maison des Ancêtres. Elle est tressée avec des lamelles du tronc de palmiers et munie d'un couvercle. Elle est tenue par une branche d'arbre à double fourche, plantée en terre et portant la corbeille au milieu de la case. Entre deux pierres, brule un feu qui ne s'étend jamais. On ne peut introduire dans la case aucun autre objet. Cette corbeille est circulaire et mesure environ 25 centimètres de haut sur 15 de diamètre. Elle contient les restes de tous les anciens chefs couronnés, leurs femmes et tous les albinos, notamment les cheveux, ongles et une phalange de doigts. Les albinos y sont représentés, parce que ces seigneurs blancs "mfumu zi ndundu", sont censés être des esprits de grands Ancêtres réincarnés. Leurs reliques maintiennent la présence favorable des Bakulu (Ancêtres) ; la corbeille contient aussi des griffes, poils et dents de tous les léopards tués dans le clan royal.

Le roi était choisi parmi les candidats au trône par un collège électoral de neuf ou douze membres dans lequel le Mwene Kabunga détenait un droit de veto. Mais en fait, les candidats se préparaient à la guerre et le collège se prononçait pour le plus puissant. L'autorité royale dérivait d'un droit divin et la royauté était sacrée.

Pour bien comprendre l'identité du peuple Kôngo, il faut connaitre sa philosophie, ou mieux sa cosmogonie à travers leurs chants, le symbolisme rituel, la légende, le mythe et la pensée sociale. Ce sont les chercheurs comme Bentley (1887-1900), le Père Van Wing (1921-1938), et le missionnaire suédois Karl Laman (1936-1953, 1958-1962), qui ont contribué à notre compréhension de la société et de la culture Kôngo et surtout Fukiau Bunseki Lumanisa, Robert Farris Thompson, John. M. Janzen et Wyatt Mc Gaffey.

Pour l'homme Kôngo, le monde est divisé en deux, le monde des humains qui est sur terre et un autre monde qui se trouve sous terre, le globe terrestre est contenu et encerclé par l'eau "Kalunga", le monde des morts (cette vue du monde est très semblable à celle rapportée dans les communautés religieuses candomblé du brésil). Tout comme les eaux infinies contiennent et entourent le monde, l'arc-en-ciel encercle la terre pour la protéger contre les pluies malveillantes. Le soleil, la lune, les étoiles et les météores suivent aussi une route circulaire autour de la terre ; commençons leurs rotations de dessous la mer, allant vers le monde supérieur visible. Chez les Bakôngo, la mer était une manifestation de la Sainteté divine, car elle était salée et le sel chez les Kôngo à le pouvoir de préserver et de purifier. L'individu aussi est un microcosme de l'univers, les attributs physiques, mentaux et spirituels de chaque personne ont leur identification dans les substances universelles ; les fluides du corps, comme le sang, le lait maternel et le sperme participent à la substance de Kalunga. La distinction formelle entre les deux mondes est liée aux oppositions comme la nuit et le jour ; mais les deux domaines sont essentiellement unifiés dans le cours de la nature, comme la course cyclique du soleil qui se lève du monde souterrain du blanc (Mpemba) chaque matin et qui descend encore dans le blanc, chaque soir.

Dans sa course circulaire, le soleil passe par quatre positions rituelles importantes : Robert Farris Thompson a d'ailleurs consacré un livre sur ce thème[83]. Lever du soleil dans ce monde et coucher du soleil dans ce monde, mais aube dans l'autre et ainsi de suite, ces quatre positions dans la course du soleil décrivent l'axe vertical de l'univers et donnent les points de démarcation temporelle au cycle du temps, correspondant par extension aux autres activités spatio-temporelles telles que la semaine traditionnelle de quatre jours de marché et son cycle rituel de prescriptions et d'interdictions.

Le cycle du Soleil, exprime aussi, le cycle de la vie humaine, de la naissance à la maturité, de la vieillesse à la mort, et la vie dans le blanc après et en continuation, peut être jusqu'à la réincarnation dans la société vivante. Le coucher du soleil est le signe de la mort de l'homme et le lever est la continuité de sa vie (renaissance), les Bakôngo pensent que la vie de l'homme n'a pas de fin, elle accomplit un cercle comme le soleil dans son lever et son coucher, la mort est un changement de lieu, l'eau est une barrière entre les vivants et les morts, elle est aussi, la porte qui mène chez les morts. C'est pourquoi, en cas de mort inopinée, les gens courent vite sur le chemin qui mène à la rivière et appellent le défunt avant qu'il n'ouvre la porte qui donne accès à mpemba.

Ce qui précède est parallèle à la cosmogonie de l'Égypte antique, car chez les Égyptiens anciens, le soleil devrait entrer dans le ventre de la terre après son séjour dans le ciel. Dans la même optique, C. Palanque[84] déclare : "*Les Égyptiens qui faisaient se coucher le soleil dans la terre, le faisaient aussi sortir du Nun considéré alors comme le ciel inférieur* ". Dans l'Égypte ancienne " Atoum ", le soleil est au centre du temps et le mythe égyptien du cycle du soleil dit que le soir " Re " le soleil prenait une barque sacrée et traversait le Nil souterrain. Au cours de ce voyage, " Re " traversait les douze portes correspondant aux douze heures de la nuit (de 5 h du soir à 5 h du matin). Dans le monde souterrain " la douat ", lorsque le soleil renaît, cela symbolise le retour de la lumière et de la vie dans le monde d'en haut.

La " *douat* " des Égyptiens est similaire à Kalunga " l'océan ", lieu de résidence des Ancêtres (Mpemba), le ciel inférieur des anciens Égyptiens. C'est pourquoi il est dit *" au lever et au coucher du soleil, les vivants et les morts se changent le jour et la nuit... "*. C'est donc pour cette raison incontestable que le chercheur congolais Dr Kiatezua Luyaluka qui a fait une étude comparée de la religion égyptienne antique et celle du Kôngo à travers une herméneutique du livre des morts des Égyptiens anciens[85] insinue que " *la religion traditionnelle Kôngo est une survivance de la religion osirienne* ". La tradition orale de l'Eglise des Ngunza ne dit-elle pas que " *Le Royaume Kôngo est l'héritier majeur des enseignements instruits en Nguipiti (Égypte)* ". L'égyptologue britannique Ernest A. Budge[86] a également fait des rapprochements entre la religion de l'ancienne Égypte et celle de certains peuples d'Afrique Centrale, dont les Kôngo. Le

---

83 Robert Farris Thompson,1981,The Four Moments of The sun : Kôngo arts in two worlds, National Gallery of Art; Et Fukiau Bunseki Lumanisa, 1969, Le MuKôngo et le monde qui l'entourait, Onrd, Kinshasa.

84 C. Palanque, 1909, Le Nil à l'époque pharaonique, son rôle et son culte en Égypte, paris, librairie Émile bouillon, p.98.

85 Kiatezua Luyaluka, 2010, La religion Kôngo ses origines égyptiennes et sa convergence avec le christianisme, l'Harmattan.

86 Wallis. E. A. Budge, 1911, Osiris and the Egyptian Resurrection, London, P. L. Warner, New York, Dover Publication, 1974.

linguiste Sir Harry Johnson[87] avait bien étudié la migration de certains peuples de l'Égypte ancienne vers l'Afrique Centrale et Australe.

Pour les Kôngo, le ciel est un miroir suspendu au-dessus des têtes du genre humain. Tout ce qui se passe sur terre se reflète dans ce miroir ; le déplacement d'une étoile coïncidait avec la mort d'un homme, tout homme sur terre avait son étoile propre dans l'univers. Quand l'homme meurt, change de monde, son étoile en fait autant, elle s'éclipse et change de lieu. L'étoile de l'homme est aussi son gardien pendant toute sa vie, depuis la naissance jusqu'à sa mort.

La lune était considérée comme la cause et la guérisseuse des maladies, elle était l'astre de l'espace, le plus respecté et le plus honoré chez les Bakôngo, on dansait et chantait, lors de son apparition. Les cérémonies et les chants pour fêter la pleine lune sont nombreux. Le soleil symbolise l'homme, et la lune symbolise la femme.

Le dernier aspect de l'ordre cosmique Kôngo, ce sont les couleurs, spécialement, la triade : Blanc, Noir et Rouge, ces couleurs sont les symboles, les plus subtils et les plus complexes du système Kôngo. La couleur blanche provient de l'argile blanche du monde des eaux (Mpemba), le monde des morts ; tandis que la couleur noire, tirée du charbon de bois, " Kala ", est l'antithèse de la blancheur, désignant le monde humain, monde de l'imperfection (un parallèle avec le mythe de la caverne de Platon). Dans les jugements, les personnes blanches et noires permettent d'identifier les parties alors que la couleur rouge, symbolise, l'espace ambivalent dans un sens logique et spatial entre le blanc et le noir. Le rouge indique le passage d'un monde à un autre, la transition, comme le lever et le coucher du soleil, tout passage dans le sens social, le rouge exprime aussi, la colère, le feu, le sang... Le rouge est la couleur des médiums (Le Prophète Simon Kibangu, avait une bannière rouge, associée à la race intermédiaire qui annonce l'aube d'une nouvelle période politique. Les concepts philosophiques du blanc et du noir, sont la base de la société Kôngo. Pour Théophile Obenga[88], avant le XVe siècle, c'est-à-dire avant tout contact, avec l'étranger, plus précisément avec l'Europe occidentale, la couleur royale, politique, de ce fait sacerdotal et religieux, était le rouge et le jaune : " Mbwaki " (rouge écarlate), " Mpambu " (pourpre) et " Lubwe " (jaune), mais avec l'apport, le roi adopta le blanc " Mpemba " : Bonnet blanc fait de soie, bottines blanches, et le noir " Ndombe " ou " Ndombi " :chapeau noir.

Les Kôngo, étaient intimement liés aux fétiches, charmes qu'ils nommaient " Nkisi " ils vénéraient les esprits des Ancêtres, leurs protecteurs à travers les statues et toutes sortes de charmes fabriqués à base de plantes et restes humain... Leo Bittremieux[89], a étudié, le système religieux des Bakôngo du Mayombe et il nous apprend que des êtres supra humains gouvernaient la vie des hommes chez les Bakhimba, ce sont principalement, les nkisi, les génies, les fétiches (...).

George Balandier[90], en parlant de la musique funéraire Kôngo accompagnant le roi à sa dernière demeure, observe que les Kôngo tirent de leurs instruments un son spécial, ils font par douze fois

---

87 Sir Harry Johnson, 1919, Comparative study of Bantu Language, Journal of the Royal Anthropological institute, N°43,Vol 1, p.75.

88 Théophile Obenga, 1979, Habillement, Cosmétique et parure au royaume de Kôngo (XVIe-XVIIIe siècle), cahier congolais d'anthropologie et d'histoire, Vol IV : 25.

89 Leo Bittremieux, 1938, La Société secrète des Bakhimba au Mayombe, Librairie Falk Fils, Georges Van Campenhuot.

90 George Balandier, 1992, La vie quotidienne au Royaume Kôngo, Hachette, p.83.

entendre, cette musique. Cette cérémonie évoque les douze clans primordiaux considérés comme l'assise du Kôngo. Ils remarquent aussi à propos de leur agriculture que les Kôngo cultivent douze espèces de plantes alimentaires, mûrissant chacune pendant un mois distinct, de manière à disposer de vivres frais durant toute l'année et en ce qui concerne ce dernier point, il y a un parallèle saisissant avec le passage de l'apocalypse (22 :2) qui annonce qu'au milieu de la nouvelle Jérusalem, il y avait un arbre de vie, produisant douze fois des fruits, rendant son fruit chaque mois. L'existence de cet arbre de vie au centre de la capitale Mbanza Kôngo est connue sous le nom de Yala Nkuwu, et avait l'extraordinaire caractéristique de posséder en guise de sève, du sang humain. Les colons en ont fait l'expérience, lorsqu'agacés par les pouvoirs extraordinaires que les indigènes attribuaient à cet arbre dont l'âge se perdait dans la nuit des temps, ils avaient décidé de le couper, du sang humain avait jailli du tronc de l'arbre, les obligeant à mettre un plâtre de ciment sur la blessure qu'ils venaient d'infliger au mystérieux arbre.

Le royaume Kôngo connut une première pénétration européenne le 23 Avril 1482 par l'amiral Don Diego Cao, membre de l'ordre du Christ du Prince Henry le Navigateur, grand patron des explorations, principal créateur et organisateur de l'expansion ultra marine des Portugais. Il est de tradition de la science historique de savoir qu'en navigant sur l'océan atlantique à la recherche de la route des indes, Don Diego, et ses marins remarquèrent l'entrée d'une rivière profonde dans la mer, s'engageant dans le fleuve, il accosta à Mpinda port principal du royaume. Quand Diego Cao descendit du navire à l'embouchure du Congo, les indigènes de la province de Soyo, lui dirent que le grand chef du pays habitait bien loin dans l'intérieur à Mbandza Kôngo.

Le royaume Kôngo était très vaste, le Dictionnaire géographique universel de Vosgien, publié en 1836, définit le Congo de la manière suivante : *"pays d'Afrique, comprenant le Loango, le Congo, le Benguela et le Cacongo ; borné au nord par le Bénin, à l'est par l'Anzicana, à l'ouest par l'océan, principale rivière, le Zaïre qui l'arrose de l'est à l'ouest. San Salvador, capitale"*. La région du royaume Kôngo était parfois appelée l'Éthiopie occidentale ou basse Éthiopie[91] ou encore Basse Guinée méridionale. Plus tard pendant la traite négrière, cette région était communément appelée côte d'Angole.[92] Quand, les Portugais arrivent au Kôngo, ils furent ébahis de l'organisation sociale et politique de ce royaume et surtout du raffinement de la cour du roi. Cet eldorado de six provinces était insolemment fertile, arrosé de nombreux cours d'eau et doté d'une agriculture vivrière autosuffisante et d'élevages de bovins.

L'ethnologue allemand Leo Frobenius[93] a confessé que lorsque les Portugais arrivèrent à l'intérieur des terres du Kôngo, ils furent étonnés de trouver des rues bien aménagées, bordées sur une longueur de plusieurs lieues par deux rangées d'arbres, d'orangers, de citronniers et de grenadiers. Ils traversèrent, pendant de longs jours, une campagne couverte de champs magnifiques habitée par des hommes vêtus de costumes éclatants dont ils avaient tissé l'étoffe eux-mêmes. Une foule grouillante habillée de soie et de velours, *"les Kôngo étaient civilisés jusqu'à la moelle des os"*, dira Frobenius. Les Portugais trouvèrent une population industrieuse occupée à des activités aussi variées que le, tissage du velours de raphia, des artisanats fondés

---

91 Olfert Dapper, 1668, opcit.
92 Louis Ohier De Grandpre, 1801, Voyages à la côte occidentale d'Afrique (…), T.I, Paris, Dentu.
93 Leo Frobenius, 1936, Histoire de la civilisation africaine, Gallimard, Paris, p. 14.

sur l'extraction et la transformation du cuivre et de l'or. Les Kôngo avaient un système d'écriture, ils dessinaient sur un morceau de calebasse ou sur toute une calebasse pour communiquer une nouvelle *" la pictographie ou les hiéroglyphes Congolais "*[94]. Le pays était doté de sa monnaie, le zimbu. L'approvisionnement de ce coquillage dépendait d'un pays vassal, l'Angola. Plus tard, au contact des Téké, les Kôngo vont mettre au point un autre système, une monnaie de métal, le "ngyela ou ngela " (petits lingots de cuivre...). Mais le Kôngo et tous ses vassaux pratiquaient un autre système monétaire, décrit en 1770, par un voyageur européen, Jean-Joseph Descourvières : *" Il y a tous les jours à Banza-malemba (le Malimbedes négrier) un marché où on vend de la racine appelée mahiaca (ma-yaka, racine de manioc, venue du Brésil et déjà entrée dans la culture congolaise), des noix de palmes, des poissons secs, du sel. Des petites pièces de toile d'herbe tiennent lieu de monnaie dans le pays ; (le) bongo, est de la grandeur d'une feuille de papier, et vaut un peu plus d'un sol (sou). Dans le temps où la racine de mahiaca est abondante, on en achète pour un bongo autant qu'une personne en mange ordinairement dans un jour...".* *" Le mbongo, libongo, lubongo, pièce d'étoffe, servait autrefois dans les transactions commerciales, d'où le sens actuel : mbongo, argent, monnaie "*[95]. Le royaume avait un large réseau commercial, à part les ressources naturelles et l'ivoire, le pays commerçait, la poterie et autres.

L'hydrologie de ce royaume était illimitée avec des richesses si fabuleuses qu'elle justifie pleinement l'expression biblique *" une terre ou coule le lait et le miel "* à notre époque contemporaine c'est dans cette zone de l'ancien Kôngo que l'on trouve le plus grand barrage hydroélectrique d'Afrique, et dans cette zone se trouvent des grands gisements de diamants, du pétrole et divers minerais précieux et rare *" un scandale géologique "* ou là où se trouve *" la gâchette de l'Afrique "* dirait Franz Fanon.

Georges Balandier dans son ouvrage consacré au Royaume Kôngo[96], rapporte *" les chroniqueurs anciens, signalent, le grand nombre des circoncis et s'interrogent sur les origines de cette pratique ".* Les Kôngo pratiquaient la circoncision à la manière des juifs, une pratique instituée par Abraham chez les juifs (Genèse 17 :9-10).

Les Portugais décidèrent de prendre officiellement possession de ce lieu béni au nom de sa très chrétienne majesté le roi du Portugal. Le royaume Kôngo établira une relation avec le Portugal, cette relation débouchera sur des échanges commerciaux, le Kôngo reçoit des produits manufacturés, tandis que le Portugal importe des esclaves et des denrées exotiques. Ensuite le Portugal imposera sa religion, le christianisme en envoyant des missionnaires, alors que les Kôngo croyaient déjà en un Dieu, " Nzambi-A-Mpungu ". En réalité les Kôngo croyaient en une trinité qui forme un, à savoir " Lukankasi ", Dieu suprême du ciel, " Nzambi ", Dieu de la terre, " Kalunga ", Dieu des eaux et des choses cachées comme on dit chez les catholiques, le père le fils et le Saint-Esprit.

D'autres chercheurs comme Kiatezua Luyaluka[97] ont présenté cette trinité comme la triple manifestation de Dieu sur le plan éternel "Le *père Nzambi A mpungu Tulendo, source de toute*

---

94 Raphael Batsikama, 1999, opcit.
95 Théophile Obenga, 1974, *Afrique centrale précoloniale, Documents d'histoire vivante*, Paris, Présence Africaine, p.26-27.
96 Georges Balandier, 1965, opcit, p.213.
97 Kiatezua Luyaluka,2010, opcit, p.28.

existence… le fils idéal ou le soleil représenté par Mbumba lowa est la manifestation idéale de la vraie nature du père, donc de la manifestation de la vérité, le fils est la manifestation de l'essence du père qui sont les rayonnements infinis du soleil….. Le verbe, Mpina za est l'idéal divin du père dans le fils. Le verbe manifeste donc l'amour éternel du père pour le fils, la filiation divine du fils au père céleste. ". La religion Kôngo comme celle des Égyptiens anciens *" placent au plus haut point de la hiérarchie le Dieu principe de l'existence (kheper pour les osiriens et Nzambi ampungu Tulendo pour les Kôngo. Dans les deux religions le verbe est le Dieu qui gouverne l'univers du Dieu solaire, créateur des cieux et de la terre, appelé Mbumba lowa dans l'initiation Kôngo et ra dans l'initiation osirienne. "*[98]

Le Dieu des Kôngo est suprême et unique avec une infinitude absolue " Nzambi Ampungu Tulendo " il a un pouvoir qui embrasse toute autorité " Ampungu Tulendo " le dieu très haut qui trône au-dessus d'une suite des dieux inférieurs hiérarchisée. L'univers est ainsi une manifestation de Dieu. La nature et l'univers sont un monde de forces subtiles à savoir les " Bakulu " (les Ancêtres, les morts), à savoir ceux qui vivent au bord de l'eau (Bisimbi), dans la terre (Ntoto), les revenants (Matebo), les sorciers (Ndoki). Malheureusement, en imposant le christianisme au Kôngo, les Portugais commencèrent à détruire les coutumes ancestrales disons mieux les enseignements divins transmis par les Ancêtres depuis des siècles. Selon L'historien congolais Come Kinata " la *christianisation ne fut qu'un fourrier du colonialisme, les missionnaires ne furent que les vrais artisans de la colonisation européenne qui débouchait sur la traite négrière afin d'agrandir le commerce de leurs pays et préparer la source de nouvelles richesses* ". D'ailleurs, Monseigneur Augouard[99] n'avait-il pas dit que " le *catholicisme est la base de la civilisation et que les missionnaires sont les meilleurs artisans de la vraie colonisation française* " et dans le même sens, Monseigneur Alexandre Leroy, en 1911 dira *" Sans nos missionnaires, la France, ne possèderait pas peut être le Congo* ".

Le véritable rôle des missionnaires en Afrique en général a été mieux exprimé dans la déclaration faite en 1920 par Monsieur Jules Renquin[100] ministre des colonies de Belgique au Congo belge. Dans son allocution de bienvenue aux missionnaires arrivés en Afrique " révérends *pères et chers compatriotes, soyez les bienvenus dans notre seconde patrie vous venez certes pour évangéliser, mais cette évangélisation doit s'inspirer de notre grand principe : tout avant tout pour les intérêts de la métropole (la Belgique), le but essentiel de votre mission n'est donc point d'apprendre aux noirs à connaitre Dieu. Ils le connaissent déjà. Ils savent que tuer, voler, calomnier, injurier est mauvais…. Vous ne venez donc pas leur apprendre ce qu'ils savent déjà. Votre rôle consiste essentiellement, à faciliter la tâche aux administratifs et aux industriels. C'est donc dire que vous interprèterez l'Evangile de la façon qui sert le mieux nos intérêts dans cette partie du monde. Pour ce faire, vous veillerez entre autres à désintéresser nos sauvages des richesses matérielles dont regorge leur sol et sous-sol, pour éviter que s'intéressant, ils ne nous fassent une concurrence meurtrière et rêvent un jour de nous déloger. Votre connaissance de l'Evangile vous permettra de trouver facilement des textes qui recommandent et font aimer la pauvreté exemple. Heureux sont les pauvres, car le royaume des cieux est à eux et il est plus difficile pour un riche d'entrer au ciel qu'à un chameau d'entrer par le trou d'une aiguille vous*

---

98 Kiatezua Luyaluka,2010, opcit,p.109-116.

99 Mgr Augouard : Erreur du Laïcisme au Congo in missions catholiques, 11mai-22juin 1906.

100 Avenir colonial Belge, n : du 30 octobre 1921 Bruxelles.

ferez donc tout pour que ces négriers aient peur de s'enrichir pour mériter le ciel.... Les détacher et les faire mépriser tout ce qui pourrait leur donner du courage de nous affronter... Dites-leur que leurs statuettes sont l'œuvre de Satan. Confisquez-les et allez remplir nos musées... Faites oublier aux noirs leurs Ancêtres... considérez tous les noirs comme des petits enfants... Exigez qu'ils vous appellent tous mon père... "

Le Roi Nzinga A NKuwu est baptisé le 03 mai 1491. À Sao Salvador, s'élèveront près de douze églises, et elle sera appelée Kôngo dya Ngunga " la ville aux cloches ".

Le fils de la sœur ainée du roi Nzinga A Nkuwu, son successeur constitutionnel, Mpanzu Kia Ntinu était contre toute forme de relations avec le Portugal, il s'affrontera avec Nzinga A Mvemba le fils du roi. Mvemba A Nzinga prit le trône après avoir assassiné son neveu, il avait été largement influencé dès son enfance par l'encadrement des missionnaires. On l'appelle le roi chrétien du Kôngo "l'apôtre du Kôngo" il a régné plus de 40 ans. Le Kôngo était donc christianisé dès le début du XVIe siècle, les missionnaires y sont arrivés en 1490, le Premier noir évêque consacré par l'Eglise catholique sera un fils du Roi Afonso 1er, Monseigneur Dom Henrique Ne Kinu A Mvemba[101], il fut préalablement envoyé à Lisbonne (Portugal) où il reçut son éducation au couvent Saint Eloi et devint le protégé du Roi Manuel Ier. En 1518 alors qu'il n'avait que 18 ans il fut élevé à la dignité d'évêque du diocèse d'Utique dans l'actuelle Tunisie et nommé au même moment, suffragant de l'évêque de Funchal (Madère) avec juridiction sur toutes les terres découvertes ou à découvrir sur la côte de l'Afrique, jusqu'en Inde, Dom Henrique mourut prématurément dans la fleur de l'âge en 1531, à cause d'une santé fragile[102].

Mbandza Kôngo est le premier diocèse de l'Afrique noire (Sao Salvador) crée en 1595 par le pape Clément VIII. Le premier siège épiscopal de tout le continent noir (1597). Des jésuites ouvrirent un collège pour 600 élèves, ou des indigènes furent formés pour le sacerdoce, surtout des mulâtres qui furent formés en grammaire et en morale. L'évêque Francisco de Soveral (1627-1642) avait ordonné des noirs et des métis sortis du collège jésuite de Mbandza Kôngo. Les jésuites ont publié deux catéchismes en Kikôngo, notamment " La Doutrina Christaa ", réalisés par Mateus Cardoso en 1624, précédés par la publication du prêtre jésuite Diogo Gomez en 1555. Les notables Kôngo aimaient faire précéder leur nom chrétien du préfixe Don, ou Ndona pour les femmes, comme les Rois du Portugal, Ndona Eleonora, Ndona Beatrice, Ndona Lubondo, Ndona Mantu, Don Miguel, Don Antonio, Don Alvare, Don Pedro, Dom Bernardo.

Le premier Ambassadeur du royaume Kôngo au Portugal sera Kasuta Nsaku alias Joao da Silva de 1488 à 1490. Des délégations du Kôngo seront les premières ambassades africaines au Vatican. Outre l'ambassade conduite par Dom Pedro de Sousa chez le Pape Léon X en 1516, le second Africain ambassadeur au Vatican, accrédité au Saint-Siège en 1604 en tant qu'ambassadeur extraordinaire fut Don Manuel Nsaku Ne Vunda ou Mani Vunda qui fut le commandant en chef des constitutionnalistes, sous le règne de Ntinu Mpanzu a Nimi (1587-1614). Décédé le 06 janvier 1608 à Rome (Italie), il est enterré dans la basilique Sainte Marie Majeure de Rome. Manuel avait déclaré que la Traite des Noirs ne figurait pas sur la liste des dix commandcments. La préfecture apostolique du Kôngo est fondée le 25 juin 1640. Le premier

---

101   Arsène Francoeur Nganga, 2018, Monseigneur Dom Henrique Ne Kinu A Mvemba(1495-1531) : Premier noir évêque de l'Eglise catholique, Edilivre, Saint Denis (France).

102   Arsène Francoeur Nganga, 2018, Monseigneur Dom Henrique Ne Kinu A Mvemba(1495-1531) : Premier noir évêque de l'Eglise catholique, Edilivre, Saint denis (France).

Kôngo qui fera partie de l'ordre des Capucins, sera Manuel Roboredo dit Francisco de Sao Salvador, fils d'un et d'une parente du Roi Ndo Ngalasia II. Ensuite, en 1637 fut ordonné un natif Kôngo à Mbandza Kôngo, le père François Lubeladyo dit l'Abbé Lubeladyo.

Les missionnaires, particulièrement les Capucins qui sont avec les jésuites, les véritables artisans de la christianisation du royaume Kôngo, furent tout puissants à la cour du Mani Kôngo. Le royaume chrétien du Kôngo était devenu un vassal du Saint-Siège, géré par les royaumes catholiques du Portugal et d'Espagne. Les missionnaires capucins obtinrent un rôle dominant sur les affaires du royaume et le roi devint presque une marionnette des capucins, étant donné que ces derniers dominaient les institutions royales, sans base juridique, sans l'avis du conseil royal " conseil constitutionnel ", une sorte de coup d'État constitutionnel réussi à cause de la naïveté des Mani Kôngo. Le Père Bernardo da Gallo fut conseiller principal du Mani Kôngo, le Roi Pedro IV, il contrôlait le pouvoir royal. Bernardo Da Gallo fut un grand bastonneur et un bruleur de villages, les Capucins incendiaient des cases en croyant exorciser les démons qui résidaient chez les païens du Kôngo, ils ont détruit plusieurs idoles, statuts et divers objets d'adorations, un patrimoine culturel qui pouvait être exposé dans un musée aussi vaste que le British Museum ou le Smithsonian.

Après avoir détruit les fétiches (Minkisi) des Kôngo, les Capucins sous les ordres du Saint-Siège vont distribuer images et crucifix chrétien que le mouvement Antonien va considérer comme fétiche puissant pour dominer les Bakôngo. Ils vont construire des églises dans chaque province. Duarte Lopes déclarait[103] au Pape Sixte Quint, qu'il y avait au-delà de deux millions de chrétiens baptisés dans le royaume Kôngo. Les armoiries et plusieurs symboles du palais royal de Mbandza-Kôngo devinrent des designs du catholicisme depuis Afonso Ier (Ndo Mfunsu), et le sacre du roi se faisait avec de l'eau bénite, une stratégie cousue de fil blanc car il fallait dominer ce peuple puissant en le dépouillant de ses forces spirituelles.

Le plus scandaleux, véritable offense aux Ancêtres, propriétaires du pouvoir depuis Nimi A Lukeni, les Mani Kôngo juraient sur la bible comme le font les francs-maçons, le jour de leur initiation et recevaient la bénédiction d'un prêtre avant de s'asseoir sur le trône royal. L'aspect coutumier de l'installation du roi fut négligé. Autre élément offusquant, la fidélité à l'Église romaine faisait partie du serment ainsi que le combat contre les pratiques païennes. Il est à se demander si le roi du Kôngo n'était pas initié à la franc-maçonnerie, puisqu'un témoignage du Professeur Théophile Obenga[104] déclare que :

" *… sur les épaules, le roi du Kôngo porte*[105] *un camail comme celui d'un évêque, mais un peu plus long et du même drap que la robe. Sur le camail, il porte la croix de chevalier du christ… "*. L'ordre du christ fut une branche de la Franc-maçonnerie développée sous Henri le Navigateur, grand maître de l'Ordre de 1417 à sa mort en 1460. Nous savons par exemple que la cérémonie d'investiture du président des États-Unis d'Amérique est un rituel analogue à l'initiation maçonnique et ce rituel fut adopté par Georges Washington et ses collègues francs-maçons. Nous savons également que les conquistadores étaient des membres de l'ordre du christ et ils

---

103 Abbé Louis Jadin et Mgr Jean Cuvelier., 1975, L'ancien royaume du Congo et l'Angola *(1518-1640)* d'après les archives romaines, *es, néerlandaises et espagnoles, tome 1, Louvain.*

104 Théophile Obenga, 1974, Afrique centrale précoloniale, documents d'histoire vivante, présence africaine, p.30.

105 Le roi du Kôngo et d'autres seigneurs importants, portaient habituellement une peau de léopard comme les prêtres officiant portaient eux aussi la peau du léopard, en tant que costume sacerdotal.

installèrent un rituel maçonnique pour installer les rois du Kôngo qui portaient sur eux un symbole de la franc-maçonnerie (La croix de l'ordre du christ). Le royaume Kôngo, ne dépendait-il pas au départ du diocèse de Tomar où se trouvait le siège de l'ordre du christ ? Le vicaire de Tomar ou " Prior Major " (Vigario do Tomar), était le curé de l'église Notre dame des oliviers de Tomar ou se trouvait, le " Convento do christo ", siège de l'ordre et le panthéon des grands maitres !!!

Dans l'ouvrage collectif édité par Bernard Clist[106], on peut découvrir des photos d'un médaillon de l'ordre du Christ découvert dans une tombe de Ngongo Mbata et des pierres avec des décorations de la croix de Malte. Il s'avère que l'ordre de Malte est un ordre de chevalerie comme l'ordre des Templiers considéré comme les fondateurs de la franc-maçonnerie. Chevalier de Malte est un grade supérieur dans la franc-maçonnerie. On retrouve la croix de Malte dans de nombreux décors de sceaux et de grades maçonniques. Il y a une historiographie qui présente l'ordre de Malte comme étant originaire de l'ordre de templiers, fondateur de la franc-maçonnerie. Une étude plus minutieuse pourra nous aider à conclure si le Royaume Kôngo était le berceau ou mieux la genèse de la franc-maçonnerie en Afrique Subsaharienne ?

Le Kôngo sera affaibli par la dépopulation et victime des incursions des états voisins l'arrivée des blancs n'aurait été que le début d'une ruine économique et sociale et spirituelle, l'empire Kôngo va se trouver dans le désordre et les Portugais profitèrent de la situation pour augmenter leur prélèvement d'esclaves. La pénétration du catholicisme dans l'aristocratie Bakôngo et la catéchisation avait été assez profonde pour que, lassé de la tolérance des prêtres catholiques à l'égard des esclavagistes, un premier mouvement messianique vît le jour, fondé par un catéchumène, Francisco Kassola, fondateur de la première Église chrétienne indépendante du Vatican, autoproclamé " fils de Dieu ". L'empire Kôngo va perdre son indépendance au XVIIe siècle et c'est à ce siècle que va se formater, l'idéologie, révolutionnaire qui s'étendra jusqu'en Amérique en général et en Haïti en particulier.

Le 29 octobre 1665 à Ulanga, localité proche de la ville d'Ambwila au nord de l'Angola, les Kôngo vont s'affronter avec les Portugais à la bataille dite d'Ambwila. Les et leurs alliés se regroupèrent préalablement dans la ville de Luanda, sous le commandement de Luis Lopes de Sequeira, un soldat métis qui commandait près de 450 mousquetaires et deux pièces d'artillerie légère. Quant aux Kôngo, ils étaient groupés en de nombreux paysans et des archers, un régiment de 380 hommes armés de mousquets, dont 29 dirigés par Pedro Dias de Cabral, également métis[107]. Après une longue campagne militaire, Luis Lopes de Sequeira avait perdu beaucoup de ses hommes et ne pouvait pas entrer dans Mbwila, sans une nouvelle assistance de surplus. Le gouverneur de Luanda lui envoya plus de 100 mousquetaires et plusieurs milliers des soldats Imbangala. L'armée Kôngo commandée par le Mani Mbamba (Gouverneur de la province de Mbamba), armée d'archets de cailloux et même avec des mains nues, finira par capituler après des heures d'affrontements. Le roi Antonio Mvita Kanga est tué et décapité. Sa tête fut rapportée à Luanda dans un coffre de velours noir, les Portugais fêtèrent leur victoire par un " Te deum " chanté dans toutes les églises, Vidal de Negreiro fit enterrer la tête du roi dans l'église de Notre dame de Nazareth et le sceptre du roi, une couronne impériale d'argent dorée, offert au roi

---

106   Bernard Clist, Pierre de Maret et Koen Bostoen, 2018, opcit, p.99-102.
107 Gastao Sousa Dias, 1942, A Batalha d'Ambuila, d'Angola, Lisboa.

Garcia II, le père du roi Mvita Nkanga par le Pape Innocent X en 1648, fut envoyé à Lisbonne (Portugal) comme trophée.

En 1666, les troupes de Mani Nsoyo, attaquent et s'emparent de la capitale Mbandza Kôngo et tuent Mpanzu A Nsindi, Ndo Luvwalu VII qui avait remplacé Mvita Kanga, Antonio Ier et qui ne fit que six mois de règne, avec une ferme volonté de ne pas laisser le royaume à la merci des Portugais. Ne Nsoyo fait couronner avec l'appui de ses armées un jeune homme de 20 ans qu'il appelle Ndo Luvwalu VI de la lignée Kimulaza qui règnera de 1636 à 1641. Du point de vue historique, le clan adverse Kimpanzu et les Kimulaza étaient tous des fils de roi, mais Kimpanzu était mâle et kimulaza la femme. Le roi avait deux femmes, une Kimulaza et une Kimpanzu. Tandis que la première lui avait donné une fille, la deuxième un garçon. Il s'en suit que du mâle ont eu leur origine les Kimpanzu et de la fille, les Kimulaza. Ceux de Kimpanzu, comme mâle ont toujours gouverné le royaume, qui leur fut enlevé par ceux de la maison Kimulaza, car les Kimulaza furent une lignée abâtardie qui ne pouvait accéder au trône, mais autoproclamée, roi par la violence. Cette lutte fratricide va conduire, le royaume à la décadence.

La véritable désagrégation du royaume Kôngo commence en 1667, quand un compétiteur de Ndo Luvwalu VI "usurpateur du pouvoir", ne pouvant renverser ce dernier parce que puissamment protégé, se proclame roi sous le nom de Ndo Mfunsu III et établit sa capitale à Kibangu au sud-ouest de Mbandza Kôngo, en cette année 1667. Vers le même moment, une autre branche des Kimpanzu, entre en dissidence, en sacrant un autre individu comme roi sous le nom de Ndo Mpetolo III, Nsimba Ntamba (1667-1683) puis Ndo Nzwau Nzuzi Ntamba (1683-1716), ils feront de Kôngo Dya Lemba (Bula), localité située dans le territoire de Songolo, leur capitale. Les royaumes de Kibangu et de Kôngo Dya Lemba sont des propriétés exclusives respectivement des lignages Kimulaza et Kimpanzu.

En même temps, une dynastie, Kimulaza s'établit sur les rives d'Ambriz avec Ndo Mfunsu II, en 1667, Ndo Mfunsu III, son frère, en 1669, puis Ndo Ngalasia III en 1670. Celui-ci se retira au mont Kibangu où il fut remplacé par Ndo Ndele Ier en 1689. L'année suivante, un autre Kimulaza, Ndo Manwele Ier de Nkondo, le remplaça, mais il fut chassé de Kibangu par les " Agua rosada ", un clan hybride descendant par la lignée maternelle des Kimpanzu et par la lignée paternelle des Kimulaza. A la mort de Ndo luvwalu X (1690-1694), Kimulaza par son père et Kimpanzu par sa mère, son frère Ndo Mpetolo IV [Agua Rosada (1685-1718)], prit le pouvoir à Kibangu. À sa mort, c'est Ndo Manwele II (1718-1730), un Kimpanzu qui fut élu et couronné régulièrement. Mais dans la deuxième moitié du XVIIIe siècle, la querelle des investitures du Kôngo refit surface, précisément en 1763, avec Ndo Mpetolo V qui, à la suite d'un bref règne, abandonna la capitale Mbandza Kôngo pour se réfugier avec sa suite à Mbamba Lubota, dans la forteresse naturelle de Nzundu (Pedra de Nzundo), non loin du fleuve Ambriz. Entre temps, un autre roi Kimulaza Ndo Luvwalu XI, fut réélu à Mbandza Kôngo, malheureusement, il échappa à une tentative d'assassinat des Kimpanzu et se réfugia à Mpangu. Quand Ndo Nzozi Ier, un Kimulaza (Agua rosada) est élu, il ne fit pas long feu à Mbandza Kôngo. À sa mort, son frère Ndo Mfunsu V, occupa le trône en avril 1785, dans la contestation. Dans cette spirale de querelle perpétuelle, ce sont les Portugais qui intronisaient les rois. Ce sont les Portugais, qui attisaient le feu, en versant de l'huile sur la flamme. " Diviser pour régner "[108].

---

108 Mgr Jean Cuvelier, 1953, Relation sur le Congo, du père Laurent de Lucques (1700-1717), IRCB, p.223.

Ce sont les missionnaires qui sont à l'origine du conflit entre les Kimpanzu et les Kimulaza, à cause de leur stratégie de vouloir installer un roi qui devait servir leurs intérêts, particulièrement, le contrôle du royaume, afin de puiser, le maximum d'esclaves et de trouver les mines de pierres précieuses qu'ils convoitaient dès les débuts. Le roi Sebastiao[109] du Portugal fut hanté par l'idée de trouver des mines au Kôngo. Les missionnaires étaient à Kibangu, travaillant d'arrache-pied, pour faire reconnaître, l'autorité de leurs protégés, surtout le missionnaire Luca da Caltanissetta et le père Pavie, également missionnaire à Kibangu. Mais c'est dans cette fameuse région de Kibangu, que les Ancêtres (Bakulu) Kôngo vont s'incarner en une demoiselle, pour sauver la terre Kôngo au début du XVIIe siècle.

I.2- LA PROPHÉTESSE KIMPA MVITA ET LA LIBÉRATION DU KÔNGO

C'est dans un climat de souffrance et de désordre social qu'en août 1704, une jeune fille de 20 ans, née entre 1684 et 1686 et nommée Kimpa Vita ou Kimpa Mvita, va apparaître à la population. Il y a une sérieuse discussion concernant le nom correct de Kimpa Mvita. Le Père Bernardo da Gallo, prêtre capucin a été le premier à la présenter à l'extérieur du royaume[110] comme se nommant " Kimpa Vita ". Dans l'orthographe de plusieurs termes du père Bernardo da Gallo il écrit par exemple, " *Cialoango* ". Alors que c'est " *Nsi'a lwangu=lwangu* " (pays) " N'cindi " alors que c'est " Nsindi " (un district) " Quimolaza " alors que c'est " Kimulaza ", " Mpangala " alors que c'est " Mbangala ".

Donc l'orthographe " Kimpa Vita " rapporté par le père da Gallo apparait comme étant une mauvaise graphie. Une tradition prétend que, Kimpa Vita, serait en fait Nsimba Mvita. Dans l'ouvrage de Monseigneur Jean Cuvelier[111], il est écrit : " Nsimba a Vita ", Raphael Batsikama[112] pense que " Vita " serait une déformation de " Dita " (Marguéritta) et " Chimpa " écrit par certains auteurs, vient de Nsimba et que son vrai nom serait " Ndona Nsimba Beatrice Margueritta " pour l'hypothèse de Batsikama.

Notre étude épousera la version la plus répandue, confirmée par plusieurs notables et linguistes Kôngo dont le spécialiste de la tradition orale Kôngo, Auguste Miabeto ; qui argumente que la prophétesse se nommerait authentiquement au nom de " Kimpa Mvita ". Kimpa Mvita viendrait du motto " Kimpa Kia Mvita ", qui veut dire : une histoire de combat : " Simba Mvita Ku Yambouri Mvita Ko " (tiens la lutte, ne lâche pas la lutte).

Notre étude retient le nom de la prophétesse comme étant : Kimpa Mvita qui recevra le baptême avec le prénom de Béatrice, donc Ndona Béatrice Kimpa Mvita.

---

109 Sebastiao du Portugal, envoya en 1570, du temps du Mani Kôngo Alvaro I, Francisco Gouvea et deux allemands, qui avaient déjà travaillé pour les Castillans, une mission de reconnaissance. Mais un habitant au Kôngo Francisco Barbudo, intime du Mani Kôngo, déconseilla celui-ci de laisser les Portugais découvrir ces mines, pour ne pas tomber dans la libre possession de son royaume. Le vif désir des Portugais conduit à l'affrontement plus tard en 1666 avec la bataille d'Ambuila. Il a fallu attendre, selon Abraham Ndinga Mbo, le début du XXe siècle, avec l'explorateur français De Brazza, pour que ce soit les français qui commencèrent à exploiter les mines à Mindouli (Ex-province du Nsundi) en1905.

110 Abbe Louis Jadin : relations sur le congo du Père Bernardo Da Gallo et les sectes Antoniens, Louvain.

111 Monseigneur Jean Cuvelier., 1974, Nkutama Mvila za Makanda Mu Nsi a Kôngo, Édition Tumba, p.70.

112 Raphael Batsikama, 1999, opcit, p. 12.

Kimpa Mvita fut originaire d'une famille noble de la région du Mont Kibangu, arrosée par 5 rivières. Ce fut l'endroit même où les missionnaires catholiques s'arrangeaient à contrôler le royaume. Kimpa Mvita fut une jeune demoiselle de taille élancée, les traits fins et parlant avec gravité et prédisant l'avenir. Elle fait partie des rares personnalités ayant vécu sur la côte atlantique de l'Afrique à cette époque au sujet desquelles il existe d'abondantes sources écrites, notamment, les journaux, rapports et lettres de quatre missionnaires capucins italiens actifs dans la région (Luca da Caltanissetta, Marcellino d'Atri, Bernardo da Gallo et Lorenzo da Lucca). Kimpa Mvita fut une jeune prêtresse traditionnelle du rite Kimpasi pratiquant le culte Marinda (bansimba) et d'autres rituels dans les forêts ou au bord des cours d'eau. Les adeptes du Kimpasi avaient aussi pour fonction de restaurer les forces vives de la société au contact des esprits de la nature et des Ancêtres pour remédier aux maux qui l'accablent. Le Kimpasi était un secours spirituel de la société pour combattre le mal. En établissant un contact avec les Ancêtres, ces incantations étaient faites en étant dans une forêt ou au bord d'une rivière (on retrouvera ces pratiques dans le rite Congo du vodou haïtien à savoir Kôngo nan bòdmè " Congo au bord de la mer " et Congo savann "Congo dans la savane "). Kimpa Mvita fut également baptisée au catholicisme à une date inconnue, peut-être par un prêtre métis originaire de la colonie d'Angola et nommé Luis de Mendonça.

Les missionnaires n'appréciaient guère la société Kimpasi, qui fut pour eux une société secrète de sorcellerie. La plupart de leurs temples qui se trouvaient dans la forêt furent détruits par les Capucins. Il a existé aussi la société secrète des Lemba et la société des Ntandu, et l'ordre du Mpu, ordre initiatique de la chefferie Kôngo. Ces sociétés secrètes étaient des organisations mystiques dont la plupart des cadres du royaume étaient membres. Surtout dans la société du Lemba. Les sociétés secrètes étaient stratégiques dans la gestion des affaires du royaume, elles étaient des interfaces entre le monde invisible et le pouvoir politique. Plus tard en Haïti on verra que c'est le Lemba qui sera le stimulant et le moteur de la révolution. Les quatre écoles initiatiques Kôngo (Lemba, kinkimba, kimpasi et le buelo) n'impliquent pas une diversité des religions, ni une disparité des doctrines, mais une diversification de la spécialisation.

Les prêtres capucins avaient d'abord planifié la déstabilisation puis la destruction du kimpasi, Lemba et ntandu pour arriver à contrôler le Royaume Kôngo. La tradition orale rapporte que les Capucins ont pu implanter le christianisme avec l'aide des pratiques magiques, mais la spiritualité des Kôngo était très forte et tout au début, les médailles des prêtres capucins brûlaient. Des églises catholiques furent construites dans chaque province et la destruction du patrimoine spirituel Kôngo était systématique, notamment les idoles, les masques et à la place de ceux-ci on distribua des croix et des images de Saints apportées par les Portugais.

Ces prêtres capucins qui détruisirent les temples des Kimpasi furent illustrés par le Père Luca da Caltanissetta et le Père Marcellino D'Atri. La société kimpasi insinuait que les Capucins étaient des sorciers. Selon le professeur John Thornton[113] *" les Capucins avaient le pouvoir de détecter quelqu'un qui était sorcier "*, les Capucins étaient également en mesure d'anéantir la sorcellerie des noirs. Olivier Bouveignes, dans les anciens rois du Congo nous dit que *" les Capucins sont des militaires déguisés aux gages de l'Espagne et du Portugal afin de conquérir le royaume "*.

---

113   John.K. Thornton,1998, The Congolese Saint Anthony, Cambridge University press, p.73.

Le Père Juan De Rosa dans la ville de Mbwela fut accusé d'avoir ensorcelé la duchesse Kôngo Dona Ines et sa sœur. Cette affaire engendra une grande palabre et fut étouffée par les Capucins. Le Père Marcellino D'atri passait une grande partie de son temps sur le mont Kibangu qui était un endroit sacré pour les Kôngo, chaque année les populations avoisinantes jetaient des offrandes dans la rivière Mbidizi (fleuve Ambrise). Aux yeux des missionnaires, ces offrandes étaient des cérémonies païennes auxquelles il fallait mettre un terme, certains voyaient par là une façon pour les missionnaires de vouloir accaparer le pouvoir spirituel du mont Kibangu. D'ailleurs une très grande pierre appelée " Lunsunzi " se trouvait dans les environs au pied d'un arbre sacré, " *le nsanda ou le palmier* ", cette pierre fut détruite par les missionnaires alors que les autochtones la considéraient comme étant une protection, une pierre devant laquelle on priait pour obtenir des bons résultats.

Dans le diaire du prêtre Luca da Caltanissetta du 15/12/1700, il note qu'après la disparition de la pierre lusunzi, cette dernière fut réclamée par un proche de Dona Isabel, la sœur du roi et ensuite le roi menaça de tuer le père Marcelino d'Atri. Au même moment les populations se lamentaient qu'à cause du vol de leur pierre, la terre ne pouvait plus produire[114].

En Écosse (Royaume-Uni) par exemple, jadis les rois étaient couronnés sur une pierre appelée la pierre de la destinée, elle octroyait au nouveau roi, le pouvoir de la gouvernance. Les Capucins ont opéré un pillage spirituel à grande échelle. La Pierre noire située dans l'angle sud-est de la Kaaba, le monument qui se trouve au centre de la mosquée al-Haram de La Mecque, en Arabie saoudite, est une relique islamique qui, selon la tradition musulmane, remonte à l'époque d'Adam et Ève. Cette Pierre est un bétyle qui était vénéré dans l'Arabie préislamique. Elle aurait été placée intacte dans le mur de la Kaaba par le prophète Mahomet en 605, sept ans avant qu'il ne reçoive sa première révélation. Les cultures sémites du Moyen-Orient utilisaient traditionnellement des pierres inhabituelles pour marquer des lieux de vénération, une pratique citée dans le Coran. Une " pierre rouge " était associée avec la divinité de la ville de Ghaiman dans le sud de l'Arabie et il y existait une " pierre blanche " dans la Kaaba d'al-Abalat (près de la ville de Tabala, au sud de La Mecque). Les pratiques religieuses de cette époque étaient souvent associées avec la vénération des pierres, des montagnes, des formations géologiques particulières ou des arbres caractéristiques. La vénération d'une pierre au royaume Kôngo n'est donc pas une pratique hors de commun.

La chasse contre les pratiquants des traditions ancestrales Kôngo était une monnaie courante de la part des missionnaires européens : Le père George de Geel, prêtre capucin en novembre 1652, arriva à Ulolo près de Ngongo Mbata, trouva des indigènes en pleine incantation des Ancêtres, il se mit à détruire les fétiches en usage pour les incantations, les participants s'en prirent au religieux qu'ils bastonnèrent et le père de Geel décéda suite aux blessures quelques jours plus tard[115]. Ce qui ne ressort pas dans les récits des historiens occidentaux est qu'une partie du pouvoir spirituel du Kôngo avait été transférée par magnétisme au Portugal, à l'Eglise catholique en particulier et c'est le déséquilibre spirituel que la prophétesse Kimpa Mvita a tenté de rétablir, mais en vain puisqu'assassinée et il y aura l'effondrement du royaume Kôngo, car amputé de ses piliers. La tradition orale Kôngo rapporte que les Portugais étaient des grands déterreurs de

---

114 Bontick, François, 1970, Diaire Congolais de Frère Luca da Caltanissetta 1690-1701, Ed Nauwelaerts, Louvain.

115 Hildebrand, Raes Van Hooglede, 1940, Le martyr de Georges de Geel et le début de la mission au Congo : 1645-1652, Anvers, p.201-202.

cadavres de certains notables et une question est de savoir si certains cadavres de grands notables n'ont pas été envoyés au Vatican, une indiscrétion de cette sorte circule chez certains notables Kôngo que nous avons auditionnés, lors de nos enquêtes de terrains. Mais ce genre de pratiques était secret, profitant de la naïveté des Kôngo. À la fin des années 1600, Mbandza-Kôngo, le siège de la royauté Kôngo perdait implacablement son identité et son indépendance politique, bref sa souveraineté.

En août 1704, une tradition rapporte que Kimpa Mvita, âgée alors de 20 ans, fut alitée et entra dans le coma pendant trois jours. Ceci se passe à une époque où la guerre civile fait rage entre différentes factions au sein du royaume de Kôngo, affaibli par des conflits incessants avec le Portugal (bataille d'Ambuila) et certains peuples voisins. Kimpa Mvita fait un songe qu'elle devient possédée par Saint-Antoine (d'autres traditions, plus acceptées par les anciens Kôngo parlent du Roi Antonio Ier).

Kimpa Mvita reçoit la mission de restaurer l'identité Kôngo sur tous les plans spirituels et politiques, la renaissance spirituelle et sociale de Mbandza-Kôngo. Elle fut élevée au rang de " Ntumua ya Mbandza-Kôngo ", titre de prophétesse de la nation. Mbandza-Kôngo avait perdu sa spécificité spirituelle et par rapport au dessein divin de Mbandza- Kôngo, il fallait que se réincarne une autorité du Kôngo ancien. C'est donc le Roi Mvita Kanga (Antonio Ier) qui va prendre possession de Kimpa Mvita bien que plusieurs documents parlent de Saint-Antoine de Padoue.

Kimpa Mvita va commencer par prêcher dans les environs de la montagne sacrée du Mont Kibangu, "*Elle disait vouloir restaurer le royaume du Kôngo en réinstallant le roi dans la capitale San Salvador où elle affirmait que le Christ était né*", annonçant que Dieu punira les habitants du royaume si ce dernier n'est pas réunifié, avec pour capitale São Salvador. Le roi Pedro IV prend connaissance de son message, mais garde ses distances avec elle. En revanche, elle est soutenue par de nombreux nobles Kôngo dont l'épouse de Pedro IV, Hipolyta, et Pedro Constantinho da Silva, un des généraux de l'armée royale, et plusieurs viennent s'établir avec elle à São Salvador, où elle occupe les ruines de l'ancienne cathédrale (Pedro IV avait repris possession de São Salvador en 1696, mais l'avait quittée par la suite, craignant une attaque d'un roi voisin).

Elle voulait chasser les Portugais du royaume Kôngo, et prônait une vision égalitaire où, comme " *au Paradis, il n'y a ni Blancs ni Noirs* "... elle avait pour mission de sauver le royaume Kôngo, sous occupation de la grande puissance économique et politique de l'époque, le Portugal, la grande bête qui s'était agrippée comme une sangsue spirituelle qui suçait le pouvoir spirituel du Kôngo.

L'historienne congolaise Scholastique Diazinga[116], nous a confié qu'elle estime que la possession à travers le rêve ne s'agissait pas de Saint-Antoine de padoue, mais plutôt du roi Antonio Ier du Kôngo dit Mvita Kanga qui avait combattu les Portugais un siècle plutôt. Mais avant le Professeur Scholastique Diazinga, l'historien Kabolo Iko Kabwita, s'était posé la question " ... *Pourquoi ce mouvement tourne-t-il autour de Saint-Antoine? Kimpa Mvita se veut elle l'incarnation d'Antonio Ier, tué par les à Ulonga (Ambuila) et dernier Roi ennemi avéré de*

---

116 Entretien avec le Professeur Scholastique Diazinga, professeur Titulaire d'histoire à l'Université Marien Ngouabi de Brazzaville (Congo), le 18 avril 2015.

l'étranger avant la plongée du royaume dans l'anarchie ? La mort et la résurrection de Beatrice, n'apparaissent-elles pas conformes aux pratiques traditionnelles Kôngo des médiums prêtres, permettant la communication entre les Ancêtres et les vivants ? ".

On a d'ailleurs stipulé que son mouvement est appelé Antonien ou antonianiste, car pour Kimpa Mvita et ses partisans, le véritable roi des Kôngo était Antonio Ier. Kimpa Mvita réclamait que les Portugais lui restituent la couronne et le sceptre d'Antonio Ier, qui revenaient de droit à son fils D. Francisco de Menezes Nkanka a Macaya, encore vivant.

Quel serait vraiment l'intérêt d'un saint européen à restaurer une tradition contraire au catholicisme ? Il est plus raisonnable de parler de la possession de Kimpa Mvita par le Roi Antonio Ier du Kôngo. Ce sont les témoignages des capucins qui ont parlé de Saint-Antoine de Padoue, mais la tradition authentique des Kôngo dit d'ailleurs que Kimpa Mvita disait-elle même être possédée par le Roi Antonio Ier.

Le père Bernardo da Gallo, parlant de Kimpa Mvita disait : " *les arbres tordus ou tombes se sont redressés au passage de Kimpa Vita et les portes de l'enceinte de la palissade entourant le palais du roi se sont ouvertes d'elles-mêmes, repoussées par des mains invisibles* " nous avons aussi des Saints au Kôngo dit-elle, on happe avidement chacune des miettes tombes de sa main, on lèche avec dévotion les gouttes d'eau, chues de sa calebasse paysanne. On sait que d'un simple attouchement, la jeune femme rend féconds les ventres stériles. Kimpa Mvita dit que les blancs ont blanchi Dieu pour leur profit, elle dit qu'un nouveau royaume va naitre, vous devez reconstruire la ville, relever les maisons. Antonio Ier (Nvita Nkanga en kikôngo) doit être considéré comme un " Messie "[117], Kimpa Mvita se disant elle-même possédée par son esprit. On prétend qu'elle meurt chaque vendredi et ressuscite chaque dimanche, après avoir passé deux jours à s'entretenir avec Dieu (en réalité, avec le Roi Antonio Ier). Kimpa Mvita adapta certaines prières catholiques, notamment l'Ave Maria et le Salve Regina, qu'elle changea en " Salve Antoniana ".

Le catéchisme de Kimpa Mvita qui peignait les missionnaires comme étant l'incarnation des démons, auteurs des malheurs, va injecter un sentiment de rejet des missionnaires au sein de la population. Kimpa Mvita, va illuminer son entourage par sa foi et ses prières ; ses cérémonies étaient ponctuées d'incantations, prières, transes (en kikôngo kimpeve) et contorsions, prédications et chants divers, elle avait fondé une Église nationale, caractérisée par un syncrétisme entre catholicisme et religions traditionnelles du Kôngo. La prophétesse de la libération envoya partout ses propres missionnaires, " les petits Antoines " prêcher ses idées. La confrérie de Saint-Antoine était la confrérie la plus en vogue et tous les mercredis dans Mbandza Kôngo on vénérait Saint-Antoine (Le Roi Antonio Ier), on l'appelait populairement Saint Ndo Ntoni Malawu. Saint-Antoine avait un culte particulier à travers le pays, tous les mercredis dans les églises on célébrait Saint Antoine, le saint de la postérité. Le culte de Kimpa Mvita appelait à lutter contre l'emprise portugaise, contre le cérémonial, les fétiches ou la prière catholique. Kimpa Mvita a plaidé l'action et l'intention : " Le baptême ne sert à rien, Dieu ne retient que l'intention ". Kimpa Mvita avait défendu aux Kôngo de présenter au baptême les petits enfants et aux adultes de se marier religieusement et de regarder les missionnaires comme des diables.

---

117 Louis Jadin : Le Congo et la secte des Antoniens. Restauration du Royaume sous Pedro IV et la " Saint Antoine " congolaise (1694-1718), Bulletin de l'institut historique belge de Rome, fax XXXIII, 1961, p.516.

Kimpa Mvita avait dit que la Terre Sainte est le Kôngo, les pères de l'Eglise étaient des Africains et que Saint-Antoine est le plus important de tous les Saints, il est le patron des humbles et des démunis. Les enseignements des capucins selon lesquels l'Eglise était originaire d'Europe et que les pères de l'Eglise étaient des Blancs étaient donc erronés, c'était du " Mensonge ". L'église des Blancs est un " Nzo a nkisi ", la bible, " Nkanda a nkisi ", la croix des capucins et leurs médailles, des " nkisi ", des objets de domination des Blancs sur le royaume Kôngo. La croix et l'image du christ blanc était un grand fétiche très puissant utilisé par les missionnaires. Le récit de Moïse dans la bible est un récit africain, Moïse n'avait pas traversé la mer rouge, mais il vécut dans le désert du Sahara pour ensuite émigrer vers l'Afrique Australe (Zimbabwé) et centrale (Royaume Kôngo) qui furent les terres promises. Moïse ne fit pas 4 ans de la mer rouge en Palestine, mais plutôt 4 ans du Sahara au Kôngo.

L'histoire de l'Eglise est une histoire Africaine, une histoire Kôngo, Jésus-Christ est né à Mbandza-Kôngo[118], quand le catéchisme parle de Bethléem, c'est Mbanza-Kôngo. Jésus était baptisé à Nazareth, mais en réalité Nazareth se trouvait au nord de la province de Nsundi (Royaume Kôngo)[119]. La Sainte Vierge Marie est née d'une esclave servante du Mani Nzimba Mpangui, gouverneur du Nsundi, le véritable nom de la Vierge Marie est " Nsundi Malau "[120]. Au XVIIIe siècle, Kimpa Mvita clamait que la Vierge Marie était noire et Jésus aussi et au XXIe siècle, de nombreux ecclésiastiques prient exclusivement devant une vierge noire.

Curieusement, dans l'Eglise moderne des Kimbanguiste on stipule que la croix utilisé pour crucifier Jésus-Christ, se trouve à Mbata Kunlunsi (diocèse de Kisantu). Cette croix est plantée dans le secteur de Mfidi-Malele, territoire de Madimba, district de la Lukaya (Congo Démocratique). Mais selon certaines sources qui se basent sur quelques archives consultées à Kisantu, c'est en 1575 que fut plantée cette géante et miraculeuse croix à Mbata-Makela à l'époque de l'évangélisation du Royaume Kôngo par les missionnaires capucins italiens. L'érection de la Croix remonterait certainement au XVIe siècle, mais les historiens doutent entre 1575 et 1622.

Kimpa Mvita était toujours entourée d'une foule immense, le Père Bernardo Da Gallo avait revendiqué le mérite de 80 mille conversions. Avec un ministère de deux ans, Kimpa Mvita a bâti une église puissante à travers tout le royaume Kôngo. Son message était un cri " M'lolo " pour le rassemblement et pour la renaissance du royaume Kôngo, qu'elle considérait comme étant la véritable Terre Sainte. Pour cette jeune prophétesse, le christianisme a été fondé par la race noire. Donc trois (3) siècles avant l'ouvrage de John Bauer, Kimpa Mvita a posé la problématique de la

---

118   Randles, W.G.. L,1968, opcité, p.157.

119   Sanon Benoit dans son ouvrage écrit en 2013 " Les Noirs à la lumière de la Bible ", déclare que, la lignée généalogique à travers laquelle le Messie juif devait venir avait du sang noir. Il a présenté de manière détaillée les tables généalogiques de Jésus-Christ du côté de sa mère et de son père à travers des textes bibliques tirés des livres de Mathieu et de Luc avant d'affirmer que " l'évidence nous montre que dans les deux tables généalogiques, Jésus avait des ancêtres africains noirs. ". Une équipe d'archéologues de l'Université de Tel Aviv (Israel) ont découvert une collection d'anciens manuscrits dans la région de la Cisjordanie, près des grottes de Qumrân, où les Manuscrits de la mer Morte ont été découverts en 1947. Les manuscrits qui ont été datés entre -408 et 318 après JC décrivent le fils de Marie comme ayant une peau de " couleur plus foncée " que ses parents, une information révélatrice d'après le professeur Hans Schummer de l'Université de Tel Aviv (Israel). "La couleur de l'enfant était celle de la nuit ", nous dit le fragment du manuscrit, " dans la nuit sombre, rien ne permettrait de voir l'enfant mis à part le blanc de ses yeux " nous dit un autre extrait. Le divine enfant était " noir comme la nuit " d'après les nouveaux *parchemins, ce qui laisse à penser que Jésus était en fait noir et d'origine Africaine selon les experts.*

120   Saint François appartient au clan du Mani Vunda selon Kimpa Mvita.

présence des traditions africaines dans le christianisme[121]. Walbert Buhlmann[122] n'a-t-il pas montré que la conscience d'être créature de Dieu se trouve au cœur des mythes et légendes à l'origine des religions traditionnelles africaines. La négation de cette réalité par le christianisme occidental comme réduction ontologique de l'être-au-monde de l'homme noir a suscité le rejet du christianisme et l'émergence des " Christs noirs ", selon l'expression de Roger Bastide. Pour Martial Sinda, elle est aussi à l'origine du messianisme Kôngo[123].

Selon Kimpa Mvita, l'homme blanc était originaire d'une pierre en argile (pierre de savon) appelée " Fuma " et les hommes noirs sont originaires d'un arbre appelé " Munsanda " (figuier), l'écorce de l'arbre munsanda était la matière avec laquelle on avait enveloppé Jésus à sa naissance et que toute personne qui sera habillée de cette écorce du munsanda recevra la bénédiction de Nzambi a Mpungu. Tous les adeptes de Kimpa Mvita furent vêtus d'habits faits à partir de l'écorce du Munsanda. Selon toujours Kimpa Mvita l'arbre appelé " Takula ", dont l'écorce produit une sève rouge, est le sang de Jésus qui pouvait transformer la vie. La parole du roi Antonio Ier peut redonner vie aux racines de ce figuier. Kimpa Mvita a prêché :

-la légitimité populaire et divine selon les traditions séculaires du Royaume Kôngo ;

-La négritude de Jésus-Christ et de la Sainte Vierge Marie ;

-L'égalité des races ;

-Le dialogue des cultures et la liberté pour chaque peuple de formuler sa foi en Christ en puisant dans son substrat culturel et partant, l'africanisation de l'Evangile[124], deux siècles avant le Concile de Vatican II ;

-L'universalité du bénéfice de la révélation chrétienne ;

-L'inculturation de la foi ;

-L'autonomie de la conscience " *Au ciel, il n'y a ni blanc, ni noir disait elle.. * " ;

-Les femmes ne doivent plus avoir peur, ni du lendemain ni du surlendemain ; elles doivent se libérer du contrôle des hommes et de prendre leur juste place dans la société (or à cette époque, la femme n'avait pas un statut égal à celui de l'homme dans les sociétés occidentales) ;

- La fierté de l'identité noire (…).

En somme, Kimpa Mvita est la mère de la révolution Africaine, la messagère de Dieu pour la race noire. Elle invite ses adeptes à prendre en main leur propre destinée, bref à réaliser le " Kimpuanza " aussi bien pour le Royaume que pour l'individu. Dans " Kimpuanza ", on reconnaitra, Ki-mpu-a-Nza, l'exercice du libre arbitre que le divin a permis à l'humain. " Kimpuanza " est une donnée dont la dimension spirituelle permet d'affirmer, selon

---

121   John Bauer, 2001, 2000 ans de christianisme en Afrique : Une histoire de l'Eglise africaine, Paulines Publications, Nairobi.

122   Walbert Buhlmann, 1986, Les peuples élus : pour une nouvelle approche de l'élection, Medias paul, Paris.

123   Martial Sinda, 1972, Messianismes congolais et ses incidences politiques, Paris, Présence Africaine.

124   L'enracinement de l'Evangile en Afrique est une volonté des Africains d'être soi devant le Christ et non un don du IIe concile œcuménique de l'Église catholique, plus couramment appelé concile Vatican II (1962-1965). C'est au Royaume Kôngo qu'ont commencé les premières remises en cause, non pas de l'Evangile, mais de son mode de transmission et des valeurs occidentales sur laquelle elle se base. Plus tard dans l'espace Kôngo, Simon Kimbangu a contextualisé le message des Evangiles et les a reconfiguré à la lumière du passé de l'homme noir.

l'enseignement de Nsinda Mpandu, qu'il s'agit d'une contraction de Ki-Mpu-Kia-Ma Mpungu-mu-Nza. L'exercice du libre développement de l'individu en tant qu'intermédiaire divin : *" Comme des prémices de la négritude, elle prône la fierté d'être noir et le retour à la culture et aux valeurs traditionnelles africaines"*. L'expérience spirituelle de Kimpa Mvita aux conséquences à la fois philosophiques, théologiques et politiques, constitue le fondement d'un renversement idéologique qui prône l'égalité des races et la possibilité d'incarnation de l'esprit du christ chez l'homme noir. Kimpa Mvita a porté une foi émancipatrice sur un continent en proie à l'oppression. Elle a lutté pacifiquement pour libérer le royaume Kôngo de l'emprise de la pensée occidentale ; pour le droit de chaque être humain à disposer de son corps, de son âme, de son esprit et de n'en répondre qu'à Dieu "Nzambi A Mpungu ". Aymar David Mpassy[125] nous dit :

" Kimpa Vita, symbole de la carte mère d'Afrique… elle incarne la pensée suprême de l'esprit de l'épouse de midi, la vierge noire… l'épouse transparente du soleil sans tâche qui mène l'humanité vers l'ouverture de la voie céleste, ou celle de la porte d'entrée du royaume des cieux… lumière du soir… symbole de l'Eglise noire universelle… ".

La prière de Kimpa Mvita Salve Regina était devenue un cantique de lamentations au sein de ses adeptes qui faisaient couler des larmes à cause du royaume ébranlé par le séisme de la traite négrière *"c'est à cette époque des lamentations publiques à la mater misericordiae (ngudi a kenda) pour le salut du royaume que commence certains prénoms féminins tels que ngudi a mpasi (mère des douleurs), ngudi a nzinga (mère de la vie)… "*.

Kimpa Mvita a opéré des guérisons miraculeuses, à son passage, les églises se vidaient pour grossir ses rangs, le courage et la pugnacité de cette prophétesse noire de 22 ans pour libérer le Kôngo étaient plus que louables. Kimpa Mvita a prêché à Lemba, Mbanza Kôngo (Sao Salvador), Mulumbi, Evululu, à Mbuli, Nsuka, Malemba (Royaume de Ngoyo, un vassal du royaume Kôngo). Ses disciples ont prêché à Luvota (province de Mbamba), à Mbanza Nsoyo, à Nseto, Nsukulu (…).

Elle avait structuré ses adeptes en Mabundu (Congrégations). Sur le plan social, elle fustige le pillage des biens du royaume. Elle encourage ses compatriotes à ne pas se laisser endormir par les propos qui sont mis en avant par les missionnaires religieux : une bible dans une main et un contrat de business avec un esclavagiste dans l'autre. Le roi ira jusqu'à écrire à son homologue du Portugal pour réclamer la révocation des curés qui se soucient essentiellement de l'enrichissement matériel. Le père Bernardo da gallo, tout puissant à la cour du roi, n'apprécia pas les déviations du dogme chrétien. Pour lui, les Antoniens menaçaient la foi. Beaucoup d'autochtones avaient abandonné l'église des Blancs, Kimpa Mvita avait acquis un prestige qui menaçait celui des missionnaires. De facto, elle était devenue une menace considérable qui pouvait conduire à la chute de l'Eglise, la défaite de la théologie chrétienne donc la perte du contrôle du royaume par les missionnaires (l'Eglise catholique). Il fallait trouver une astuce pour l'éliminer. Les missionnaires finiront par trouver l'astuce quand elle tombera enceinte dit-on de son fidèle compagnon et enfantera un garçon. Les Capucins profiteront de cette occasion pour dénoncer l'imposture au conseil royal qui était d'ailleurs sous l'influence des missionnaires.

---

125   Aymar David Mpassy, 2018, 25 un sceau pour l'humanité, éditions Hemar, Brazzaville, p.26-27.

Selon le père Bernardo da Gallo dans son rapport[126] envoyé à Rome, Kimpa Mvita fut jugée selon la loi traditionnelle Kôngo. Pourtant selon la loi traditionnelle Kôngo, la virginité n'est pas obligatoire avant le mariage et que dans la société Kôngo une fille mère n'est pas rejetée. Kimpa Mvita refusera d'abjurer publiquement ce que l'on avait qualifié d'erreur. Une question s'impose, reconnaitre un enfant et on a la vie sauve, tout le monde l'aurait fait si Kimpa Mvita ne l'a pas fait c'est que cet enfant n'était pas d'elle, et qu'est-ce qui empêchait Kimpa Mvita de confier l'enfant à l'une de ses milliers de fidèles dévouées qui étaient prêtes à faire la guerre pour elle ??? De plus les missionnaires qui rapportent dans les rapports qu'elle avait reconnu sa faute, est un mensonge.

Kimpa Mvita se réfugiera sur une montagne, le premier et le deuxième bataillon arrivés sur cette montagne pour capturer la jeune prophétesse s'étaient effondrés comme un château de cartes. Un soulèvement eut lieu pour protester, une sorte de guerre civile éclata, à la suite de laquelle Kimpa Mvita fut capturée dans les environs de Mbandza-Kôngo, un dimanche par le père Laurent de Lucques qui la traita de féticheuse et hérétique. Une autre tradition orale dit que la prophétesse fut arrêtée par des sbires bien armés, dans une forêt de Pendele (Université d'initiation Kôngo) où elle était en retraite spirituelle.

Kimpa Mvita fut liée à une croix, avec une couronne d'épines sur la tête[127], et conduite, manu militari, comme prisonnière à Divululu (parfois écrit Evululu), dans la région de Kibangu, au quartier général (kivunda) de Ndo Mpetelo IV (Mpanzu a Mvemba). Un tribunal ecclésiastique maquillé en conseil royal prononcera la sentence de mort pour hérésie, crime de nature religieuse et mensonges, après un procès monté de toutes pièces, par les Capucins qui furent en fait juges et plaignants. Aussi, condamnèrent-ils Kimpa Mvita au bûcher, alors que chez les Kôngo on ne brûlait pas les condamnés, car le bûcher est une sanction du droit canon à partir du XIIIe siècle. Voilà pourquoi le procès de Kimpa Mvita était un procès du tribunal de l'inquisition dicté par le droit canon.

Le bûcher fut institutionnalisé par le synode de Vérone en 1184 pour punir l'hérésie, réaffirmé par le synode de Toulouse en 1224 et par nombre d'autorités ecclésiastiques jusqu'au XVIIIe siècle. Selon le droit canon ou canonique, le bûcher est une forme de peine de mort, consistant à brûler un condamné. Au moyen âge et à la renaissance, les exécutions sur le bûcher étaient réservées principalement aux personnes condamnées pour hérésie, sorcellerie et sodomie. Au sens religieux, le bûcher était conçu comme une " Flamme bénie " ayant un aspect purifiant (Cfr Theosis, purgatoire). C'est une condamnation à caractère politique, qui se veut exemplaire, et vise à instaurer un climat de terreur, pour éradiquer l'hérésie par le feu.

Kimpa Mvita fut conduite sur un grand bûcher, une matinée en étant chargée de chaînes et portait sa couronne de nsanda sur la tête. Les militaires qui opéraient sous les ordres du Père Lorenzo da Lucca prirent Kimpa Mvita, la soulevèrent puis la jetèrent au feu, en présence du roi Pedro IV descendu de Mont Kibangu. De la même manière que tous ceux qui deux siècles avant avaient contredit la doctrine de l'Eglise catholique à savoir :Copernic, Galilée, Jean Hus, Tommaso Campanella, Giordano Bruno, et aussi les dizaines d'intellectuels et de grands savants qui ont

---

126 Abbé Louis Jadin., 1961, Le Congo et la secte des Antoniens. Restauration du Royaume sous Pedro IV et la " Saint Antoine " congolaise (1694-1718), Bulletin de l'Institut historique belge de Rome, fasc. XXXIII, 1961.
127 Raphael Batsikama, 1999, Opcit, p. 9.

pourri dans les prisons du Saint-office ou exécutés sous les ordres du tribunal de l'inquisition afin de garder le dogme du catholicisme intact, protéger sa théologie donc préserver son pouvoir politique, social, pédagogique ; il fallait donc éliminer Kimpa Mvita.

Kimpa Mvita fut donc exécutée, brulée vive le 2 juillet 1706, alors qu'elle rentrait dans sa vingt-troisième année. Des traditions orales rapportent qu'elle fut brulée vive dans la mystérieuse tombe de Kulumbimbi, en compagnie de son compagnon Joâo Barro De Silva. Elle était morte avec le nom de Jésus à la bouche. D'autres traditions rapportent qu'elle prononça les dernières paroles suivantes : " Simbanu Li Vita ! Simbanu Li Vita ! ", ce qui se traduit par " continuez la lutte ! Continuez la lutte ! ".

Dans l'Eglise de Bundu dia Kôngo il est dit que : "*L'âme remplie de lumière de Maman Mvita Kimpa sortit de son corps physique, entoura aussitôt le feu. Cette âme monta au ciel sous un grand tourbillon de lumière. La voix de Maman Mvita Kimpa se fit entendre et retentit au cœur de cette lumière en disant : Conclave mystique du Kôngo, Conclave mystique du Kôngo ! Les Bakôngo sont vivants ! Tout est accompli, accompli, accompli !...". Ingeta ! Ibobo, Ibobo !* "

Avant de mourir, la prophétesse annonça également la venue d'un prophète qui viendrait achever son œuvre, un christ noir qui viendrait montrer au peuple noir le chemin à suivre vers sa libération. Certaines traditions orales Kôngo racontent qu'elle avait prédit qu'elle reviendrait en homme et qu'elle construira une grande église indépendante de Rome. Cette église aujourd'hui est considérée comme étant celle du Prophète Simon Kimbangu[128] qui a prêché les indépendances des pays Africains durant la colonisation européenne de l'Afrique Centrale.[129] Kimpa Mvita annonçait, ainsi selon la tradition, la venue du prophète Simon Kibangu. Kimpa Mvita n'a cessé de répéter que les cieux feraient naitre et venir un autre prophète pour arrêter l'esclavage et sauver l'homme noir.

L'enfant de Kimpa Mvita fut sauvé grâce à l'intercession auprès du roi de leur dernier confesseur, le père Lorenzo da Lucca. Il est baptisé par ce dernier Jeronimo, contrairement au souhait de sa mère qui voulait le nommer Antonio[130]. Jéronimo fut ensuite confié à une famille portugaise qui l'emmena en Europe pour son éducation religieuse avant de revenir plusieurs années après au royaume pour restaurer l'Eglise de sa maman. Les flammes de Kimpa Mvita avaient éclairé toute l'Afrique, elle avait mené un mouvement de libération de l'Afrique, sa vie et son œuvre avaient laissé des traces indélébiles sur le plan spirituel, politique et social. Une grande étoile était apparue sur le lieu du sacrifice. Après que son corps fut brulé, les cendres furent encore rebrûlées et dispersées dans un endroit inconnu pour que personne ne les utilise comme relique, les missionnaires exprimaient par là, la forme la plus absolue de la méchanceté.

Dans les récits traditionnels du pays Kôngo, on dit qu'"*à la mort au bûcher, la contrepartie mystique du feu de Kimpa Mvita en tant que vibration à la réalité spirituelle de Mbandza Kôngo, lui a conféré un statut spécial dans le Mbandza Kôngo céleste, mais aussi dans le monde noir.*

---

128 www.kimbanguisme.net

129 Kivilu Sabakinu et Elikia Mbokolo, 2014, Simon Kimbangu, le prophète de la libération de l'homme noir, l'Harmattan et Goma Thethet.J.E " La libération de l'homme noir dans le chant Kimbanguiste de 1921 à 2006 " in Musiques d'émancipation et mouvements de libération en Afrique et dans la diaspora ", Éditions FESPAM, Brazzaville, 2007.

130   John.K.Thornton, 1998, The Kôngolese St Anthony, Cambridge university press, p. 178.

Beaucoup de contrées la connaissent, son universalité fait qu'on désigne souvent Kimpa Mvita de vierge noire dans ses apparitions ".

Bien avant Martin Luther King, Kimpa Mvita a prédit la liberté effective de la race noire, une étape que Luther King, le 03 Avril 1968, devant un auditoire composé essentiellement d'Afro-américains à Memphis, dans le Tennessee (États-Unis d'Amérique), dans le " Mason temple " (Église de Dieu en Christ Inc. Siège mondial). [" I've been to the Mountain top " ; " J'ai été au sommet de la montagne "] avait traduit en ces mots : " *Nous en tant que peuple, nous parviendrons à la terre promise* ". La terre promise n'est qu'un état spirituel de la liberté des Noirs que Luther King avait prédit et Kimpa Mvita avait recherché plus tôt.

Pour les Antoniens, la forme physique de Saint-Antoine (la réincarnation en fait du roi Antonio Ier) n'existait plus mais son esprit demeurait et des rumeurs circulaient que Kimpa Mvita devait se réincarner quelque part au Kôngo. Quelques jours après son exécution quelqu'un avait dit que l'on avait aperçu Kimpa Mvita dans Mbanza-Kôngo. Le combat de Mvita Kimpa a laissé dans la conscience collective des Kôngo, une semence dont le développement est à venir. Malgré la période de relative obscuration, de près de deux siècles, cette semence a produit les combats de personnalités telles que Simon Kimbangu, André Grenard Matsoua, Simao Ntoko (…).

De fait, le combat de Kimpa Mvita est la matrice des combats de Simon Kimbangu, André Grenard Matsoua [131]" le grand résistant contre la colonisation de l'actuel Congo-Brazzaville ", fondateur à Paris (France), en juillet 1926, de l'*Amicale des originaires de l'Afrique-Équatoriale française*, popularisée plus tard en Afrique sous l'appellation " Mikalé ". Le programme de cette association vise à former une élite Africaine, surtout Congolaise dans le but de hâter l'évolution de l'Afrique centrale. Son désir est d'obtenir l'indépendance de son pays. Un des soucis constants de Matsoua est d'axer son combat sur l'égalité afin que son mouvement ait plus d'impact. Avec cette amicale il tient à former une élite politique, pour la lutte anti-coloniale. Nous n'oublierons pas Simao Gonçalves Ntoko comme héritier de Kimpa Mvita dans l'actuel Angola, fondateur d'une Église chrétienne africaine.

Après la mort de Kimpa Mvita, la poursuite de la résistance eut lieu jusqu'à l'arrêt de la mission et au provisoire retrait des Portugais dans leurs derniers retranchements au XIXe siècle, du point de vue théorique. Sinon, jusqu'à la colonisation française la lutte a continué et en ce jour, la lutte en Afrique Centrale continue contre la persécution du peuple " Kôngo ", contre son génocide culturel et tous azimuts qui s'est manifesté par des crimes politiques odieux surtout au Congo Brazzaville[132].

---

131 Abel Kouvouama : André Grenard Matsoua, l'autre Simon Kimbangu, document.

132 Kilokila Kia Mpassi Krisis, 2005, Barbarie et folie meurtrière au congo Brazzaville, Édition l'Harmattan ; Jean Claude Mayima Mbemba., 2004, Assassinats politiques au Congo Brazzaville, Rapport de la commission ad hoc de la conférence nationale souveraine, 25 février-10 juin 1991, ICES et Dominique Nkounkou, 2018, Le génocide des laris au Congo, L'harmattan.

Portrait de la prophétesse Ndona Béatrice Kimpa Mvita

Représentation de Ndona Béatrice Kimpa Mvita par l'Église " Ngundza " de France[133].

---

133   www.ngundza.org

Kinshasa, le 18 juillet 1969.

A Sa Sainteté le Pape Paul VI
Cité du Vatican
ROME

Très Saint Père,

Nous avons l'honneur de transmettre à Votre Sainteté une étude sur Ndona Béatrice. Cette étude que nous avons fait publier dans le journal "Le Courrier d'Afrique", relate l'histoire d'une fille qui avait été brûlée vive dans le vieux Congo, à Kibangu le 2 juillet 1706.

Le document a été conçu en guise de salutation (mbote) en préparation et à l'occasion de la visite prochaine de Sa Sainteté en Afrique Centrale.

Comme il est d'ailleurs précisé dans la conclusion de l'étude, le Congo, premier pays du Centre africain à recevoir la Bonne-Nouvelle, ne devait pas laisser passer cette unique occasion pour faire l'historique de sa christianisation et prouver sa joie et sa fierté par un acte authentique témoignant son appartenance entière à cette Eglise catholique, apostolique et romaine à laquelle ses Ancêtres adhérèrent, il y a cinq siècles.

Notre enquête sur Ndona Béatrice, n'a pour but que de rappeler à l'Eglise ce cas, afin que, en béatifiant cette fille, suivant les normes en usage, elle récompense d'une part, l'œuvre accomplie dans ce pays par les Missionnaires de la première heure et d'autre part, la foi sincère de nos Aïeux dont plus d'un Souverain Pontife rendit témoignage.

Les documents sur l'événement et sur sa cause dont Mgr. Cuvelier, Ancien Vicaire Apostolique de Matadi n'a fait que traduire en français ces relations du Père Laurent de Lucques d'où nous avons tiré ce fait se trouvent d'ailleurs dans les Bibliothèques du Vatican.

Veuillez agréer, Très Saint Père, l'expression de nos sentiments très respectueux.

R. Batsikama.

Kinshasa, le 21 juillet 1969

---

134   Raphael Batsikama, 1999, opcité, p.76

Déroulement du concile de Vatican II (1962-65) appelé "*révolution tranquille dans l'Église*" :Le concile de Vatican II a fait de la diversité des cultures et la liberté de conscience la marque la plus grande de la dignité humaine et la condition de toute vie de foi authentique. Or, la liberté de conscience, le dialogue des cultures et l'africanisation de l'Évangile ont été prêchés au royaume Kôngo par la jeune prophétesse de 22 ans Kimpa Mvita, deux siècles avant le Concile de Vatican II. La nouvelle orientation de l'évangélisation que l'Église propose dans la deuxième moitié du XXe siècle, les spirituels Kôngo l'avaient perçue dès le XVIem siècle.

Le théologien jésuite Christoph Theobald a considéré que durant le concile du Vatican II, "*les évêques ont voulu redire et traduire la totalité du mystère chrétien*", en fait des concepts prêchés par Kimpa Mvita. Le Concile du Vatican II qui en partie reprend les enseignements de Kimpa Mvita sans s'en rendre compte, est l'événement le plus marquant de l'histoire de l'Église catholique au XXe siècle ; le plus grand rassemblement de toute l'histoire des conciles de l'Église catholique qui fera dire à Marcel Neusch : "*Vatican II, "La grande grâce" à l'Église du XXe siècle*". À la fin de l'été 1968, le Général Charles de Gaulle, président de la République française, affirme au nouvel archevêque de Paris, le Cardinal François Marty, que "*Le concile de Vatican II est l'événement le plus important du siècle, car on ne change pas la prière d'un milliard d'hommes sans toucher à l'équilibre de toute la planète*". Le Pape François a déclaré dans une homélie à Sainte Marthe (16/04/2013) : "*Quelques voix demandent à retourner en arrière. Cela s'appelle "être entêté", cela s'appelle "devenir sot et lent du cœur*".

L'histoire de la jeune prophétesse Kimpa Mvita qui précède, est pour la plus grande partie tirée des ouvrages d'Européens qui ont été rédigés à partir des rapports des missionnaires capucins qui n'avaient aucun intérêt à relater, une histoire qui pouvait menacer leur dogme. Ces rapports des missionnaires sont des récits établis pour justifier leur crime ; donc on y trouve que des miettes de vérités que nous avons essayé de soutirer. La véritable histoire de Kimpa Mvita est connue de source orale, qui date du XVIIIe siècle, ainsi qu'à travers les églises qui sont nées, des siècles après sa mort. L'on peut prendre en exemple, celle de Simon Kibangu, l'Église de Jésus-Christ sur terre par son envoyé Simon Kimbangu (EJCSK) ; celle de Simon Mpadi avec l'ENAF (Église des noirs en Afrique), l'Église Tokoïste du prophète Simao Ntoko qui parle de la négritude de Jésus-Christ ou encore, celle des Ngunza de Tata Ntumua Antoine Ngoko qui lance le même cri pour le rassemblement " Mazinga Mlolo " lancé par Kimpa Mvita depuis le XVIIIe siècle, pour la restauration du royaume Kôngo. Les mouvements messianiques congolais[135] du XIXe siècle (Matsouanisme, Kimbanguisme...), toujours actifs, font référence à la figure de Kimpa Mvita.

Kimpa Mvita est parfois surnommée la " Jeanne d'Arc Congolaise " en raison des ressemblances entre sa vie et celle de Jeanne d'Arc, brûlée vive à Rouen (France) en 1431 alors qu'elle n'avait que 19 ans. L'Université de Uige en Angola est appelée "Université Kimpa Mvita " en son honneur depuis 2009.

Les Portugais, vainqueurs des résistances nationales menées par les élites, plus particulièrement celle de Kimpa Mvita, pouvaient continuer à ouvrir les portes du trafic négrier toujours plus grandes dans les comptoirs qu'ils tenaient aux portes de petits États-courtiers. Le royaume Kôngo sera envahi par les marchands d'esclaves, en devenant un grand marché d'esclaves. Les Portugais s'étaient rendu compte que le royaume Kôngo était un gisement de bétail humain qui ne pouvait que s'exploiter si le puissant royaume était morcelé en petits états afin qu'ils régnassent en maitre pour satisfaire leurs objectifs économiques qui étaient de trouver la main-d'œuvre servile pour l'exploitation du Nouveau Monde. À ce sujet, Kabolo Iko Kabwita[136] a bien su illustrer ce qui précède dans son ouvrage sur le royaume Kôngo : " *L'intérêt à provoquer la séparation des régions côtières du nord de celles du centre du pays avant l'attaque contre le Ndongo, fut de prendre justement l'axe central du Kôngo en étau et d'asphyxier ainsi la vie socio-politique de l'ensemble du royaume. L'affaiblissement du pouvoir central par une telle stratégie allait ensuite permettre aux Portugais d'asseoir leur commerce sur le littoral, reliant Luanda à l'ensemble de contrées sécessionnistes du nord (lwangu, kakôngo et ngoyo)* ".

Au royaume Kôngo, on a traqué et capturé des hommes, femmes et enfants sur une durée de plusieurs siècles. La traite négrière a causé un séisme démographique qui avait vidé une grande partie de la population.

---

135   Martial Sinda,1972,opcité.
136 Kabolo Iko Kabwita, 2004, Le Royaume Kôngo et la mission catholique (1750-1838), Karthala, p. 303.

Des milliers de Kôngo vont être déportés aux Amériques, dépeuplant considérablement une superficie dépassant les 2 500 000 km^2 soit la moitié du continent européen[137]. La densité de la population qui était de 35 habitants /km^2, chuta dramatiquement à 5 habitants/Km^2 au début du XIXe siècle. L'historien cubain Miguel Barnier parlant du commerce des négriers au large du royaume Kôngo disait : " *Una de las zonas màs devastadas* " (une des zones les plus dévastées) par les trafiquants de bétail humain " *Bois d'ébène* " vers les Amériques.

Le pasteur Bentley[138], arrivé à Mbandza Kôngo en 1879 écrivait que la région environnante de cette ville avait livré jusqu'à 30 000 victimes annuellement. En 1885, elle comptait que 700 habitants, à la fin du XIXe siècle, Mbandza Kôngo abritait seulement une centaine d'habitants. L'apogée de la traite au Royaume Kôngo se situe au XVIIIe et XIXe siècle. Le marin français L. Degranpré[139], disait que les Kôngo avaient été considérés comme les meilleurs travailleurs dans les plantations d'Amérique. Malgré le traité de Vienne entre l'Angleterre et le Portugal, du 22 janvier 1815, ratifié à Rio de Janeiro (Brésil), le 08 juin, ayant pour objectif de diminuer le trafic des esclaves dans les colonies portugaises, ce traité n'agira que dans les colonies portugaises du nord de l'équateur. Le trafic se poursuivra au royaume Kôngo et ses états vassaux, en devenant le plus grand marché de la traite négrière au XIXe siècle, avec des caravanes venant de Mpumbu et de l'arrière-pays, au-delà même des frontières des empires Kuba et Lunda ou encore de Benguela. La zone de razzia comprenait aussi bien, l'Afrique centrale, australe (Ovamboland), orientale et les Grands Lacs[140].

Benguela et Luanda sont les ports d'où sont partis les habitants de l'Afrique centrale pour le Brésil. La baie de de Loango, au large du royaume de Loango, vassal du Kôngo, sera une zone libre où Français, Anglais et Néerlandais vont embarquer les captifs pour l'Amérique. Phyllis Martin disait que les esclaves que les Français, Anglais et Néerlandais ont achetés au Royaume Kôngo, étaient embarqués sur le site de Loango pour ne pas payer les taxes des Portugais qui contrôlaient l'Angola et le Kôngo.

Les esclaves capturés étaient conduits à la manière d'un troupeau de bétail, de l'intérieur du pays vers le littoral où ils étaient mis en vente pour être entassés comme des boîtes de sardines dans les cales des navires des négriers. Certains esclaves succombaient avant même d'arriver à destination pour cause de dysenterie. Malheur également pour ceux qui souffraient de tuberculose, ils étaient jetés dans l'océan pour éviter une contamination générale. Pour ces esclaves Kôngo, le fait d'être transporté dans un bateau était vu comme étant un mystère, un voyage vers la mort parce que dans la cosmogonie Kôngo, l'eau est le lieu où vivent les

---

137 Raphael Batsikama, 1999, opcit   .

138 Dieudonnée Rinchon : La traite et l'esclavage des Congolais par les Européens, Revue Belge de philologie, année 1934, Vol 13, N° 1, p.322-324.

139 Louis Ohier Degranpré, 1801, opcit.

140   Arsène Francoeur Nganga, 2018, La traite négrière sur la baie de Loango pour la colonie du Suriname, 2e édition, Edilivre (France).

Ancêtres. Les Kôngo pensaient être transportés dans l'univers des morts, par les blancs et la couleur blanche la couleur de la mort.

Ils arrivaient dans les ports des Amériques par centaines, entassés dans l'obscurité et l'étroitesse des cales des navires des négriers, des cales que le sociologue haïtien, Laennec Hurbon, appelle des " *Tombes Flottantes* " où il y avait des odeurs putrides. Ils avaient des poignets serrés par des chaînes, le cou emprisonné dans des sortes de fourches en bois les hommes étaient dirigés vers la partie avant du bateau, les plus forts d'entre eux étaient enchainés deux à deux par la cheville. Les femmes et les enfants étaient entassés à l'arrière, un grand nombre d'esclaves perdaient connaissance, ils étaient ravagés par des épidémies de dysenterie, variole et rougeole. Leurs souffrances et leurs déchéances étaient indescriptibles. C'était un voyage cauchemardesque avec en moyenne 569 captifs par navire. Ainsi, sur 170 642 Africains en route pour Rio de Janeiro entre 1795 et 1811, 15 587 moururent en mer et 606 sur le sol brésilien[141].

Plusieurs pays des Amériques ont reçu ce bétail humain du commerce le plus barbare de l'histoire de l'humanité : l'holocauste des Africains. Le trafic négrier était très fructueux, les différences entre prix d'achat et prix de vente ont pu atteindre 80 000 %, la valeur des Africains vendus aux Amériques représente une somme autour de 300 millions de livres sterling.

Les côtes de l'Afrique Centrale furent les principales pourvoyeuses de ces esclaves que convoyèrent d'abord, les Portugais, puis les Espagnols, les Hollandais, les Anglais et les Français. La grande déportation se situant entre 1640 et la fin du XVIIIe siècle. Le père Dieudonné Rinchon[142], avance le chiffre de 7 000 déportés au XVIe siècle, 15 000 au XVIIe siècle et 30 000 au XVIIIe siècle. Pour la première moitié du XIXe siècle, les exportations seraient allées jusqu'à 150 000 personnes par années.50 000 de 1850 à 1860 et 2000 de 1860 à 1885, pour un total qui oscille autour de treize millions deux cent cinquante milles esclaves exportés du Kôngo[143] vers les Amériques. L'Historien français Olivier Grenouilleau[144], nous a donné les statistiques des esclaves embarqués au large de l'Afrique entre 1519 et 1867, et on constate que c'est effectivement l'Afrique Centrale, qui a fait transiter le plus grand nombre de captifs, surtout le royaume Kôngo. Le royaume Kôngo fut le grenier du bois d'ébène.

Le tableau ci-dessous évalue les chiffres des esclaves embarqués de l'Afrique annuellement par milliers (Cfr Olivier   Grenoulleau, op cit) : L'Afrique Centrale est la première région

---

141 Marc Ferro, 2004, Le Livre Noir du Colonialisme, Édition Hachette Littératures, p.14.

142 Dieudonnée Rinchon, 1934, opcit.

143 Le site internet du comité français pour la mémoire de l'esclavage, parle de plus de deux millions de captifs, en ce qui concerne la baie de loango en Afrique centrale ; Olfert Dapper avance le chiffre d'un millions cinq cent mille en ce qui concerne singulièrement le site de loango et un million trois cent mille pour le site de Luanda au large de la colonie d'Angola et sept cent soixante mille pour le site de Benguéla. Le tableau des chiffres globale de Grenoulleau, fait découvrir en tous cas, l'ampleur de la traite en Afrique centrale ou le trafic a été le plus intense sur la baie de loango ; la baie la plus active du commerce négrier transatlantique.

144 Olivier Grenoulleau, 2004, Les traites négrières, Essai d'histoire Globale, Gallimard, Coll. " Bibliothèque des histoires ", Paris, p. 19.

pourvoyeuse des esclaves de toute l'histoire de la traite négrière transatlantique. Il n'est donc pas une surprise d'entendre parler de " Congo " dans presque toutes les Amériques noires.

Entre 1519-1675	**1676-1800**	**1801-1867**
Sénégambie : 34,8	349,1	114,5
Haute Guinée : 2,5	367,8	225,2
Côte de l'or : 51,3	922,9	69
Baie du Benin : 3,5	1453,4	546,5
Baie du Biafra : 94,8	963,8	451,1
Afrique Centrale : 787,4	2473,8	1626,4
Afrique de l'Est : 3,2	75,2	406,1
TOTAL=1009,0	**6606,0**	**3446,8**

L'idéologie révolutionnaire de Kimpa Mvita, qui avait mené le mouvement de libération du Kôngo, a été dans le sang de tous les esclaves Kôngo arrivés aux Amériques à partir de la seconde moitié du XVIIe siècle. Comme nous l'avons narré plus haut, ce sont ces esclaves Kôngo qui pour la plupart ont mené le mouvement de révolte sous l'influence spirituelle de Kimpa Mvita.

L'historien John. K. Thornton nous a bien cité le témoignage du prêtre capucin Lorenzo da Luca qui avait voyagé dans un navire négrier " le Nossa Senora Do Cabo " arrivé à Salvador de Bahia (au Brésil) le 10 Août 1709 où la plupart des captifs avaient des colliers du mouvement Antonien de Kimpa Mvita. Les esclaves d'origine Kôngo ont significativement contribué à la résistance contre l'esclavage au Brésil. C'est bien un esclave du nom de Zumbi, d'origine Kôngo que les Brésiliens vénèrent comme étant le symbole de la résistance et héros de l'Amérique latine. Zumbi fut le chef de guerre le plus important de la communauté (Quilombos) des esclaves fugitifs de Palmares (État d'Alagoas, capitainerie de Pernambouc). Zumbi a résisté durant près de 15 ans (1680-1695) contre la plus importante armada portugaise jamais vue en Amérique. Thornton nous a également cité des survivances de la prière de Kimpa Mvita dans les chants des esclaves Kôngo durant la révolte de Stono[145] en Caroline du Sud en 1739. Toujours en Caroline du Sud où la majorité des esclaves étaient Kôngo sur la base de la thèse de doctorat de Peter Wood[146], le culte de la Vierge noire et du Christ noir y a existé jusqu'au XXe siècle selon Sue Monk Kidd. D'ailleurs Bruce David Forbes corrobore, cette pratique antonienne[147], parlant de la Vierge noire, le " Lady of Chain ", symbole d'espérance et de résistance. La croyance et le dialogue avec les esprits hydrogoniques appelés " Simbi " faisaient partie du catéchisme de

---

145 John K. Thornton, 1998, opcit.

146 Peter Wood,2012,Black majority, Knopf Doubleday Publishing Group.

147 Bruce David Forbes et Jeffrey.H.Mahan,2005,Religion and Popular culture in America, University of California press, p.57.

Kimpa Mvita, pratique relatée égalemênt par Ras Michael Brown dans les communautés Kôngo en Caroline du Sud et existant également dans le vodou haïtien (…) Une tradition orale de la province de l'oriente (Cuba) dit que le Kimbisa trouve ses origines chez Kimpa Mvita et on remarque que la religion dite " Palo Kimbisa " s'est développée dans l'Oriente Cubain qui fut l'épicentre des révolutions de Cuba. Le Kimbisa dont on dit qu'elle est un héritage de Kimpa Mvita, est la pratique spirituelle qui a été l'ingrédient spirituel de base des révolutionnaires cubains. Quentin Bandeira et Antonio Maceo deux figures majeures dans les guerres d'indépendances de Cuba furent des pratiquants du Kimbisa. Ivor Miller[148], ne stipule-t-il pas que " *la tradition populaire cubaine dit que les généraux Mambis[149] étaient guidés par des esprits Kôngo* " ?

Au Venezuela, l'historien Brito Figueroa a attesté que les esclaves Bantu de l'Afrique Centrale y étaient en nombre considérable. Le mot " Loango " du port d'embarquement des esclaves en Afrique Centrale était un terme générique pour désigner les esclaves pour la plupart Kôngo et Loango au Venezuela, d'après Alain Charrier[150].Les esclaves " Kôngo/Loango " du Venezuela ont été principalement majoritaires dans la province de Maracaibo, Caracas, l'État de Falcon et celui de Miranda, précisément dans la municipalité de Barlovento. Le territoire de Falcon et Caracas a été un foyer de révolte d'esclaves majoritairement menée par des " Kôngo/Loango ". La rébellion de Caracas de 1749, menée par Miguel Loango ; la révolte menée par Josef Caridad Gonzalez originaire de Loango avec José Leonardo Chirino, le 10 mai 1795. Cette révolte fera germer le mouvement abolitionniste dont les principes furent cités par les héros nationaux Manuel Gual et José Maria Espana en 1797. Curriepe, première ville d'esclaves libres au Venezuela, fut fondée au XVIIe siècle par Manuel et Antonio Congo[151].Pendant les campagnes de Simon Bolivar le " Libertador " (Libérateur), notamment dans la région de Rio Magdalena(1813-1815), il bénéficia d'un soutien considérable de soldats noirs Kôngo Vénézueliens. Son plus célèbre lieutenant fut d'ailleurs un noir du nom de Pedro Camejo surnommé " El negro primero " (Le premier noir)[152]. Simon Bolivar était lui-même un maitre d'esclaves et il avait émancipé 1 000 de ses propres esclaves et recruté 5 000 esclaves dans son armée. Quand Bolivar arrive en Haïti, le 24 décembre 1815, l'aide du nouvel état renforcera ses capacités et il partira de Jacmel (Haïti) avec des soldats Kôngo haïtiens et Kôngo vénézuéliens pour libérer 5 pays de l'Amérique latine. Simon Bolivar n'aurait pu devenir l'un des plus grands héros des mouvements indépendantistes des débuts du XIXe siècle sans l'assistance des soldats Kôngo-Haïtiens et Kôngo-Vénézuéliens. L'historien Raymond.A.Moïse a rapporté un bout de dialogue qu'on retrouve aussi dans plusieurs sources consacrées à l'aide d'Haïti à Bolivar :

---

148 Ivor Miller,2009,Voice of the leopard: African secret societies and Cuba, University of Mississippi press, p.278.

149   Durant les guerres d'indépendantistes de Cuba, les guérilleros cubains de l'" Ejercito Libertador Cubano " (Armée de libération de Cuba) étaient surnommés les " Mambises ", au singulier " mambi ". Selon Miguel Barnet (1995), " Mambi " vient de " Mbi ", un mot KiKôngo voulant dire mauvais, par extension (Kamikaze). Fernando Ortiz, le père des études africaines à Cuba, affirme que le terme " Mambises " des soldats afro-cubains provient de " Los esclavos Congos que llamaron Mambi en su lengua " (Jésus Guanche 2010). Sylvie Bouffartigue, dans sa thèse de doctorat soutenue à l'Université de Paris 8, en 2000 avec pour thème : " Le roman des guerres de l'indépendance de Cuba : 1898-1951 " (P.63), atteste également que le mot " mambi " est d'origine Kôngo.

150   Alain Charrier, 2000, Le mouvement noir au Venezuela : Revendication identitaire et modernité, l'Harmattan, p. 160.

151   Jesus Alberto Garcia,1995,La diaspora de los Kôngo en las Americas y los caribes,Editorial APICUM.

152   Sa statue est érigée sur la place Carabobo à Caracas, son visage apparait également sur les billets de banque du Venezuela.

-Dois-je faire savoir à la postérité que vous êtes le libérateur de ma patrie ? demande Bolivar (à cause de l'aide des soldats et de la logistique qu'il reçut).

-Non, répond Petion, Promettez moi seulement d'abolir l'esclavage partout où vous aurez triomphé.

L'historien angolais, le professeur Simao Souindoula, ancien vice-président du comité scientifique du projet de l'UNESCO, " La route de l'esclave ", lors d'une conférence tenue le 23 août 2013 à Luanda (Angola), avec pour thème : " *La participation des esclaves Mambis du Kôngo dans les guerres d'indépendance de l'Amérique latine* ", a soutenu avec ferveur, que les Kôngo ont été présents dans les campagnes militaires de Simon Bolivar, le libérateur. Il y aurait également eu des Kôngo aux côtés de José de San Martin, pour la libération du Venezuela, la Nouvelle Grenade, l'Équateur, le Pérou, le Chili, le Paraguay et la Bolivie. L'historien français, Nicolas Rey, a bien attesté sur une base documentaire fiable que des noirs ont bel et bien participé dans les révolutions aux Amériques[153]. La prophétesse Kimpa Mvita a également influencé le mouvement rastafari en Jamaïque qui prône le retour vers l'Afrique. La mode des cheveux dreadlocks a été considérée comme une survivance des locks de Kimpa Mvita, par l'historienne camerounaise de l'université de Bamenda, Yen Kiny[154]. L'un des impacts considérables de Kimpa Mvita et de son idéologie révolutionnaire, sera sur les esclaves Kôngo arrivés à l'île de Saint-Domingue aujourd'hui Haïti. Cet héritage est un élément important pour essayer d'affirmer que cette dernière est la mère spirituelle de la première République noire de l'histoire de l'humanité. Révolution et indépendance à Cuba et Haïti, semblent être des combats posthumes de la prophétesse Kimpa Mvita, tel est d'ailleurs l'objet de ce livre, pour trouver un fondement aux racines spirituelles d'Haïti.

En effet à Saint-Domingue qui deviendra première République de l'histoire de l'humanité, Kimpa Mvita y semble être la mère spirituelle de la victoire des insurgés. Le bouc émissaire de l'idéologie révolutionnaire François Makandal pratiquait un catholicisme antonien, il est d'ailleurs brûlé vif comme Kimpa Mvita, pour avoir lutté pour la restauration de ses frères noirs à la dignité humaine et il est revu après son supplice. Le sociologue haïtien Terry Rey[155] a comparé la révolutionnaire haïtienne, Romaine Rivière la prophétesse à Kimpa Mvita, Romaine possédée par la Vierge Marie, pour libérer les siens à travers un syncrétisme antonien. Le Docteur Jean Price Mars, cité par Raphael Batsikama[156], a parlé de la pratique du culte de Saint-Antoine à Saint-Domingue. L'héritage de Kimpa Mvita outre atlantique est multiforme. Comment les peuples Kôngo ont été auteurs de la première république noire de l'histoire de l'humanité ? Comment les Kôngo ont fait cette grande œuvre, qui est une grande contribution à la civilisation humaine ? Il a d'abord fallu comprendre et connaitre le pays Kôngo, le personnage de Kimpa Mvita et son impact sur les esclaves arrivés dans certaines parties des Amériques pour commencer la narration des origines Kôngo d'Haïti.

---

153 Nicolas Rey, 2005, Quand la révolution aux Amériques était nègre : Caraïbes noirs, negros Frances et autres oubliés de l'histoire, Karthala.

154 Fongot Kini, Yen Kini,2015,Pan-Africanism: Political philosophy and socio-economic Anthropology for African liberation and governance: Caribbean and African American contributions, volume one, Bamenda, LR &Publishing CIC, p. 859.

155 Terry Rey,1999,The cult of the virgin Mary in Haiti, Africa world press.

156 Raphael Batsikama, 1999, opcit.

Photos de Simon Kimbangu, d'ethnie Bakôngo : Le prophète de la libération de l'homme noir, fondateur de l'Église de Jésus-Christ sur Terre par son envoyé Simon Kibangu. Il avait prophétisé l'indépendance du Congo démocratique et la libération de l'homme noir de l'impérialisme. La tradition orale Kôngo, le considère comme la réincarnation de Kimpa Mvita.

Photos d'André Grenard Matsoua, d'ethnie Bakôngo : L'autre Simon Kibangu, pionnier de la résistance contre l'occupation française en Afrique Centrale française, premier homme politique du Congo Brazzaville

Siège de l'Église Ngundza Matsouaniste où on vénère André Matsoua, sis au Quartier commission à Brazzaville (Congo)

Autel de l'Église Matsouaniste, en rouge, couleur sacerdotale Kôngo

Photo et statue du Général Antonio Maceo (1845-1896), Commandant en second de l'armée d'indépendance de Cuba, surnommé le " Titan de Bronze " par les Cubains et " *El León Mayor* " (Grand Lion) par les Espagnols. Considéré comme l'un des plus grands guerriers de l'Amérique latine du XIXe siècle, il a combattu plus de 900 combats. Il pratiquait la religion traditionnelle Kôngo de Cuba : Le " Kimbisa ". Maspons Franco, cité par Sylvie Bouffartigue[157], nous apprend que le quartier général du général Antonio Maceo s'appelait " El Kôngo ". Le Général Maceo est considéré comme l'un des pères de l'indépendance de Cuba, après José Marti. L'aéroport de Santiago de Cuba porte son nom.

---

157 Sylvie Bouffartigues, 2000, Le roman des guerres de l'indépendance de Cuba : 1898-1951, Thèse de Doctorat en études Hispaniques et Latino-américaine, Université Paris VIII-Vincennes-Saint Denis, sous la direction de M. le professeur émérite Paul Estrade, p. 272 et 323.

Portrait du Général José Quintin Bandera Betancourt dit Quintin Bandera, le plus grand leader noir de la guerre d'indépendance de Cuba, dans la province de Santiago de Cuba, il était un " Tata Nkisi ", prêtre de la religion Kôngo du " Kimbisa ", dont les origines remontent à la prophétesse Kôngo Kimpa Mvita selon la tradition orale des Afro-cubains.

Statue de Zumbi, à Salvador de Bahia (Brésil), esclave fugitif d'origine Kôngo et symbole de la libération des Afro-Brésiliens, il était un admirateur d'un Jésus noir.

Portrait du Général Don José Francisco de San Martin, le libérateur de l'Argentine, le Chili et le Pérou(1778-1850). San Martin ne fut pas seulement aidé par les vétérans des guerres napoléoniennes, mais aussi par des soldats noirs "Kôngo" (régiment noir du Rio de la Plata)[158]. Le nombre de soldats noirs dans l'armée de San Martin était nombreux et incorporait la majorité des 7e, 8e et 11e Régiments d'Infanterie. Selon la doctrine militaire de San Martin, elle serait meilleure que la branche d'infanterie, parmi les trois bras de l'armée des Andes. Les noirs représentaient les deux tiers des soldats de l'armée des Andes. Ils ont été estimés entre 2000 et 3000 affranchis argentins qui ont traversé les Andes au Chili en 1817 avec la force de San Martin. Les troupes noires étaient principalement recrutées parmi les esclaves, ce qui donnait 1 554 affranchis. La plupart d'entre eux ont été recrutés dans l'intérieur des provinces plutôt que dans la ville de Buenos Aires.

---

158   Peter Blanchard,2008,Under the flags of freedom : slaves soldiers and the wars of independence in Spanish south america,University of Pittsburgh press.

Portrait de Simon Bolivar " Le libérateur " qui n'aurait pu libérer 5 pays d'Amérique latine sans l'aide des soldats noirs Kôngo

II- L'ARRIVÉE DES KÔNGO DANS LA COLONIE DE SAINT-DOMINGUE

II.1- LA TRAITE NÉGRIERE FRANÇAISE SUR LA CÔTE DE LOANGO, LIEU D'EMBARQUEMENT DES CAPTIFS KÔNGO POUR SAINT-DOMINGUE

Le peuplement Kôngo et populations associées de l'Afrique Centrale vers la colonie de Saint-Domingue est essentiellement fait à partir de la baie de Loango qui fut une zone de traite libre où français, anglais et néerlandais ont acheté des captifs pour les Amériques. Les côtes du royaume Kôngo, et celles de la colonie de l'Angola furent accaparées par les Portugais. Loango était ainsi le point de ravitaillement des autres nations qui prélevaient du bétail humain provenant du Kôngo, Angola, le Loango et bien des contrées de toute l'Afrique Centrale, voire au-delà. La baie de Loango partait du Cap Lopez-Gonzalvo (Actuel Gabon), notamment à la pointe de l'actuelle île Mandji, dans le delta de l'Ogooué à 0° 37' 46' Sud, 8° 42' 28' Est. La baie de Loango, s'étendait jusqu'au sud, à l'embouchure du fleuve Congo à 6° 03' Sud, 12° 22' Est, localisée à Moanda (actuel Congo Démocratique). Cette baie était parsemée de plusieurs ports d'embarquement de captifs pour les Amériques. Cet espace géographique est aujourd'hui partagé donc par la République du Gabon, au nord, la République du Congo, la République d'Angola et la République Démocratique du Congo au sud. Toute la Côte Nord du fleuve Congo relevait ainsi du Royaume de Loango. Sur la base de la description des établissements de traite des noirs, du Commandant Edouard Bouet Willaumez[159] en 1845, nous avons :

- ➢ Cap Lopez ;
- ➢ Sangantane ;
- ➢ FernanVaz ;
- ➢ Sette Cama ;
- ➢ Mayumba ;
- ➢ Kilonga ;
- ➢ Pointe Banda ;
- ➢ Bas Kouilou ;
- ➢ Loango (non loin de la capitale Bwali) ;
- ➢ Pointe indienne ;

---

159   Edouard Bouet Willaumez, 1845, Commerce et traite des noirs aux côtes occidentales d'Afrique, Paris, p.205.

> Punta negra (aujourd'hui Pointe noire) ;

> Cabinda ;

> Malemba ;

> Boma.

À l'intérieur des terres de la baie de Loango, il y avait, outre le royaume Loango, celui du Kakôngo, Ngoyo, Téké et le Kôngo limitrophe du Loango au sud et au nord- est. La côte de Loango, avait la réputation d'être une zone de traite abondante et de bonne qualité. Pour Jacques Savaray Des Brulons[160], la traite française sur la baie de Loango, est pratiquée par les négriers de la compagnie française de l'assiente à partir de 1703, à la suite des Néerlandais (1630) et les trafiquants négriers anglais (1650). Les Français arrivèrent même jusqu'à Ambriz. Durant tout le XVIIIe siècle, les Français ont été actifs sur la baie de Loango. Le répertoire des expéditions négrières françaises au XVIIIe siècle, de J.Mettas et S Daget (1978 et 1984), fichier remarquable sur les expéditions négrières françaises à destination de l'Afrique de 1710 a 1792 ; les négriers français auraient embarqué en moyenne entre 765 et 1000 esclaves par an sur les côtes gabonaises au nord de la baie de loango[161]. Durant le dernier quart du XVIIIe siècle, la plupart des esclaves de traite des colonies françaises provenaient de la baie de Loango. Dans la seconde moitié du XVIIIe siècle, les ¾ des esclaves noirs envoyés aux Antilles françaises provenaient de la côte de Loango. Au cours de la même période, l'ensemble des ports français expédiaient environ 40 bateaux par an, pour le trafic négrier de la baie de Loango. Ceci étant, dans la seconde moitié du XVIIIe siècle, la traite négrière française, sur l'ensemble de la côte de Guinée, était de 14 000 esclaves par an dont 10 000 à 11 000 provenaient de la côte de Loango. Entre 1762 et 1778, soit en l'espace de 16 ans, la côte de Loango avait fourni à la traite négrière française, chaque année, 12 500 esclaves.

Par conséquent, les esclaves embarqués sur la baie de Loango par les Français avaient dominé les importations de Saint-Domingue depuis 1750 et à partir de 1780, ils constituaient entre 1/3 ou 2/3 du commerce négrier des Français, dans la colonie, atteignant 63 % en 1784. Durant les décennies qui ont précédé la Révolution Haïtienne, presque la moitié des captifs emmenés par les marchands français, dans la colonie de Saint-Domingue venaient de l'Afrique centrale particulièrement du Royaume Kôngo, Loango, Ngoyo et Kakôngo. Mais une recherche plus approfondie et minutieuse peut donner des chiffres plus importants. La plupart des navires français qui acquirent leurs esclaves sur la baie de Loango, notamment sur les sites de Cabinda, Malemba et le site de Loango, débarquaient leurs captifs au Cap français (province du nord), Port-au-Prince (province ouest), Arcahaie et les Cayes.

---

160 Savaray Des Brulons Jacques, 1748, Dictionnaire Universel de Commerce, Édition Estienne et fils, Paris, p.1069-1070.

161   Nathalie picard-Tortorici et Michel François, La traite des esclaves au Gabon du XVIIe au XIXe siècle, essai de quantification pour le XVIIIe siècle, les études du CEPED N° 6, paris, juin 1993.

ARMEMENTS DE NANTES162 (France) POUR LA CÔTE DE LOANGO ENTRE 1744 ET 1753, POUR LA DESTINATION DE SAINT-DOMINGUE

Nom du Négrier	Nom du capitaine	Année de départ de Nantes	Port d'arrivée sur la baie de Loango	Destination finale
Neptune	Lacoste, François	1744	Loango	Saint-Domingue
Aigle	Desaa, Bernard	1747	Loango	Saint-Domingue
Roy de Louangue	Ollier Joseph	1750	Loango	Saint-Domingue
Rusteigalay	Doucet, Pierre	1750	Loango	Saint-Domingue
Achile	Hamon de la Chenais, Guillaume	1750	Loango	Saint-Domingue
Nereide	Maillet La Coste Huard Joseph	1750	Loango	Saint-Domingue
Hector	Honoraty Jean	1752	Loango	Saint-Domingue
Amphitrion	Ollier, Joseph	1752	Loango	Saint-Domingue
Triton	Moyon	1753	Loango	Saint-Domingue
Marie Anne	Segretin, Jacques	1753	Loango	Saint-Domingue
Badine	Doucet, pierre	1753	Loango	Saint-Domingue

---

162   www.slavesvoyages.org

Nom du Négrier	Nom du capitaine	Année de départ de Nantes	Port d'arrivée sur la baie de Loango	Destination finale
Économie	Bauman, François	1754	Loango	Saint-Domingue
Aimable de rais	Quatreville, Louis	1755	Loango	Saint-Domingue
Saint René	Monnier, pierre Joseph	1755	Loango	Saint-Domingue
Trois amis	Tostain Louis	1764	Loango	Saint-Domingue
Vermudien	Bolleret, Julien	1764	Loango	Saint-Domingue
Badin	Legal François	1765	Loango	Saint-Domingue
Méchant	Vadandrich, A	1766	Loango	Saint-Domingue
Hirondelle	Thebaud, G	1766	Loango	Saint-Domingue
Boulogne	Christophe, G	1767	Loango	Saint-Domingue
Croissant	Brézollière, Ch	1767	Loango	Saint-Domingue

---

163   www.slavesvoyages.org

Nom du Négrier	Nom du capitaine	Année de départ de Nantes	Port d'arrivée sur la baie de Loango	Destination finale
Sophie	Quatreville, Louis	1768	Loango	Saint-Domingue
Marie Gabrielle	Chariveau, Julien	1769	Loango	Saint-Domingue
Affrique	Blanchard Desralinières, P	1769	Loango	Saint-Domingue
Hirondelle	Thibault-Guillaume	1769	Loango	Saint-Domingue
Croissant	Guenichon, Michel	1770	Loango	Saint-Domingue
Marie Seraphique	Fautrel Gaugy, S-B	1770	Loango	Saint-Domingue
Duchesse de Duras	Vandandrich	1770	Loango	Saint-Domingue

---

164   www.slavesvoyages.org

ARMEMENTS DE DUNKERQUE 165(France) POUR LA Côte DE LOANGO ENTRE 1766 ET 1784, POUR LA DESTINATION DE SAINT-DOMINGUE

Nom du Négrier	Nom du capitaine	Année de départ de Dunkerque	Port d'arrivée sur la baie de Loango	Destination finale
Comtesse de Brionne	Romain, J-F	1766	Loango, Cabinda	Saint-Domingue
Prince Édouard	Destrain	1769	Loango, Cabinda	Saint-Domingue
Espérance	Sauvage, Pierre	1775	Loango, Cabinda	Saint-Domingue
Espérance	Sauvage, Pierre	1775	Loango, Cabinda	Saint-Domingue
Comte d'Artois	Juin	1776	Loango, Cabinda	Saint-Domingue
Dame Élisabeth	Vanstabel François	1784	Loango, Cabinda	Saint-Domingue
		1770	Loango, Cabinda	Saint-Domingue

ARMEMENTS166 DU HAVRE (France) POUR LA CÔTE DE LOANGO EN 1783, POUR LA DESTINATION DE SAINT-DOMINGUE

Nom du Négrier	Nom du Capitaine	Nom des Armateurs	Date de départ du Havre	Séjour à la Côte de Loango	Quantité esclaves traités	Pertesau cours de la traversée	Quantité esclaves Introduits à St Domingue
L'Homme Instruit	Barbel	Ch. Poulet Fils	03 /04 1783		201	25	176
L'apollon	Barbé	Beaufils et Pouchet	03 /04 1783		411	35	376
Le Nérée	Longer	Grégoire Et Fils	01/06 1783		432	17	415
Le Roi Maure	Thibon	Hombéry Frères et Fils	02/06 1783		625	42	583
La Marthe	Le Moine	Jean – Baptiste Bassac et Cie	26/06 1783		500	15	485
L'Agamemnon	Maniable	Begouen Demeau Et Cic	30/06 1783		626	20	606
Le Prince Noir	Ducolombier	Bachelet Et Faubisson	08/07 1783		254	87	167
Le Jason	Favre	Dalahaye Le Douis Et Fils	16/09 1783		345	102	243
Le Jeune Frédéric	Donat	Beaufils Et Pouchet	25/09 1783		328	115	213
					3722	**458**	**3264**

---

166 Sources : Archives Nationales Paris, Affaires de Cabinda (1784-1785), Colonies C6 24.

II.2- LES ESCLAVES KÔNGO DANS LA COLONIE DE SAINT-DOMINGUE

" Une colonie d'esclaves est une ville qui vit sous la menace d'un assaut, on y marche sur des tonneaux de poudre "

L'île de " Ataitij " (terre des montagnes), dans la langue des Taïnos (le mot taïno signifiait noble) ou Indiens arawak ; des Amérindiens originaires de l'Amazonie qui sont les premiers habitants de l'actuelle île d'Haïti. Le mot " Ataitij " sera par la suite transformé en " Ayiti ", " Aïti " et ensuite " Haïti ". Pour certains anciens de l'actuelle île d'Haïti, les Indiens la nommaient en trois mots : " Ataitij ", la terre des montagnes, " Kiskeya ", la mère de toutes les terres, " Bohio " notre mère.

" Ataitij " fut découverte par Christophe Colomb, membre de l'ordre du christ du Prince Henry le navigateur. Christophe Colomb de son vrai nom, Cristobal Colon, rebaptisé Christopher Colombus avait débarqué vers le Nouveau Monde avec un groupe de juifs, dit " marranos ". Les " marranos " furent des juifs convertis au catholicisme, quand ils étaient chassés d'Espagne. George Cohen nous a rapporté que de nombreux juifs ont financé l'expédition de Colomb à savoir le richissime juif, Luis de San Angelo, fondateur de deux des plus grandes industries américaines[167]. San Angelo était le chancelier de la cour du Roi Ferdinand et de la Reine Isabel, et fut de facto le principal argentier et créancier de Colomb, assisté par d'autres juifs tels que Juan Cabrero et Gabriel Sanchez, de la trésorerie royale. Abraham Ben Samuel Zacuto donnera le matériel astronomique et l'équipement de la navigation ; Isaac Abravanel, Alfonso de la Caballeria et Diego de Deza, financèrent également Colomb. Pour Cecil Roth, Colomb était un juif et il avait caché sa qualité de juif parce que les juifs étaient chassés d'Espagne, et pour ce, il se présentait comme étant un catholique[168]. L'expédition de 1492 était le résultat d'une entreprise juive avec pour objectif de trouver de l'or. Colomb partit de Palos en Espagne, le 3 Août 1492 assisté par 6 juifs avec trois caravelles à savoir, la Pinta, la Nina et la Santa Maria, avec au total 120 hommes.

Le 5 décembre de la même année, après avoir foulé l'une des îles de l'archipel des Bahamas appelée par les Indiens Guanahani qu'il rebaptisa San Salvador ; il découvre Cuba, ensuite, il jette l'ancre dans une magnifique baie qu'il baptise Saint Nicolas, du nom du saint du jour. Colomb et son équipe seront reçus par un cacique indien nommé Guacanagaric. Colomb prendra possession de l'île au profit de la Couronne espagnole et il la baptisera Hispaniola " petite Espagne ", première colonie des Amériques à cette époque. La société indienne à Hispaniola était une civilisation représentée par cinq caciquats ou royaumes : Le Marien, la Maguana, le Xaragua, le Higuey et la Magua. Ces royaumes furent bien structurés socialement avec des grands caciques et chefs locaux. Les chefs, les plus connus furent : Mayobantx, Guarionex et Cotubanama.

Le journal de bord de Colombus décrit Ataitij comme une île paradisiaque avec des habitants docile, " *Le paradis d'Haïti* " disait Rose Marie Desruisseau. De même, le témoignage du prêtre dominicain Bartholome de las Casas asserte que les Indiens avaient une société organisée. Christophe Colomb fut fasciné par l'exubérance de la végétation insulaire, la plupart des chefs indiens que Colombus avait rencontrés portaient des colliers en or. Colomb recueillera des informations et repart avec des captifs indigènes en laissant 40 hommes à la naïade, autour d'un

---

167   Cecil Roth, 1932,History of the Marranos, Jewish Publication Society of America.
168 Harry L. Golden, Martin Rywell, 1950, Jews in American History: Their Contributions to the United States of America. (Henry, Martin Lewis Co.).

fortin. Pourvus de munitions, artilleries et provisions de bouche, tous moururent, deux de leurs chefs Pedro Guttierez et Rodrigo Escovado étaient partis à la recherche des mines d'or du Cibao et chemin faisant, ils ont tué un indien sur le territoire du cacique Caonabo ; ce dernier les avait fait exécuter. L'épouse de Caonabo, devint reine, et mena une lutte acharnée contre les Espagnols, jusqu'à être capturée à son tour, et pendue par le nouveau gouverneur de l'île, Nicolas De Ovando.

Le second voyage de Colomb, à la fin de 1493, est une occupation armée de l'île avec une armada de dix-sept navires avec douze à quinze cents hommes, qui marque l'acte inaugural d'une colonisation européenne qui va bientôt s'abattre sur tout le continent américain et qui se distingue par sa violence sans limites, contre les peuples envahis qu'elle entend contraindre à produire ce qu'exige le colonisateur. Le prêtre dominicain Fray Montesinos, dans un sermon écrit vers décembre 1511 à Santo Domingo, cria aux colons qu'ils étaient tous en état de péché mortel, pour les crimes commis contre les Indiens. Diego Colomb, fils de Christoph Colomb fut expulsé de l'île Montésinos avec d'autres prêtres dominicains[169]. À partir de 1498, des esclaves noirs seront importés d'Espagne pour travailler dans les mines d'or, en remplacement de la population indienne qui s'était évaporée avec les travaux forcés. Les Indiens furent exterminés par Christophe Colomb et ses hommes pendant le début d'exploitation des mines d'or. Cette évaporation des peuples autochtones, constitue un véritable génocide ou mieux, disparition forcée des Taïnos et la destruction de leur ordre social. Les noirs qui étaient venus d'Espagne, pour servir de main d'œuvre servile, étaient auparavant, utilisés en Andalousie comme ouvriers agricoles[170]. Les Espagnols ne pratiquaient pas la traite des noirs directement ; ils avaient fait le choix de confier celle-ci à d'autres pays (Portugal, Provinces-Unies, France, Angleterre, etc.), l'exercice de ce droit se faisant contre le paiement d'une redevance. Le Portugal qui était une puissance maritime de premier plan et le maître des principales factoreries africaines, fut le premier pays à bénéficier de l'asiento. La majorité des esclaves d'Espagne qui arrivent à Hispaniola à partir de 1498, furent des captifs originaires des zones d'influence portugaise d'Afrique à savoir : La côte du Kôngo-Angola et la baie du Benin. Les Bakôngo sont donc parmi les premiers Africains arrivés en esclavage à Hispaniola dont la partie ouest devint colonie française de Saint-Domingue. D'autres esclaves Kôngo arriveront avec cette fois-ci les négriers français au XVIIIe siècle. Antonio de Almeida[171] déclare : " *Les Portugais furent la première et, pendant cent cinquante ans, la seule nation européenne engagée dans la traite négrière atlantique. À ce titre, ils eurent le contrôle total de l'introduction des esclaves africains en Europe du sud, dans leurs colonies (Cap-Vert, Sao Tomé, Brésil) mais aussi dans les Amériques sous monopole espagnol… le premier déploiement dans les îles atlantiques (aux Canaries, au Cap-Vert et à Sao Tomé), puis dans le monde hispano-caribéen (Hispaniola, Cuba…).. ".*

Le continent américain était riche en or et en métal précieux. Christophe Colomb et ses hommes avaient besoin de métaux pour la fabrication des armes de l'Europe et pour orner les cathédrales et les palais de Madrid, Barcelone et Séville. Hispaniola fournira donc de l'or jusqu'en 1515-1525. C'est, le frère de Christophe Colomb, Bartholome Colomb, qui fut nommé premier

---

169 Bartholomé de Las Casas, 1875-76, La Historia de las India, Madrid, Imp. de M Ginesta.

170 Georges Scelle, 1906, Histoire Politique de la traite négrière aux Indes de Castille, Paris.

171   Antonio de Almeida Mendes, Les réseaux de la traite ibérique dans l'Atlantique nord (1440-1640), in Annales d'histoire, sciences sociales 2008/4 (63 e année), p.739 à 768.

gouverneur d'Hispaniola en 1496, et fonda la ville de Nueva Isabella qui deviendra Santo Domingo ensuite Nicholas De Ovando succédera à Bartholome.

Vers 1630, des flibustiers et des boucaniers français, ces pirates de mer, s'établissent sur l'île de la Tortue puis dans la région du Cap Français, qu'ils transformèrent en une sorte de repaire où ils déposaient leurs butins et d'où ils partaient pour leurs expéditions. Peu à peu, ces corsaires fatigués de leurs dangereuses aventures, s'établirent de façon permanente sur l'île, non commandités officiellement par la France.

Cette présence restera officieuse jusqu'en 1664 quand Colbert, le ministre des Finances de Louis XIV, va fonder Saint-Domingue et la compagnie des Indes occidentales pour reconnaître la présence de ses compatriotes, et donner un caractère officiel à la colonisation française dans l'île. En 1665 Bertrand d'Ogeron sera nommé gouverneur de l'île de la Tortue, à la suite de cette reconnaissance, Le gouverneur Bertrand d'Ogeron assurera à la France, le contrôle définitif de la colonie et la première capitale de la colonie française, le Cap Français qui deviendra Cap Haïtien, après 1804, sera fondée en 1670. Le Traité de Ryswick de 1697, donnera la partie ouest d'Hispaniola aux Français qui la nommeront Saint-Domingue, cette occupation sera confirmée par le Traité d'Araniuez de 1777 qui avait séparé Hispaniola et la partie française (Saint-Domingue). Le 22 juillet 1795, l'Espagne qui occupait jusque-là la partie orientale de Saint-Domingue (aujourd'hui République Dominicaine) signe à Bale, un traité avec la France. Par ce traité Saint-Domingue, dans toute son étendue devint une colonie française. Le traité de Paris de 1814 léguera cette partie Est à l'Espagne. Quand Saint-Domingue passera de la production de l'or à la canne à sucre, les Africains vont arriver à grosses gouttes.

Avec les Français les importations d'esclaves commencèrent par le Sénégal sur la côte atlantique, à la différence des Espagnols qui eux au XVe siècle, par le biais des Portugais importèrent d'abord à partir du Royaume Kôngo et la baie du Benin. La traite française commença à grossir vers 1685 avec le trafic des Bambaras. Elle s'étendit en Gambie, au Cap-Vert et en Guinée-Bissau, traversa la Guinée, la Sierra Leone, le Liberia, et se déploya, durant la première moitié du XVIIIe siècle, sur la Côte d'Or et la Côte des Esclaves, d'où étaient ramenés surtout des Aradas et des Nagos. Traversant le Cameroun et le Gabon actuels, elle descendit vers le Kôngo et l'Angola, d'où, elle tirait après 1750 le gros de ses cargaisons de captifs, pour s'arrêter au Mozambique sur l'océan Indien vers 1773. Les captifs africains à Saint-Domingue, provenaient donc de nations diverses. Ils différaient de mœurs, de langue, de culture.

Tous les témoignages sur les captifs de traite des côtes du Kôngo et de l'Angola, s'accordent pour souligner leur gaieté et leurs chants perpétuels. Ils étaient d'une gaieté qui les faisait rechercher, quoiqu'on puisse leur reprocher d'être un peu enclins à la fuite. Hilliard d'Auberteuil[172], ancien résident de Saint-Domingue, appréciait les Kôngo de la manière suivante : " les *Kôngo, les plus nombreux dans la colonie, sont faciles à conduire. Juges adroits, ils apprennent facilement et rapidement les métiers, sont aptes à la culture des plantations, mais enclins au marronnage* ".

Le capitaine négrier français Degranpré dit " *A Saint-Domingue les esclaves les plus communs et les plus estimés sont les Congolais, ce sont des noirs magnifiques, robustes, durs à la fatigue, et sans contredit, les meilleurs de nos colonies* ". Tant de qualités étaient aux yeux des colons autant

---

172 Michel René Hilliard d'Auberteuil, 1776, Considérations sur l'état présent de la colonie française de Saint-Domingue, A Paris, chez Grangé, imprimeur-libraire, rue de la Parcheminerie ; & au Cabinet-Littéraire, Pont Notre-Dame.

de qualifications pour le travail servile, dans les places à privilèges comme dans les postes de travail pénible. Dans bien des ateliers, cette race dominait. Elle était propre aux travaux agricoles, dure à la fatigue, douce et tranquille. Moreau de Saint-Mery note que les Kôngo avaient toujours le rire sur la figure et étaient précieux dans un atelier, où ils retardaient par leur gaieté la fatigue du travail. Ils offraient en plus l'immense avantage de s'adapter plus facilement au climat de Saint-Domingue. Peu difficiles pour leur nourriture, ils s'alimentaient dès leur arrivée de bananes, qu'ils aimaient tellement qu'on les avait appelés : " Kôngo manje bannann ". Autre avantage de poids, les femmes Kôngo étaient, à leur arrivée à Saint-Domingue, habituées au travail des champs, qualité qui les faisait rechercher.

Le colonel Malenfant fait observer qu'elles y travaillaient aussi bien que les hommes Aradas et Tacouas. En outre, elles étaient préférées pour le service domestique, entre autres pour leur intelligence, leur facilité à parler purement le créole. En général, les Kôngo étaient utilisés comme pêcheurs, bûcherons, défricheurs et surtout comme cultivateurs de jardins. On formait aussi parmi eux d'habiles ouvriers et d'excellents domestiques. Mais, enclins au marronnage, ils étaient rares aux postes de commandeurs.

L'historien Gabriel Debien[173] a étudié la structure de la population servile dans la partie occupée par les Anglais de 1793 à 1798 et dans laquelle l'esclavage n'avait pas été aboli : En 1796-1797, plus de la moitié soit 6138 esclaves sont arrivés directement d'Afrique au sein desquels on compte plus du tiers du Kôngo. À côté il faut ajouter 735 Nagos, 544 Radas, 519 Ibos, 224 Bambaras, 124 Haoussas, 119 Thiambas, 118 Mondongues, 95 Sénégalais, 92 Cotocolis, 89 Mozambiques et autres ethnies, soit 50 groupes différents. Gabriel Debien pense que les Kôngo auraient représenté dans chacune des trois provinces de la colonie plus de 17 % des esclaves nés en Afrique c'est-à-dire plus que les trois groupes ethniques réunis qui suivaient sur l'échelle démographique de la population bossale (née en Afrique), à savoir les Aradas, les Nagos et les Ibos.

La majorité des esclaves à Saint-Domingue étaient Kôngo, plusieurs historiens et chercheurs partagent cet avis. Premièrement, l'historien belge Hein Van Hee[174], ancien directeur du Musée royal de l'Afrique Centrale de Belgique, déclare : "*Au milieu du 18e siècle les Français ont acheté beaucoup d'esclaves au Royaume Kôngo pour l'île de Saint-Domingue entre 1720 et 1780, soit 64 % du nombre total des esclaves concentrés au nord de l'île de ce qui est aujourd'hui Haïti*". David Patrick Geggus[175] de l'université internationale de la Floride aux États-Unis d'Amérique corrobore la majorité Kôngo en Haïti, on insinuant que : "*les Kôngo constituaient la majorité des Africains à Saint-Domingue, le tiers de la population dans les plaines et la moitié dans les montagnes*". Geggus[176] dit de plus que les esclaves en provenance de l'Afrique Centrale étaient majoritaires dans la colonie de Saint-Domingue, la majorité de la population dans les provinces du nord et du sud de Saint-Domingue. Les Kôngo étaient surtout dominants dans les plantations de café où ils étaient à 50 % plus nombreux par rapport aux

---

173 Gabriel Debien, 1974, Les esclaves aux Antilles Françaises XVII-XVIII siècles, société d'histoire de la Guadeloupe et société d'histoire de la Martinique ; Yvette Farraudière : La naissance d'Haïti à la croisée de trois voies révolutionnaires, l'Harmattan 2005, p.106.

174   Linda Heywood,2002,Central Africans and Cultural Transformation in the American diaspora,p. 246.

175 David Patrick Geggus, 2002,Haitian Revolutionary Studies Indiana University Press; Chap I, p.07.

176 David Geggus, The French slave trade, an overview, p.128 et David Patrick Geggus : sex, ratio, age and ethnicity in the Atlantic slave trade ;data from French shipping and plantation records, journal of African history,30/1(1989),p.23-44.

plantations de canne à sucre. Philipe Lerebours, ancien professeur à IERAH (Institut des Études et des Recherches Africaines de Haïti) et ancien directeur du Musée de l'Art Haïtien[177] a eu à déclarer que " *Haïti a une population originaire à 75 % du Royaume Kôngo* ".

Pour Terry Rey[178], "*plus de 50 % des esclaves à Saint-Domingue avant la révolution étaient Kôngo* ". Pour Robin Law [179] de l'Université de Stirling (royaume uni), " *les Kôngo étaient trois fois supérieurs aux populations des Aradas au sein de la population de la colonie de Saint-Domingue* ". Pour Yvette Farraudière " *la majorité des esclaves de Saint-Domingue ont été prélevés dans le bassin du Kôngo* "[180]. D'autres chercheurs haïtiens comme le Docteur Jean Price Mars, Jean Fouchard, Franz Leconte, Jerry Giles et Norluck Dorange[181] accordent une place de choix au peuplement majoritaire Kôngo en Haïti pendant l'esclavage ainsi que l'américain John K. Thornton.

TABLEAUX DES ORIGINES DES AFRICAINS DÉBARQUÉS À SAINT-DOMINGUE [182]

Region	Nord	Ouest	Sud
Sénégambie	6,5	6,7	8,0
Sierra Leone	2,6	6,7	8,0
Côte du Vent (Windward coast)	0,4	1,1	0,9
Côte d'Or	4.4	4,4	4,3
Baie du Biafra	22,6	6,3	15,2
Afrique Centrale (Bantoue)	56,6	39,5	47,9
Afrique du Sud Est	4,3	2,6	3,1
Total	**100,0**	**100,0**	**100,0**
Captifs (N)	**312, 789**	**213 546**	**55 579**

Il s'avère ainsi, de manière incontestable que la moitié ou sinon, plus de la moitié de tous les captifs transportés d'Afrique à Saint-Domingue durant les deux siècles d'existence de la colonie étaient des Kôngo. La surreprésentation numérique du groupe pluriethnique Kôngo, est une évidence, et il s'agit, des captifs venus de la grande région qui couvre aujourd'hui en partie le

---

177 Massengo Ma Mbongolo, 2005, Le vodou Haïtien vu avec les yeux d'un Kôngo d'Afrique, Édition Malaki Ma Kôngo, p.5.

178 Terry Rey,1999,The Cult of Virgin Mary in Haiti, Africa World Press, p. 209 .

179   Robin Law (08 November 1999),The bois caiman ceremony and the dahomian blood pact, Harriet Tubman Seminar, Department of history, York university, p. 9.

180 Yvette Farraudière, 2006, La naissance d'Haïti, à la croisée de trois voies révolutionnaire, l'Harmattan, p.124.

181   Echanges avec Hervé Fanini Lemoine, par poste électronique, le 23 février 2018.

182 Roger Anstey , 1975, " The Volume and Profitability of The British Slave Trade 1761-1807m in Race and Slavery in the Western Hemisphere, Ed Stanley L. Engerman and Eugene D. Genovese, P13 (All slaves disembarked are attributed to the main port of disembarkation; Jacmel and Jérémie are included in the south, Petit Goâve in the west).

Gabon, les deux Congo, et l'Angola. La plus grande partie de cette population partit du bassin du Congo pour la colonie de Saint-Domingue, fut des locuteurs du groupe linguistique Kikôngo (H10) de la classification de Bastin. Ce sont les survivances linguistiques et religieuses qui seront abordées plus en avant, qui nous permettent de le confirmer. C'est le groupe linguistique Kikôngo (H10) qui laissera une empreinte culturelle encore visible dans la civilisation moderne haïtienne et même celle qui a précédé et suivi la révolution, construisant ainsi, le socle que Fernand Braudel, que nous avons déjà cité appelait " Grammaire de la civilisation ".

Saint-Domingue, terre d'esclavage de nombreux Africains, était la plus riche colonie du monde, entre la période de la révolution américaine jusqu'à la Révolution française – 1776-1789. Saint-Domingue produisait la moitié du sucre et du café consommé en Europe et dans les Amériques. À la veille de la Révolution française, le chiffre d'affaires des colonies françaises s'élevait à 600 millions de francs dont les 2/3 (400 millions) concernaient, Saint-Domingue. Cette dernière a été le premier fournisseur mondial du café en 1783. La France arrivait en tête du classement mondial des exportations de café (40 000 tonnes), de sucre (100 000 tonnes), et en bonne place pour le coton (1000 tonnes). Pendant les années 1789, Saint-Domingue avait à peu près 8000 plantations et certains riches planteurs qui possédaient des plantations à Saint-Domingue résidaient (propriétaires absentéistes) en France. Les exportations de sucre vers les ports de la métropole s'élèvent à 117 millions de livres, celles de café à 52 millions de livres. Certains Français partaient à Saint-Domingue pour faire fortune, le baron de Wimpffen, au retour d'un voyage dans la colonie (1797) déclara : " *Personne ne va à Saint-Domingue pour y demeurer, mais pour s'y enrichir ; les regards y sont toujours tournés du côté de l'Europe* ". Procureurs, gérants, économes, pacotilleurs, aubergistes et aventuriers, tous n'avaient qu'un projet, celui de revenir vite enrichis dans leur patrie. Animés par le rêve d'un enrichissement rapide qui hâterait leur retour en France et leur procurerait de la reconnaissance, sinon de la distinction, ils y devinrent les plus entreprenants, propriétaires de plantations et d'esclaves.

D'après Seymour Drescher et Roger Anstey, dans les villes portuaires comme Nantes, le principal port négrier français, mais aussi Bordeaux, la vente du bois d'ébène a permis la constitution d'une grande bourgeoisie très fortunée. Ainsi l'essor économique de la France résulte directement de l'exploitation négrière qui constituait, à l'époque, le premier poste économique du pays. Saint-Domingue avait une grande importance économique et stratégique, au Mole Saint Nicolas, la France possédait la base navale française la plus sûre aux Caraïbes. L'arrêt de la traite négrière entrainerait le chômage de la moitié des ouvriers français de l'époque. Car la construction et l'affrètement des bateaux négriers au Havre, à Nantes, à Bordeaux, Saint Malo, etc., faisaient appel à une multitude de métiers. Saint-Domingue était considérée comme étant l'éden des Amériques, la perle des Antilles, l'orgueil de la France dans le Nouveau Monde. Les esclaves des plantations d'Haïti seront confrontés à des conditions de travail inhumaines. L'esclavage à Saint-Domingue était un calvaire de souffrances et de servitude totale. La mortalité atteignait un taux effrayant, la moindre faute était châtiée impitoyablement, la fuite était un crime. Les esclaves travaillaient sans salaires, ils ne tiraient pas bénéfice ni profit de leur travail. Leur vie était à la merci de la volonté de leurs maitres qui avait le droit de vie et de mort sur eux. La société blanche n'accordait pas de dignité, ni de valeur aux esclaves. Il était interdit aux esclaves de posséder des biens, d'apprendre à lire et écrire, de se déplacer sans l'autorisation de leur maitre. Les esclaves étaient des objets, des bêtes immondes que ces colons pouvaient battre, lyncher et tuer. L'on pouvait brûler son esclave, lui couper les oreilles ou la jambe. La violence sous toutes ses formes était le bras armé du système esclavagiste. Cette barbarie était légale et institutionnelle. D'ailleurs plus tard en pleine révolution, le général

Donatien de Rochambeau débarqua en Haïti avec six-cents bouledogues élevés et nourris à manger du noir, pas de dépenses pour la nourriture de ces chiens, vous devez leur donner des nègres à manger. Certains esclaves indisciplinés étaient fouettés jusqu'à 300 coups de fouet, ou brûlés vifs, broyés au moulin, enterrés jusqu'au cou ; enduits de sucre près d'un nid de fourmis ou parfois, pilés dans des mortiers. Certains maîtres d'esclaves versaient de la cire enflammée sur leur tête ou ils leur faisaient manger leurs excréments. Certains esclaves mouraient aux quatre poteaux, même par pendaison. Le code noir de 1685 promulgué par Louis XIV, roi de France privait l'esclave de parler sa propre langue (….). Certains esclaves se suicidaient à cause de la nostalgie du pays en croyant que l'esprit repart dans son pays. Par exemple, l'on rapporte qu'un nègre ibo imagina de se pendre pour retourner dans son pays. Le père jésuite Charlevoix, missionnaire en a dit long, dans son histoire de Saint-Domingue (1730-1731), sur le calvaire des esclaves de cette île. Il a parlé de la cruauté et du sadisme des châtiments corporels infligés par les blancs aux esclaves de Saint-Domingue, tels que marquer au fer rouge, couper mains et oreilles, qui étaient pratiques courantes. Une cruauté utilisée contre des noirs qui réclament le droit de la liberté. Pendant cette période esclavagiste à Saint-Domingue, les esclaves manifesteront leurs mécontentements sous différentes formes de résistances. De la fabrication des fétiches ou poison pour empoisonner les blancs à l'invocation des esprits pour les combattre. Ces esclaves vont se lancer dans des pratiques spirituelles pour chercher à affaiblir l'hégémonie des blancs.

II.3- LES KÔNGO COMME MANIFESTATION DE LA SORCELLERIE AFRICAINE A SAINT-DOMINGUE ET LA SORCELLERIE COMME LE BÂTON DE PÈLERIN POUR LA LIBÉRATION DU JOUG COLONIAL

" Quelque part dans les montagnes d'Haïti (...) mbumba, le python arc-en-ciel continue à danser dans un royaume imaginaire en compagnie des simbi détenteurs des secrets de la magie ".

Marie Paule Ferry

Quand les missionnaires européens sont venus évangéliser au Kôngo, ces derniers se sont heurtés à deux grands fléaux : La sorcellerie et la polygamie. Jusqu'à ce jour, les familles Kôngo d'Afrique sont secouées par le problème de la sorcellerie. Le christianisme n'a pas pu éradiquer la sorcellerie en pays Kôngo et c'est d'ailleurs ce qui a engendré le syncrétisme religieux, car les Kôngo, s'étaient attachés à leurs pratiques magiques et au même moment, ils se faisaient baptiser. Arrivés dans la colonie de Saint-Domingue, les sorciers étaient les véritables maîtres de la résistance contre le poids de l'asservissement. La cohésion des esclaves et les techniques du marronnage sont les œuvres des grands prêtres vodou (sorciers). Ce sont ces sorciers qui vont diriger la lutte pour la libération.

Dans la société Kôngo, la sorcellerie est appelée " Kindoki " et celui qui pratique, la sorcellerie est le " Ndoki ". Dans le vodou haïtien, " Nganga Ndoki " est bel et bien un loa (esprit) invoqué pour servir un homme. Pour Kiatezua Luyaluka[183], *" Le kindoki, est un enseignement propagé par le système initiatique de la religion-mystère des Besikôngo et le pouvoir qu'il confère ".* Le Kindoki est selon notre étude, une institution dans la société Kôngo. On ne pouvait gouverner ou conduire un groupe humain sans être " Ndoki " (sorcier). Le plus grand sorcier était d'abord le roi et les chefs de ses provinces. Même dans l'espace Kôngo moderne, le langage populaire dit que l'on ne peut pas être chef du village sans être sorcier (Ndoki). Le Kindoki est une religion forgée dans le creuset des révélations millénaires jalousement conservées et transmises de génération en génération par les descendants des anciens Kôngo[184].Le Kindoki était une vieille confrérie en pays Kôngo[185], c'est un exercice spirituel[186].

Le Kindoki (sorcellerie) ne doit pas être vu ici comme l'aspect maléfique tel que perçu dans le monde moderne. Voilà pourquoi Kiatezua différencie sorcellerie au sens moderne et le Kindoki (sorcellerie) tel qu'il était au temps des anciens Kôngo, à travers une exposition scientifique de la doctrine de la religion ancestrale Kôngo.

Les anciens Kôngo avaient une culture religieuse. Le culte des Ancêtres et Dieu étaient toujours au centre de la société. On retrouve d'ailleurs le même aspect dans l'Égypte des pharaons où se

---

183 Kiatezua Lubandzadio Luyaluka, 2010, La religion Kôngo, ses origines Égyptienne et sa convergence avec le christianisme, l'Harmattan.

184Bahelele Ndimisa, 1971, Kinzonzi ye ntekolo andi Makundu, CEDI, Kinshasa.

185Gaston Mbemba Ndoumba, 2006, Les BaKôngo et la pratique de la sorcellerie : ordre ou désordre social, l'Harmattan.

186Kiatezua Lubandzadio Luyaluka : Le concept du Kindoki dans la pensée Kôngo propfonde in " Vaincre la sorcellerie en Afrique : Une étude de la spiritualité en milieu Kôngo ", l'Harmattan, 2009.

trouvent les lointaines origines des Kôngo. En effet, les Égyptiens anciens croyaient que tous les aspects de la vie étaient contrôlés par des forces supérieures. Ce quotidien empreint de spiritualité comme au Kôngo a engendré une religion totalement cultuelle et rituelle. Le symbolisme du rite d'accession au trône en Égypte ancienne et au Kôngo est une illustration parfaite d'une entrée dans l'univers du Kindoki, afin de gérer la société.

Selon les données du Papyrus Harris I, conservé au British Museum de Londres (Angleterre), le jour de l'investiture du pharaon, le futur roi égyptien était réveillé d'un sommeil symbolique profond après avoir séjourné dans le monde des Ancêtres pour être initié au " Kindoki ". Le grand prêtre égyptien disait à son réveil, " *reçois les couronnes sur la tête, ornement de ton père Re, afin de célébrer, autant de jubilés que Tatenem* ". Cette phrase extraite du papyrus Harris I, est une sentence ou un diplôme de l'école initiatique du Kindoki, qui est parallèle à la société Kôngo.

La compréhension du concept " Kundu " ou " Kindoki " mérite de toute façon une exégèse historique et sociologique : Le Ki-Ndoki, issu de la tradition de l'école Kôngo est une science sacrée et celle d'un langage multidimensionnel de la Lumière, du son, des symboles codes et de l'énergie. Elle est la fondation de toutes les formes d'apprentissage, à la fois en tant qu'art créatif et science d'une grande technicité. Contrairement à ce qui a été propagé comme mensonge au cours de l'histoire coloniale en Afrique sur le Ki-Ndoki, elle est un ensemble d'enseignements qui conduit au renforcement des énergies quotidiennes de la personnalité intérieure qui se nomme " Kimuntu " en Kikôngo.

Dans son *Dictionnaire kikôngo-français,* Karl Laman stipule que : " On croit généralement que le mot *ndoki dérive* du verbe *loka*, qu'on assimile à tort au verbe maudire (*singa*). Cependant, cette croyance ne se justifie pas du point de vue grammatical. En *kikôngo* on forme le mot qui désigne la personne faisant l'action du verbe en ajoutant " n' " devant l'infinitif du verbe et en remplaçant la terminaison a par i, sauf pour les verbes monosyllabiques et ceux commençant par " f ", " c ", " w ", " p " ou " b " Du verbe *loka* (prier en mettant en garde) provient le mot *n'loki* (celui qui prie en mettant le malfaiteur en garde) et le mot *ndoki*, comme terme désignant celui qui fait une action, doit provenir du verbe *doka*.

Mais ce verbe a perdu sa place dans la plupart des langues énergétiques Kôngo et dans l'un d'eux, le *kibembe*, il a même pris le sens de " maudire ". Cet état de choses, nous osons le croire, est dû au fait de l'assimilation du mot *ndoki* à sorcier par les colons.

L'activité essentielle du sorcier étant de maudire, ainsi par assimilation ignorante, les mots *doka* et *ndoki* ont pris respectivement les sens de maudire et de celui qui maudit. Cependant on peut encore retrouver le vrai sens du mot *ndoki* en se référant aux mots de la même famille et en examinant le système d'éducation précoloniale. L'éducation en Afrique précoloniale comportait trois phases symbolisant : la mort, la vie avec les " esprits " et la résurrection. La première phase consistait à soumettre les émotions négatives et la volonté humaine. On soumettait l'initié à des épreuves douloureuses comme la circoncision. On l'exhortait alors à faire montre de courage, d'endurance et d'héroïsme. Dans la seconde phase, symbolisant la vie avec les " esprits ", l'initié apprenait les enseignements secrets, c'est la phase d'instruction exprimée par les mots

" *kindokila* ", *le* claquement de deux doigts en demandant la parole. Un proverbe *Kôngo* dit : " *kindokila mumbuesa diela* " (qui pose des questions accroît l'intelligence de plusieurs personnes) [187]*dokidika* = instruire. D'où on tire : *kidokidika*, qui veut dire s'instruire et *kidokidiki* qui est une variante de *ndoki* dans le sens de " celui qui s'instruit ". On trouve plusieurs paires de ce genre en *kikôngo*. Exemple :

- obstruer = *kaka* ; *kakidika*
- déposer = *lumba* ; *lumbidika*[188]

D'où l'on tire :

- *n'kaki* = *kikakidiki* = celui qui obstrue
- *n'lumbi* = *kilumbidiki* = celui qui dépose
- *n'doki* = *ndoki* = *kidokidiki* = celui qui s'instruit

Doka = inculquer ; d'où on tire *n'doki*, celui qui inculque ; l'instructeur.

Dans la troisième phase, symbolisant la résurrection, l'initié ayant abandonné une personnalité vile est maintenant né de nouveau ; ses connaissances se sont étendues. Fukiau écrit : " Ceux qui entraient au Buelo étaient fardés de chaux tout autour de leurs yeux en signe d'augmentation de la vue ou de la clarté ". Le verbe " *doka* " vu sous l'angle de tout ce développement inclut les concepts de la soumission, de la persuasion, de l'instruction et de l'extension de la portée des sens. Ce verbe veut dire : recevoir l'instruction qui permet de soumettre une personnalité vile en vue de réveiller ou d'étendre les facultés subtiles. De ce verbe provient le mot " *n'doki* " que l'usage a transformé en " *ndoki* " et du mot " *ndoki* " provient " *kindoki* ".

Le mot " kindoki " qui aujourd'hui désigne un sorcier malfaiteur en Kikôngo, se réfère donc aux trois phases de l'éducation initiatique. Le mot *ndoki* désigne celui qui par une discipline rigoureuse a mis les rênes à ses émotions négatives et par la volonté humaine et par l'instruction aux mystères et par leur mise en pratique s'est élevé à une personnalité nouvelle nantie des facultés subtiles éveillées ou étendues. Un *ndoki* est un brave, un sage, un puissant, quelqu'un sur qui la société peut compter pour sa protection, son épanouissement et le maintien de l'équilibre des liens communautaires ; quelqu'un nanti des compétences spirituelles, intellectuelles et physiques.

Le Ki-Ndoki, désigne donc les facultés et le savoir par l'Initiation de celui qui a réussi à étendre sa Conscience (Multidimensionnelle) et à développer ses sens supérieurs d'après les anciennes pratiques Kôngo. Bien que certaines personnes puissent bien évidemment utiliser le Ki-Ndoki comme ensemble des techniques à des fins maléfiques, celui-ci ne doit pour autant être réduit

---

[187]J. Bahelele ,1948, Kinzonzi ye ntekolo andi Makundu, Matadi, p.62.+
[188]   J. Van Dyck, F.S.C, Vocabulaire kiKôngo-français, Tumba.

exclusivement à cet usage (ne confondons pas celui qui utilise la science et la science utilisée). La science sacrée multidimensionnelle (le Ki-Ndoki) est donc utilisée à la fois pour enseigner, guérir et même, servir de structure à partir de laquelle on peut créer des manifestations. Avec le Ki-Ndoki, on peut aussi déchiffrer les codes, affronter des calamités grâce aux techniques de méditation multidimensionnelle (Sambila ou les cérémonies qui seront appelés "Bila" dans la colonie de Saint-Domingue).

Quand les Bakôngo arrivèrent à Saint-Domingue, les rencontres entre esclaves pour se souvenir et préserver leurs traditions furent sous la direction des maitres du Kindoki, ceux que Pierre Pluchon appelle par "*Sorciers, Vodoo et empoisonneurs de Saint-Domingue*". Ce sont ces sorciers qui vont marquer la période pré-révolutionnaire et jeter la fondation spirituelle et matérielle de ce qui sera la Révolution Haïtienne qui va accoucher la République d'Haïti. Ce sont également ces sorciers qui vont jeter les bases d'une religion adaptée à leur nouvelle société, et cette religion est aujourd'hui nommée "Vodou Haïtien".

Mais malheureusement, il y a très peu de recherches sur le rôle des esclaves Kôngo dans la colonie de Saint-Domingue durant la période pré-révolutionnaire. J'espère que notre étude sera une contribution, aussi petite qu'elle puisse être, pour susciter le besoin, sinon l'envie d'avancer dans cette direction, et participer ainsi à rétablir la vérité historique sur tout un pan, socle fondateur, de l'histoire et de l'identité de la nation haïtienne.

Avec le poids inexprimable du catéchisme colonial, les Africains en servitude dans Saint-Domingue se sont réfugiés dans les rituels africains pour trouver un espace afin de répondre à ce poids effroyable et lamentable. Robert Farris Thompson n'avait-il pas dit que "*L'ancêtre éponyme Na Kôngo, le souverain du Kôngo dia Tuku était un grand féticheur qui préparait des talismans originels dans un récipient de terre, placé sur trois pierres du dessus de feu*". La présence des Kôngo dans Saint-Domingue est puissamment révélée par les documents historiques à travers leurs sorcellerie et magie.

II.3/A- *MARIE CATHERINE KINGUÉ : UNE SORCIÈRE KÔNGO DANS LA COLONIE DE SAINT-DOMINGUE*

Marie Kingué ou Marie Catherine, était une esclave africaine de la colonie de Saint-Domingue, originaire du royaume Kôngo[189]. Pierre Pluchon[190], parlant de Marie Kingué disait, qu'elle était une esclave de nation Congo qui s'attribuait une puissance surnaturelle : "*La nommée Marie Catherine dite Kingué, négresse, esclave du ou d'un sieur Caillon, dit Belhumeur, habitant au quartier de Port Margot, avait pris un ascendant si étonnant sur l'espèce des nègres, et même sur celle des têtes faibles parmi les blancs, qu'elle leur faisait croire que les absurdités les plus*

189La nommée Marie Catherine, dite Kingué... ", " (1785 ?), AN, 27 AP 12, Archives privées, Fonds François de Neufchâteau, folder 2.

190Pierre Pluchon, 1987, Sorciers, Vodou et Empoisonneur de Saint-Domingue, Paris, Karthala, p. 223-225-228.

dégoûtantes étaient des faits incontestables ". En septembre 1785, dans une adresse[191] au procureur général du Cap Français, on dénonçait un " *monstre* " qui était une négresse dénommée " Kingué " qui était capable de tuer et de ramener à la vie, de combattre toute sorte de maladies ; et qu'elle était, aux yeux des esclaves, une divinité. Marie Kingué avait une renommée qui dépassait toute la province du nord. Elle vendait des talismans, distribuait des fétiches et faisait aussi de la médecine. Elle vivait avec un nègre nommé Polydor. Marie Catherine Kingué était révérée comme Dieu par les noirs et elle subjuguait les blancs qui portaient ses talismans.

II.3/B- DON PEDRO :

Don Pedro est un grand sorcier dans les annales de l'histoire de la colonie de Saint-Domingue. Certains documents le nomment Don Juan Felipe (Jean Philippe) Pedro alias Don Pedro, francisé en " Dom Pedre " ; " Pedro " a fini par être francisé en " Petro ". Moreau de Saint Mery nous a rapportés que Don Pedro était un nègre de Petit Goâve, dans la partie sud de la péninsule ; s'était un personnage qui avait des pratiques superstitieuses, courant les années 1760. Il avait transmis aux noirs l'idée d'une danse où les mouvements sont précipités, et pour lui faire produire encore plus d'effets, les nègres mettaient dans le tafia[192] qu'ils buvaient de la poudre à canon bien écrasée, assaisonnée avec de l'alcool de canne à sucre. Cette danse causait la mort à des nègres. Cette fameuse danse appelée danse à Don Pedro dira t-on, va donner naissance à un rituel dit rite " Petro ", transformant la voyelle " D " en " T ". Le rite Petro était-il donc au départ une danse ? Il est plus logique de considérer que le rite Petro se nommait Lemba et que Don Pedro ne l'aurait que développé et ce rituel finira par s'appeler " Rite Petro-Lemba ". Gasner Joint, que nous avons précédemment cité a certainement eu raison de déclarer que Don Pedro n'est pas le fondateur du rite Petro aussi dit " Petro-Lemba ". Ce dernier ne l'a que développé et son influence a fait précéder son nom francisé " Petro " devant le nom original qui est " Lemba ", pour finalement donner " Petro-Lemba ". L'ethnographie du rite Petro est sans conteste le rituel du Lemba du Kôngo et nous le verrons dans nos études sur le vodou et la cérémonie de bois caïman.

Don Pedro était un redoutable prêtre Vodou, habité par un esprit malfaisant et bienfaisant. Selon Drouin de Bercy, Don Pedro est classé parmi les magiciens les plus dangereux de toute l'histoire d'Haïti. Dans son livre publié en 1806, Michel Descourlitz, ainsi que les écrits laissés par Alfred Metraux, nous rapportent que Don Pedro avait la capacité de tout voir avec ses yeux, en dépit de tout obstacle matériel ou à n'importe quelle distance ; il voyait même à travers les murs. Il voyait donc à la fois l'intérieur et l'extérieur des objets physiques. L'espace et la matière n'existaient pas pour lui, comme obstacle. Dans le vodou d'aujourd'hui, Don Pedro est un Dieu puissant, généralement salué par les détonations de poudre à canon. Le nom de Don Pedro, qui est précédé de Don ou Dom, nous rappelle les notables du Royaume Kôngo, dont les noms commençaient par Don ou Dom, depuis la rencontre du Royaume de Kôngo avec le Portugal.

---

191 Lettre de " M " à François de Neufchâteau, procureur général, 03 septembre, AN, 27 AP, 12, Archives privées, Fonds François de Neufchâteau, folder 2.

192 Le mot tafia désigne l'alcool brut de la canne à sucre.

II.3/C- FRANÇOIS MAKANDAL (MAKANDALA)

La période pré-révolutionnaire à Saint-Domingue a été prédominée par des esclaves fugitifs qui se cachaient dans les montagnes et organisaient des raids la nuit pour brûler les plantations et exécuter les blancs. Cette attitude fut la riposte de choix des populations asservies. Ce sont les esclaves Kôngo qui vont se distinguer dans le marronnage (La fuite). La prédominance des Kôngo dans le marronnage est attestée par le journal et les affiches américaines qui tenaient dans la colonie de 1764 à 1793. Un registre du compte des nègres partis marrons et du décompte des marrons arrêtés. Ainsi donc, les Kôngo occupaient-ils toujours le sommet de la liste des fugitifs[193]. Parmi ces fugitifs, le plus grand personnage, véritable clé et bouc émissaire de l'idéologie révolutionnaire sera le personnage de François Makandal. Makandal était le leader des fugitifs des plantations du nord de Saint-Domingue, leader vaudou et Mentor de la Confrérie des empoisonneurs que les colons dénommaient " Assassins " de Saint-Domingue.

Makandal fut un ancien esclave de la plantation de Limbé, appartenant à Lenormand de Mezy, l'un des plus grands propriétaires de plantation de l'île. Les archives coloniales décrivent Makandal comme étant originaire de la Guinée. Le mot " Guinée " était un terme générique utilisé pour désigner le continent Africain. Plusieurs historiens, dont John K. Thornton ont affirmé avec évidence que Makandal était Kôngo[194], ainsi que l'anthropologue Mark Davis[195] et bien d'autres. Pour l'anthropologue Wyatt Mac Gaffey[196], le nom de Makandal était un titre spirituel de la région du Mayombe (situé dans le Loango et le Kôngo). Nous disons oui, c'était un titre spirituel, ce titre spirituel était selon certaines traditions, symbolisé par une " grande main ", pour représenter une autorité politique ou un chef spirituel qui avait franchi les cinq étapes de l'initiation en devenant une grande main ayant ainsi le pouvoir de se transformer en tout ce qu'il veut.

Pour David Patrick Geggus, le nom de Makandal vient de "Makonda", de "Mbumba makonda", le nom d'une divinité Kôngo. Nous disons non, car le passage de la phonologie de " Mbumba Makonda " à " Makandal " ne nous est pas expliqué par Geggus, selon les règles de la linguistique. Néanmoins, Geggus a raison de considérer Makandal comme étant un sorcier, un " bòkòr " comme on dit en créole haïtien.

Christina Mobley explique que le nom Makandal vient du mayombe (ancienne province Mayombe du Loango, vassal et voisin du Kôngo). Pour Mobley, "Makanda" est utilisé pour faire allusion à un fétiche enroulé dans un paquet qui contient des restes d'animaux et de végétaux ou minerais. Le mot " Makanda " désignerait la feuille qui enveloppe le fétiche. Cette feuille est large comme la paume de la main (Kanda). Nous disons non, parce que Mobley n'explique pas le passage de " Kanda " en " Makandal " selon les lois de la linguistique. Le passage de la phonologie de " Kanda " en " Makandal " n'est pas possible selon les lois de

---

193 Jean Fouchard : " Toussaint Louverture avant 1789, légendes et réalités ", article paru dans la revue de l'Institut français d'Haïti *Conjonction*, n° 134 (1988)

194 Linda Heywood, 2002, Central Africans and cultural transformations in American diaspora, Cambridge university press, p. 250.

195 Mark Davis: "Macandal, "The Greatest Unknown History of History: www.macandal.org, Undergraduate Paper on Macandal, 1997, site visité le 10 October 2017.

196 Wyatt Mc Gaffey, 2000, Kôngo political culture, Indiana University Press, p. 13.

l'économie linguistique. Carolyn Fick[197] qui a émis l'hypothèse que le nom " Makandal ", viendrait du village " Makanda " dans le Loango, n'a pas non plus soutenu un argumentaire scientifiquement plausible (linguistique et science du langage). En science du langage, on va du compliqué au simple et non du simple au compliqué. Même, le passage de " Makanda " (Hypothèse Fick) en " Makandal " serait difficile. L'ajout de la voyelle " L " ne s'explique pas, mais c'est plutôt la perte de la voyelle " L " qui pourrait s'expliquer.

L'économie linguistique est une analyse qui permet de partir d'un mot difficile ou encore un mot maximum, vers un mot minimum, mais un mot minimum ne peut jamais devenir maximum. " Kanda " ne peut pas devenir " Makandal ", mais " Makandal " peut devenir " Kanda ", car il y a la chute d'un segment, qui est " L ". C'est ce qui s'appelle en linguistique, le phénomène de la troncation. Par exemple, " Télévision " devient " télé " et " Faculté " devient " Fac ". Mais " télé " ne peut pas devenir " télévision " (…), donc une fois de plus " Kanda " ne peut pas devenir " Makandal " comme nous le dit Mobley.

Christina Frances Mobley a faussé son interprétation. Mais le fétiche que Mobley évoque est bien réel. Les Lifunda des cérémonies Mayombé ou Bila sont réels en tant que " Nkisi " et fabriqué par Makandal dans des sacs dits " Funda " et par d'autres féticheurs Saint-Dominguois durant des cérémonies appelées Mayombé ou Bila.

Dans les archives d'Haïti, il est écrit " Macandal ". Le phonème " K " s'est francisé en " C " et l'anglicisation de " Makandal " donne " Mackandal " et " Mackendal ". Le phonème " K " s'est anglicisé en " CK " et " A " qui vient après " K " devient " E ".

L'hypothèse la plus vraisemblable sur la signification du nom Makandal nous est donnée par Raphaël Batsikama[198] qui nous informe que le nom Makandal vient de " Makandala " qui désigne une catégorie de prêtres dont l'une des prérogatives est de sacrer les autorités et cette version semble être la plus appropriée, car la plupart de nos sources orales rapportent la même chose.

Le père Lamal[199] nous a également parlé des Makandala (Prêtres) dans le pays Kôngo. La transformation de " Makandala " en " Makandal " est explicable selon la science du langage (linguistique).

Pour Auguste Miabeto[200], oraliste et spécialiste de la tradition orale Kôngo et de la langue Kikôngo, le changement de " Makandala " en " Makandal " s'explique à cause des locuteurs d'une langue autre que le Kikôngo (Le français) qui ont fini par prononcer " Makandal " en perdant la voyelle finale " A ". " Makandala " est devenu " Makandal ". Miabeto nous cite un exemple " Mundzila " devient " Dzil " en Kibembe (dialecte Kikôngo) et " Mundzil " en Kivili (dialecte Kikôngo du loango). Il y a eu amenuisement de la voyelle finale " A ". Le Professeur François Lumwamu, linguiste et dialectologue, spécialiste du Kikôngo[201], nous a renchéri qu'il ya eu une perte de la voyelle finale " A ", à cause de la francisation de " Makandala " qui a fait

---

197 Carolyn Fick, 1990, The making of Haiti: The Saint-Domingue révolution from below, University of Tennessee press, Knoxville.

198 Raphael Batsikama, 1999, L'ancien royaume du Kôngo et les BaKôngo, l'Harmattan, p.34.

199 F, Lamal, 1965, Basuku et Bayaka des districts Kwango et Kwilu au Congo, Musée royal de l'Afrique centrale, Tervueren.

200 Entretien avec Auguste Miabeto, oraliste, spécialiste de la tradition orale Kôngo, le 22 janvier 2017 à Brazzaville (Congo).

201 Entretien avec François Lumwamu, le 05 mars 2017 à Brazzaville (Congo).

tomber le " A " final, pour produire " Macandal ". Le son " C " est la francisation du son Kikôngo " K "

Makandala, en tant que grand prêtre, avait atteint l'équilibre spirituel comme les Mani (Chef de province au Kôngo comme au Loango). Le préfixe de " Ma " trouve son origine en Égypte ancienne, comme la religion Kôngo elle-même. " Ma " qui a le même sens que " Mani et Mwene " tirent leurs origines du titre pharaonique de " Mni " avec le pharaon Narmer, un titre qui traduisait l'atteinte de la " Maat " (équilibre suprême et pouvoir religieux). Aboubacar Moussa Lam[202] rapporte que le titre de " Mani " au Kôngo avait une origine égyptienne, depuis le premier Pharaon " Mni " ou " Menes ". En Égypte, à l'époque prédynastique vers 4000 –3500 av. J.-C., au moment où l'état égyptien n'était pas encore uni entre haute et basse Égypte. Le concept de pouvoir religieux " Maat " existait déjà. Ce mot a cinq dimensions, parmi lesquelles la dimension cosmique par laquelle on est en coexistence avec le soleil, les étoiles, la lune (...). Dans cette dimension on est fils de Dieu, du soleil, et la dimension divine qui est la dimension où on devient un Dieu. Cette dimension apporte à l'homme l'immortalité et la lumière cosmique. " *Makandal disait qu'il était immortel* ".

En Égypte et au royaume Kôngo, l'homme ne meurt pas, mais devient une partie de la dimension cosmique de l'univers. L'équilibre spirituel " Maat " est l'état où on devient un Dieu, ce concept se retrouve aussi dans le livre des morts, le livre sacré de l'Égypte antique. Le livre des morts est le plus ancien livre sacré illustré dans toute l'histoire universelle des religions[203].

François Makandal était à la tête d'une très grande conspiration qui visait à tuer tous les blancs de Saint-Domingue en les empoisonnant, un génocide de la race blanche de Saint-Domingue, autour des années 1753. Makandal avait réuni toutes les communautés d'esclaves fugitifs du nord d'Haïti. Les Évangiles de Makandal étaient basés sur la destruction de la société coloniale de Saint-Domingue. Il possédait une bande de milliers de fugitifs armés de poisons et sans armes à feu, pour combattre des Européens armés de fusils et autres machines de guerre.

Il disait s'être inspiré de Dieu pour créer un royaume ou un état indépendant, en exterminant tous les blancs, en devenant le chef de Saint-Domingue. C'est à travers cette idéologie que se trouve la genèse même de ce qui deviendra la république haïtienne qui est une paternité de François Makandal : " *le créateur m'a envoyé à Saint-Domingue pour opérer la destruction des blancs et donner la liberté aux nègres* ", disait-il. Makandal se faisait appeler le messie noir, et prophétisait sans cesse que Saint-Domingue sera dirigé par des noirs. Aucun noir et mulâtre n'a eu à prophétiser comme Makandal que la puissance coloniale sera ébranlée par les esclaves.

Makandal était un grand féticheur, il fabriquait des talismans et des poisons, il était très consulté à Saint-Domingue pour résoudre les problèmes quotidiens tels les maladies, protections. Makandal fabriquait des fétiches pour être rapide, anti-balle ou pour ensommeiller le maitre d'esclaves. Il fabriquait des " Nkasa ou Brulungo "[204], une substance qui permettait de détecter quelqu'un qui était sorcier. On faisait manger cette substance à quelqu'un, si la personne

---

202 Aboubacry Moussa Lam, 1994, Le Sahara ou la vallée du Nil ? Aperçu sur la problématique du berceau de l'unité culturelle de l'Afrique noire, Dakar, Ifan, p.91.

203 Papyrus D'Ani, conservé au British Museum sous le numéro de code bm.104.70 ou Sarcophage de la Reine Mentouhotep, XIIIe Dynastie garder à Berlin. Lepsius Aelteste Texte Bi.5.

204 Linda Heywood, 2002, central African and cultural transformation in American diaspora, Cambridge University Press.

succombe cela veut dire qu'il est sorcier, s'il survit ou vomit cela veut dire qu'il est innocent. Le mot " Nkassa ou Brulungo " est toujours présent dans la tradition orale des Kôngo en république du Congo ainsi qu'au Congo démocratique, même chez les Bakôngo de l'Angola. Le Nkassa est un poison d'épreuve dans la société Kôngo " Le Ngola Nkasa ", l'écorce de Nkasa (Erythrophleum guineense), c'est une écorce extirpée du cœur des bananiers en putréfaction, environ 2 litres de jus, mélangé dans une coupe de bois.

Le professeur Obenga[205], a confirmé l'existence de l'épreuve judiciaire du " Nkassa ", en pays Kôngo " *Il y a au Congo, un certain bois appelé " Njassa, Nkassa* ", un grand arbre à bois dur, c'est aussi le nom de l'écorce de cet arbre. On l'écrase et on la mêle à l'eau pour en faire du poison. Le bois était réduit en poudre et puis arrangé comme une pâte et on la donnait en bouchée ou dans des boissons à ceux qui sont suspects, en vue de découvrir la vérité cachée.

Selon Pierre De Vaisiere[206], Makandal était en mesure de prédire le futur, il était parvenu à fanatiser les esclaves, qui l'approchaient en étant à genoux. Les esclaves du nord d'Haïti s'honoraient d'être au service de sa cause et il comptait des agents dans tous les points de la colonie. Il leur avait imprimé une telle terreur et un tel respect qu'ils se faisaient un honneur de lui rendre un culte qu'on ne doit qu'à la divinité. On prétend que Makandal se " dédoublait ", disparaissait et se transformait en animal de toute sorte et pouvait être vu d'un endroit à l'autre au même instant. Le père Van Wing,[207] dans son " Études Bakôngo ", nous informe que chez les Kôngo, les hommes se transforment en bêtes, les sorciers se changent en animaux minuscules, ainsi trouve-t-on d'après la croyance des Bakôngo, des personnes qui peuvent se métamorphoser en animaux de grande taille, léopard, crocodile python (...). La métamorphose s'opère à partir d'un fétiche qui s'appelle " Kitu di Ngo ", " Kitu di Ngandu ". Dans le district de Vindza au Congo Brazzaville, a vécu un notable du nom de Ta Kôngo Dia Moukouba et on raconte qu'il se transformait en crocodile, les enfants qui se lavaient dans la rivière principale apercevaient souvent un gros crocodile et on savait que c'était Ta Kôngo. Le Père Jérôme de Montesarchio, un prêtre capucin ayant rencontré le Roi Makoko du Royaume Téké, un vassal du Royaume Kôngo avait dit, " *j'ai rencontré le Roi Makoko, l'homme qui a le pouvoir de se transformer en tout ce qu'il veut* ". Dans la société sécrète haïtienne Bizango, une société sécrète du culte vaudou de tradition Kôngo, la tradition populaire haïtienne raconte que les membres ont le pouvoir de se dévêtir de leur peau humaine et d'adopter toute autre forme de leur choix, le plus souvent celle d'un animal volant ou rampant. Bizango est le nom d'un nègre lié à Makandal, avec la réputation de sorcier.

Les deux hommes de main de Makandal se nommaient Teyselo (qui vient du portugais terceiro) et son deuxième homme de main se nommait Mayombe un nom qui nous rappelle la forêt du mayombe de l'ancien royaume de loango, vassal du royaume Kôngo. Il existe aussi un sous-groupe Kôngo que l'on appelle Bayombe ou les Yombe, un Muyombe, présent au Royaume de Loango, Kakôngo, Ngoyo et la province Kôngo du Nsundi. Les deux patronymes des collaborateurs de Makandal nous ramènent dans la région du Kôngo et du Loango. Les

---

205 Théophile Obenga, 1974, Afrique centrale pré- coloniale, Présence africaine, p. 22.

206 Pierre de Vaisiere, 1909, Saint-Domingue : La société et la vie créoles sous l'ancien régime, 1629-1789, Paris, Perrin, p.236-237.

207 Joseph Van Wing, 1959, Études BaKôngo, Desclee de Brouwer, Bruxelles, p.373.

patronymes des deux acolytes de Makandal, sont l'un des indices des origines ou de l'influence des origines de ses pratiques, situées dans la région du Kôngo-Loango.

Christina Mobley a situé les origines de Makandal, dans la région du Mayombe chez les Yombe, qui faisaient partie d'une province du Loango, voisin du Kôngo. Cette hypothèse est vraisemblable, d'autant plus que les pratiques de Makandal sont associées au rite Petro-Lemba dont le berceau est en pays Yombe et Sundi.

Il serait encore plus aisé de souligner que les Yombe étaient également dans la province du Nsundi (Royaume Kôngo). Le professeur Obenga[208] qui a étudié l'Afrique Centrale pré-coloniale dite des Yombe qu'ils parlent un dialecte Kikôngo : "*Les Yombe se rencontre aussi bien au Cabinda, au Congo, qu'au Zaïre (Congo démocratique)... ils partagent la région du Bas Congo (actuel Kôngo central du Congo démocratique) avec les Dondo, Manyanga...*". L'étude d'Obenga montre que le centre du pays Yombe était dans la province du Nsundi (royaume Kôngo), notamment à Kimbenza dans l'actuelle province du Kôngo central de la République démocratique du Congo et aussi dans l'actuelle ville portuaire de Matadi, sur les terres de l'ancienne province du Nsundi (Royaume Kôngo). Les Yombe étaient également présents dans le royaume de Ngoyo et Kakôngo, des états vassaux du Kôngo. Il serait trop hâtif d'affirmer que Makandal serait originaire de la province du Mayombe du Loango, comme l'affirme Mobley. Le mot " Yombe " vient de " Mayumbu " ou " Yombo " qui selon le père Lamal équivaut aux " forges ", aux " fourneaux "[209]. C'était une région du travail de la forge. Le mot " Mayombe " n'aurait pas existé sans la présence des forges. Le grand travail de la forge était dans la province du Nsundi (Royaume Kôngo). Olfert Dapper nous a informés que les habitants du Loango se rendaient dans la province Kôngo du Nsundi pour fondre le cuivre, qu'ils ramenaient sur la côte. Un témoignage confirmé par Andrew Battell.

Gervais Loembe[210] déclare d'ailleurs : "*Au sein des Kôngo, se distingue, la corporation des forgerons dit " Sundi ", ils vont jouer un rôle civilisateur dans toute l'histoire culturelle et politique de l'Afrique Centrale et Australe... " Mu sundji " veut dire forgerons. Ces forgerons viennent du Vungu, situé dans la zone du Mayombe*".

La zone du Mayombe comprenait aussi bien le Kôngo et le Loango. Les Yombe du Loango, du Kakôngo ou du Kôngo avaient les mêmes pratiques. Nous disons que notre Makandal était un Yombe du Nsundi (Royaume Kôngo) ou du Ngoyo, Loango ou Kakôngo. C'était un Bakôngo (Beshikôngo). La thèse de doctorat de Mobley s'est intitulée à tort " Du Mayombe en Haïti ", il serait plus raisonnable de s'intituler " Du Kôngo en Haïti ".

Makandal et ses compagnons avaient empoisonné près de 6000 blancs, un véritable génocide de la race blanche, à travers une organisation très puissante et sans armes à feu[211]. Après au moins plus de 10 tentatives de captures, Makandal fut capturé lors d'un calenda (tam-tam d'esclaves),

---

208   Théophile Obenga, 1977, Le Zaïre : Civilisations traditionnelles et cultures moderne, Présence Africaine, p.202-203.
209 Lamal, 1965, opcité, p. 88.
210 Gervais Loembe, 2017, Parlons Vili (…), L'Harmattan.
211 Ils furent armés du poison, mais selon le professeur Phillip Lerebours, le rôle du poison dans la Révolution Haïtienne, n'a jamais fait l'objet d'une étude (Entretien téléphonique avec le professeur Philippe Lerebours, le 18 septembre 2017).

sur la plantation Dufresne à Limbé, au nord de Saint-Domingue[212], jugé à cap français par le juge Jacques Courtin.

Il fut brulé vif, à 17 h de l'après-midi, par arrêt du conseil du cap le 10 janvier 1758 à cap français. Des témoignages rapportent que Makandal s'était transformé en oiseau, ou en moustique selon la version la plus répandue. Il s'était envolé des flammes et ensuite revenu au nord d'Haïti sous une autre forme.

Heinl nous a rapporté que Makandal aurait prédit qu'il se transformera en moustique mortel, pour revenir attaquer la colonie. Dans le même sens, Mark Davis, parle d'une vague massive de moustiques qui ont amené la fièvre jaune sur l'île de Saint-Domingue durant la révolution autour des années 1794, tuant près de 30 000 soldats britanniques et français qui voulaient reprendre Haïti aux révolutionnaires : " *C'est l'une des raisons majeures du succès des noirs qui a abouti à la première République noire de l'humanité* ".

L'historiographie coloniale, qui n'avait pas intérêt à relater les prouesses de Makandal, nous a rapporté ce qui suit : " *Il a fait des hurlements effroyables, mais il a fait des efforts si prodigieux et si supérieurs aux forces de l'homme que le collier et la chaine se sont détachés du Poteau, en sorte qu'il s'est sauvé du feu le corps en partie brulé[213]* ". Après l'exécution de Makandal, le juge Jacques Courtin avait rédigé un mémoire sur le fétichisme de Makandal, ce rapport avait été édité par Pierre Pluchon.[214]

Le juge Jaques Courtin rapporte d'après l'ouvrage de Pluchon : " *les ingrédients des fétiches de Makandal étaient composés de la terre prélevée dans des cimetières, mélangés avec des herbes, mélangés avec des ongles, des racines du bananier et du figuier, de l'eau bénite, du pain bénit et de l'encens, le tout enveloppé dans un tissu* ". Il y avait donc des pratiques catholiques dans les cérémonies de Makandal. Ce qui précède écarte toute étiquette qui le considérait comme étant un musulman. Le fétiche le plus connu fabriqué par Makandal est aujourd'hui appelé "*paquets Kôngo* ". Les pratiques, le matériel fétichiste et la médecine herbale de Makandal sont essentiellement un fétichisme Kôngo. Le personnage de Makandal a inspiré le reste des révolutionnaires haïtiens, véritable héros national d'Haïti. Makandal mort, les empoisonnements ne cessent pas et les autorités doivent réglementer jusqu'aux enterrements de nègres : Défense est faite à tout habitant d'organiser les assemblées et cérémonies superstitieuses que certains esclaves ont coutume de faire à la mort de l'un d'entre eux, et qu'improprement ils appellent prières... Défense fut faite pareillement aux esclaves de circuler dans les grands chemins ou dans les villes et bourgs avec des bâtons ferrés ou à grosse tête.

Beaucoup plus tard après la mort de Makandal les féticheurs haïtiens se faisaient appeler par " Makanda ". Aujourd'hui en Haïti, le mot Makanda sert à désigner un sortilège, une pratique liée à la sorcellerie en créole haïtien. Le personnage de Makandal est la figure emblématique du sorcier. Laennec Hurbon[215] a insinué que le nom de Makandal est resté attaché aux poisons, aux talismans et à certaines cérémonies où l'on fabrique en grand secret des substances magiques.

---

212 Jean Fouchard, 1972, Les Marrons de la liberté, Éditions de l'école.
213 Pierre Pluchon, 1987, opcit, p. 294.
214 Pierre Pluchon, 1987, Vodoo, Sorciers et Empoisonneurs de Saint-Domingue, Paris, Karthala, p. 208 et 219.
215   Laennec Hurbon, 1993, Les mystères du vodou, Gallimard.

Dans les cérémonies vaudou de baron Samedi, le tout puissant maitre des morts, Makandal est considéré comme " papa loa " (Grand esprit) et chanté aujourd'hui dans le culte vaudou.

Makandal est considéré comme étant le maitre du feu et du poison, il a terrorisé Saint-Domingue, ses ordres ont mis des plantations à feu et ont ébranlé les maitres d'esclaves. Makandala est l'auteur du plus terrible fléau qu'est connu Saint-Domingue : le poison. L'idéologie de Makandal a engendré des bandes, matrices indispensables pour la liberté et l'indépendance.

François Makandal, symbolise la résistance au système esclavagiste, son histoire se passe près d'un demi-siècle avant la grande révolte des esclaves de la plaine du Nord, mais son nom témoigne la détermination des noirs de Saint-Domingue de vivre libres. Lors de la commémoration du 250e anniversaire de la mort de Makandal à New York (États-Unis d'Amérique), il a été peint comme une figure emblématique de l'histoire, pour avoir passé plus de dix ans à combattre l'esclavage avec un succès éclatant. C'était un brave homme, dans toute l'acception du terme, il avait l'art de monter des coups contre les forces colonisatrices et en faveur des masses opprimées.

Le 250e anniversaire de sa mort n'a pas laissé indifférente la communauté haïtienne de New York. Cet anniversaire fut un regard sur l'ancêtre de la rébellion haïtienne : " *Nous placerons l'action de Makandal dans une perspective historique. Nous ferons le point sur son leadership, sa philosophie révolutionnaire, son savoir mystique, son adresse organisationnelle, sa psychologie de masse et sa façon d'instrumentaliser la culture au service de la révolution* ", averti d'entrée de jeu Dr Frantz Antoine Leconte, invité d'honneur à la commémoration du 250e anniversaire de la mort de ce combattant de la liberté. Faisant office de spécialiste de Makandal, M. Leconte a stipulé " ... *Tout le secret de l'épopée de 1804 se trouvait là, avec sa forme dynamique et ses phénomènes incontournables les plus complexes* ". Makandal a déclenché la seule révolte d'esclaves réussie dans le Nouveau Monde, que les superpuissances, telles que la France, l'Espagne et la Grande-Bretagne ont été incapables de supprimer.

Mark Davis a considéré Makandal, comme étant l'un des plus grands noirs de l'histoire, l'un des plus grands révolutionnaires de tous les temps et de toutes les races, auteur de la plus grande histoire méconnue de l'histoire. La révolution de Makandal est unique dans toute l'histoire de l'humanité à cause de sa dévotion à l'abolition de l'esclavage. L'influence de François Makandal ne peut être niée dans la mise en œuvre de la stratégie tendant vers l'indépendance d'Haïti. Makandal était plus grand que Toussaint Louverture et aussi plus grand, qu'Alexandre le Grand. Il est le plus grand des grands révolutionnaires des Amériques, le véritable " Grand précurseur ".

II.3/D- EMPEREUR BAKALA BIZANGO BAZIN Ier:

L'empereur Bakala Bizango Bazin fut le cousin germain de Makandal. Bizango est présenté comme étant un tailleur et un grand sorcier dans l'histoire de la colonie de Saint-Domingue. Dans les annales de la colonie de Saint-Domingue, Bakala Bizango est considéré comme étant, l'un des premiers héros mythiques des Rebellions contre la servitude des travaux de plantation sucrière. " Bakala " est un mot Kikôngo qui désigne " l'homme " et " Bizango " est le pluriel de " Zango " qui désigne les battements des mains. " Bakala Bizango " est donc " Un homme qui bat les mains ". Le " Zango " est aussi un sport féminin pratiqué au Congo et qui consiste à battre les mains. Bizango était- il, un frappeur ou un genre de boxeur physique ou spirituel ? Un sorcier qui frappait certainement la nuit ? En créole haïtien " Bakala " est un petit diable que l'on a dompté et que l'on peut se servir ou domestiqué à sa guise.

Bakala Bizango était empereur d'une société secrète (groupe de sorciers) aujourd'hui appelé par son nom " Bizango ", dans la Plaine du Nord haïtien. Son titre d'empereur nous fait la peinture de son rang dans un groupe s'adonnant à la magie et à la sorcellerie, comme aliment pour combattre le poids des souffrances infligées par les esclavagistes européens. Bizango a donné son nom à des statuettes de la société secrète qui portent son nom (Bizango). Très peu de choses sont connues de ces statues. Ces statues sont liées à des rites nocturnes ; elles sont anthropomorphes, entre 1,30 à 1,50 mètre de taille, enveloppées de tissus cousus de deux seules couleurs qui sont le rouge et le noir. Les fabricants des " Bizango ", héritiers de leur grand maître sorcier et tailleurs de pierre, et bien sûr, féticheurs, ont gardé le savoir-faire traditionnel Kôngo, puisqu'ils utilisent des miroirs, parfois des dents humaines voire des crânes. Les statuettes " Bizango ", comme à la manière des fétiches " Nkondi " des Kôngo, possèdent plusieurs attributs spécifiques, comme un bouclier, une lance, une épée, des cornes, des chaînes (…). En effet, chez les Kôngo, les statuettes et les poupées sont également anthropomorphes comme les Bizango, ce sont des entités spirituelles qui se soumettent au contrôle humain, par l'intermédiaire des rites. Les statuettes possèdent donc, un pouvoir particulier ; ce sont les " Nkisi " ou " Minkisi " au pluriel, qui contiennent des charges magiques appelées " Bilongo " chez les Bakôngo.

Le contenu de la statue est toujours recouvert d'un morceau de miroir. Le miroir permet symboliquement de voir le danger venant de quatre directions.

L'origine de la société secrète Bizango, remonte donc à la période pré-révolutionnaire, où les membres de cette confrérie attaquaient, les habitations des colons la nuit. La société Bizango, héritière du patrimoine mystique de notre empereur, fonctionne comme une institution militaire garante de l'intégrité territoriale d'une région et possède des grades : Capitaine, général (…). Depuis 2007, les statuettes Bizango, sont apparues sur le marché de l'Art et dans les musées, mais leur histoire reste mal connue.

II.3/E- *JERÔME POTEAU, TÉLÉMAQUE CANGA ET NÈGRE JEAN*

En 1770, au nord de Saint-Domingue, précisément à Marmelade, Jérôme Poteau, Télémaque Canga et Nègre Jean, prêchent l'indépendance et organisent le rassemblement des nègres. Ils se réunissaient la nuit et organisaient des cérémonies appelées " Mayombe " qui nous rappellent la forêt du mayombe de la région entre le Kôngo et le Loango, ou " Bila ". " Bila " vient de " Tchibila " un rituel incantatoire des Bakôngo. " Bila ", vient aussi du mot " Yila ", prêcher, faire des prédications, évangéliser. L'ethnographie des cérémonies de Poteaux et ses acolytes sont parallèles à celles de Makandal. Jérôme Poteaux et autres n'ont été que des continuateurs des pratiques de Makandal, qui ne furent qu'une liturgie traditionnelle Kôngo, car au cours de ces cérémonies, Poteau, Canga (...), distribuaient des fétiches semblables aux fétiches de Makandal. Jérôme vendait des fétiches appelés " Mama Bila[216] ", une pierre contenue dans un sac appelé " Funda (Difunda) " un sac rouge et noir ; ce sac était attaché sur un bâton appelé " Mayombo ",

---

216   Linda Heywood, 2002, Central Africans and cultural transformation in American diaspora, Cambridge University press, p.252.

ce bâton avait des cavités remplies d'une poudre blanche et du piment pour les rendre invulnérables. Les dénominatifs des ingrédients du rituel de ces charlatans étaient bien en langue Kikôngo, de même que l'ethnographie de leur pratique est incontestablement du Kôngo.

En effet, les féticheurs Kôngo, comme nos chers Poteau et autres, faisaient résider des esprits dans des statuettes, sacs et bâtons à travers des rites traditionnels, utilisant, la poudre blanche ou tantôt, l'argile blanche ou de la boue d'un ruisseau. L'argile est l'élément fondamental de tous les fétiches (nkisi) des Bakôngo, car c'est par elle que l'on fait monter un " nkisi " de l'eau qui est le séjour des esprits. Mais les ingrédients les plus nombreux sont les végétaux, l'écorce de l'arbre, représentant le règne minéral et végétal, tandis que le règne animal est représenté par des plumes et des becs d'oiseaux et coqs, symbole de rapidité et de force. Ce même fétiche était aussi fabriqué par Makandal en 1750 et par Don Pedro en 1760.

Pendant ses cérémonies rituelles, Jérôme Poteau se prosternait devant un autel entouré de deux bougies. Aujourd'hui le fétiche fabriqué jadis par Makandal et Jérôme Poteau se retrouve dans le vodoo et il est appelé " Paquet Kôngo ". Les paquets Kôngo est l'équivalent du fétiche des BaKôngo ou nkisi, sous forme de sac, sachet ou enveloppe de fruit, corne, coquillage, contenant des herbes, les écorces, ongles, cornes, poils d'animaux, tel que décrit par le père Van Wing, dans ses études sur les Bakôngo[217].Le missionnaire suédois Karl Laman qui a écrit un dictionnaire Kikôngo-Français rapporte que " Funza " est une divinité, dont le rôle est de faire la médiation du visible et de l'invisible. Funza est aussi un fétiche utilisé pour guérir des maladies[218]. Funza est une divinité Kôngo de haut rang.

En Géorgie un esclave nommé Juan Spaniard, de nation Kôngo portait également le même fétiche. Toutes ces pratiques étaient pour résister contre l'esclavage. L'arrêt du 23 novembre 1786, du conseil supérieur du Cap avait condamné Jérôme Poteau et Télémaque Canga, pour avoir tenu des assemblées nocturnes et superstitieuses où se pratiquaient un fétichisme de l'Afrique Equatoriale. Pierre Pluchon[219] a parlé d'un autre Africain de la même fourchette temporelle et spatiale que Poteau et Canga, dénommé : Nègre Jean, résidant sur l'habitation de M. Estève son maitre. Nègre Jean tenait des assemblés nommées " Mayombe " ou " Bila " et il portait un sac en bandoulière dans lequel, il y avait un crucifix, des clous et des feuilles de plantes (...). La pratique du Bila[220] qui donnait le pouvoir du magnétisme à Marmelade, se révèle et se confirme comme pratique Kôngo, à travers un chant rituel d'Haïti d'aujourd'hui, où on fait résonner la chanson : " *Bila, Bila, Bila Kôngo o !... Kôngo, Kôngo, Kôngo... Boumba, Tele Boumba Koumbele...* ". " Bila " peut être aussi, une transformation des vocables Kikôngo " Yila " ou " Sambila ", qui nous ramène au mot " prédication " ou " prière ".

À la manière de nos chers Poteau, Canga ou Nègre Jean, les révolutionnaires haïtiens portaient des cordes appelées " Nkangui Kiditu ", " Christ sauveur ". Ces cordes étaient encerclées sur les muscles, le poignet et sur les chevilles, pour emprisonner et protéger, l'âme afin que le sorcier ne

---

217 Joseph Van Wing, 1959, Études BaKôngo, Bruxelles, Desclée de Brouwer, p.384-385.

218 John. M. Janzen ET Wyatt Mc Gaffey, 1974, An Anthology of Kôngo Religion: Primary Texts From Lower Zaire (University of Kansas Publications In Anthropology. No. 5), p. 34.

219 Pierre Pluchon, 1987, opcit, p. 83.

220 Procès extraordinairement instruit en la cour à la requête du procureur général du roi au sujet des assemblées de nuit tenues au quartier de la Marmelade, par les nègres sous le prétexte de la dénonciation de Bila ou prétendu Magnétisme, " 1786, AN, 27 AP 11, Archives privées, Fonds François de Neufchâteau, Folder 3

puisse pas s'accaparer son âme. Les Rebelles Kôngo spéculaient que c'est le " Nkangi Kiditu " qui avait enroulé le corps du Christ de la tête au pied.

En visitant le site221 de l'Église " Ngundza " de France, il y a une photo de Kimpa Mvita et on peut remarquer qu'elle portait des cordes au poignet qui sont des " Nkangi Kiditu ", qui étaient l'un des fétiches les plus utilisés dans l'univers syncrétique de la société Kôngo chrétienne. " Nkangui Kiditu " vient du mot Nkanga=attacher et Kiditu=Christ, Cristo ou kilistu. C'est une protection que les Kôngo trouvaient efficace222.

---

221 www.ngundza.org, site visité le 08 Février 2015.
222 Axelson S.M,1970,Culture Confrontation in the lower Congo, gunnessons, Falkoping.

III- LE VODOU HAÏTIEN : UNE RENCONTRE DE PLUSIEURS TRADITIONS AFRICAINES, MAJORITAIREMENT KÔNGO : UN HÉRITAGE MAJORITAIRE DES SORCIERS KÔNGO

" … l'approche du vodoo haïtien est superposable au concept de Kundu (sorcellerie) chez les Kôngo ".

Alain Kounzilat[223]

Le Vodou est le nom donné à la religion des esclaves africains de la colonie française de Saint-Domingue. Le vodou haïtien est un ensemble de pratiques qui s'est transmis depuis des générations auprès de la population afro-descendante de ce qui est aujourd'hui Haïti. Du caractère hétérogène de la population, il y a eu plusieurs rituels, dits vaudous, ce qui veut simplement dire que l'origine du vodou haïtien est multiple et complexe ; tous les peuples qui ont vécu à Saint-Domingue ont apporté des éléments à la formation de cette religion. La majorité de la population esclave étant Kôngo, nous verrons plus en avant que le vodou haïtien se constituera majoritairement de traditions Kôngo créolisées, suivies de traditions du Dahomey et du Nigeria.

À l'origine, le vodou était un besoin quotidien d'un peuple oppressé essayant de gagner du contrôle sur leur environnement caractérisé par des blancs, maitres d'esclaves. Le vodou était un refuge dans la détresse de l'esclavage, le contrepoids au catéchisme colonial, l'instrument de la conquête de la liberté générale ; c'était une réponse aux humiliations, des travaux forcés.

Le vodou était un travail spirituel pour la liberté, une idéologie révolutionnaire contre les blancs, véritable religion des opprimés, force d'auto protection des esclaves et expression culturelle la plus profonde des résistances. Les danses, les réunions secrètes mélangées à des pratiques religieuses étaient appelées vodou. Le vodou a permis la lutte pour la libération. C. L. R. James asserte que c'est le vodou qui a engendré l'idéologie révolutionnaire en Haïti. Le vodou est le moteur de la Révolution Haïtienne. François Duvalier a asserté que l'indépendance nationale d'Haïti est le résultat du vodou. Le mot vaudou s'écrit de différentes façons " vodou " ; " vodu " ; " voudou " ; " vudun " ; " vaudoun ".

Ce mot proviendrait du terme " vodun ", tiré du langage fon. Le terme parait être composé de " Vo " qui signifie en fon sacrifice et " Du " qui veut dire sens ou essence.

---

223 Ferdy Ajax, 2006, La Libation sacrée du Vodou haïtien, ICES, p.3.

Selon B. Segurola et J. Rassinoux, il désignerait la manifestation d'une force incompréhensible. Le vodou désigne des dieux ou des puissances invisibles que les hommes essaient de concilier, individuellement ou collectivement pour s'assurer une vie heureuse. Le mot vodou désigne aussi les statuettes et les fétiches, dit " Nkisi " ou " Minkisi " en langue Kikôngo, considérant, le vodou comme un culte d'adoration des statuettes sacralisées, comme la " Poupée Vodou " ou les statuettes " Bizango ". Enfin, Le mot vodou, traduit tout simplement, la pratique spirituelle africaine, car au Dahomey au Sénégal ou au Kôngo, l'homme noir se caractérise par le culte des Ancêtres et des génies de la nature, représentés par toutes sortes d'objets.

Suzanne Blier[224] situe l'origine du vodou haïtien dans le golfe du Benin, dans le territoire qui s'étend du sud et du moyen Benin, au sud du Togo, la région occidentale du Nigeria, et au sud du Ghana chez les fons, les yoruba et les Éwé. La partie centrale de la zone d'influence reste le sud du Benin ce que l'on appelle la trouée du Dahomey, jadis Royaume d'Abomey qu'on appelait " Dan Home ", dans le ventre de Dan qui donnera le Dahomey colonial un pays d'origine yoruba.

Pour le Professeur Hein Van Hee[225], " *le vodoo haïtien est la tradition Kôngo, la continuité des nkisi du Kôngo. La continuité de la pratique spirituelle Kôngo du 18e siècle* ". " Nkisi " ou " Minkisi " chez les Kôngo, nous le répétons de façon plus explicite, est un charme, fait de feuilles d'écorce, de racine, des coquillages, d'os humain, de la terre des cimetières et autres ingrédients. Les Nkisi sont aussi des statuettes et des objets dans lesquels s'incarnent des génies que l'on invoque. Nkisi désigne, les charmes, les talismans, les idoles. Nkisi est aussi synonyme de sorcellerie, de force magique. Les Nkisi sont aussi appelés " Nkita " qui sont les Nkisi des eaux, dieux des eaux, nymphe d'eau, dieu de la mer c'est-à-dire les âmes des défunts qui ont établi leur demeure dans l'eau. Cet univers est le même aussi bien dans le Vodou haïtien que dans la pratique traditionnelle Kôngo. Nous, nous considérons à travers notre étude que le vodou haïtien puise essentiellement sa substance dans la tradition Kôngo.

Dans le vodou haïtien, on estime qu'au-dessus de tout, il existe Dieu ou plutôt le Grand maitre créateur des génies, des esprits appelés Lwa ou Loa qui sont au service de l'homme et Dieu se manifeste sous forme de Loas. Les Lwas ou Loas sont les esprits de la religion Vodou, on les appelle aussi les mystères ou les invisibles. Ils servent d'intermédiaire entre le créateur (Bondye ou Bon Dieu) et les humains. Les loas sont invoqués, mais aussi honorés et servis en fonction de leurs gouts et attributs, au moyen de rites, de rythmes sacrés et de chansons.

Le vodou haïtien utilise aussi les esprits des morts dans le bien comme dans le mal, les morts comme les dieux font partie intégrante de l'exercice du culte vodou. Le vodou adapte son calendrier à celui de l'Église catholique et réinterprète les sacrements comme condition nécessaire à l'efficacité de son propre culte. Le vodouisant communique avec la nature, la nature est un temple sacré, il est le royaume par excellence des loas dit Ferdy Ajax[226] ; c'est ce monde qui nous secourt et qui nous guide. La pratique du vodou est essentiellement liée au culte des loas, car avec les loas, nous entrons directement à la fois dans le monde surnaturel du vodou et

---

224 Suzanne Blier, 1995, West African Roots of Vodoo, Sacred Arts of Haitian Vodou Édition Donald Cosentino, Los Angeles UCLA.

225 Linda Heywood, 2002, opcité.

226 Ferdy Ajax, 2006, La libation sacrée du vodou haïtien, ICES Édition.

dans la dimension spirituelle de cette religion. Les loas sont aussi appelés esprits ou mystères, ce sont des entités qui peuplent un univers par lequel l'accès au divin est possible.

Les loas du vaudou haïtien sont divisés en nations qui correspondent, en fait, aux tribus africaines qui les honoraient, on trouve ainsi les loas des nations Ibo, Nago, Arada et Kôngo. Il est difficile d'établir une liste complète des loas honorés en Haïti parce que certains loas appartenaient à l'origine à la tradition de tribus différentes et d'autre part parce que le panthéon vodou ne cesse d'évoluer, la foi et la pratique ne cessent d'enfanter de nouveaux loas alors que d'autres tombent dans l'oubli faute de serviteurs.

La présence du catholicisme et de la tradition africaine dans les cultes de l'ancienne île sucrière de Saint-Domingue fera dire que, le vodou Haïtien, est une synthèse des traditions africaines et des rituels catholiques dira l'ethnologue français Alfred Metraux. Pour Robert Farris Thompson, le vodou Haïtien est une rencontre des religions classiques du Kôngo et du Dahomey, c'est une religion créole et la coloration du vodou s'est faite sur la base de la composition des peuples Africains de la période coloniale et la construction de l'histoire culturelle et politique d'Haïti, a obéi à cette réalité sociale hétérogène.

Au regard donc du melting-pot ethnique de notre île sucrière, nous pouvons récapituler que, le vodou, prend sa source à partir de trois grands groupes culturels, du point de vue de leur contribution particulière à la formation du peuple haïtien :

1. Le groupe des Créoles acculturés dans le melting pot colonial ;

2. Le groupe des Kôngo de l'aire culturelle bantoue ;

3. Le groupe des Aradas et apparenté (Ibo, Nago, Yoruba) du golfe de Guinée qui possédaient une culture sensiblement uniforme.

Gasner Joint[227] asserte de manière conclusive que " *la religion traditionnelle haïtienne s'articule autour de deux points communs à la philosophie dahoméenne et congolaise, ses principales inspiratrices, ces points de convergence sont les deux éléments analogues qui dans l'un et l'autre système entrent au nombre des principes vitaux trois ou quatre selon qu'on est profane ou initié, chez les Dahoméens et deux chez les Congo qui constituent l'âme humaine. À la mort, l'un de ces deux principes rejoint le monde des Ancêtres, et reste accessible au contact avec les humains, par l'intermédiaire de l'eau. C'est l'âme psychologique ou individuelle irremplaçable de chaque être humain, correspondant au sanedo dahoméen et au moyo congolais, qui vont prêter leurs caractéristiques au gwo-bonnanj (gros bon ange) des vodouisants. L'autre qui retourne à Dieu, auprès de qui, il vient, est le selido des Dahoméens qui trouve ses homologues dans le mfumu kutu des congos et dans le Ti-bonnanj (petit bonnange) vaudou, logé dans la psyché, siège de la vie intellectuelle et affective. Les âmes des morts (gwo-bonnanj) une fois divinisées, rejoignent les esprits des Ancêtres vivront dans la sphère surnaturelle des grands loas et sont désormais traités en génies tutélaires, qui écoutent les prières* ".

---

227   Gasner Joint, 1999, Libération du vaudou dans la dynamique d'inculturation en Haïti, Pontificia Univ. Gregoriana, p. 130.

Dans l'imaginaire colonial, Le groupe Kôngo a été un pôle d'attraction culturelle durant la période précédant la révolution. Par son activité religieuse et symbolique intense dans le Nord, notamment à Limbé durant les années 1750 avec Makandal et dans l'Ouest, à Petit-Goâve en 1768 avec Don Pedro. Les Kôngo ont incontestablement, contribué de façon significative à l'élaboration du vodou haïtien. Les manifestations du vodou, antérieures à la Révolution des esclaves, portent toutes la marque de leur influence religieuse. La danse à Dom Pedre ou Don Pedro, inventée en 1768 à Petit-Goâve par un nègre originaire de la partie espagnole, croit Moreau de Saint-Mery, serait un rituel d'origine Kôngo, de même que la cérémonie observée en 1786 à Marmelade et dirigée par Jérôme Poteau. Marmelade était à l'époque un quartier neuf, nouvellement mis en valeur par la culture caféière et une main-d'œuvre servile surtout Kôngo[228]. Un des traits caractéristiques de la danse rituelle Dom Pedro (devenu Petro). La cérémonie de rite Petro d'origine Kôngo est distincte de la cérémonie de rite rada d'origine dahoméenne. Mais, aujourd'hui, les deux rituels font partie intégrante du vodou haïtien. Ils sont respectivement associés aux deux grandes classes de loas du panthéon vodou que sont les Radas originaires du golfe du Benin et les Petro originaires des côtes du Kôngo et de l'Angola ou intègres dans le groupe des divinités originaires de ces côtes.

C'est la lecture unilatérale de l'histoire de Saint-Domingue qui a fait que le vodou a été pendant longtemps abordé comme un culte surtout d'origine dahoméenne. Ses sources Kôngo essentielles sont restées longtemps ignorées ou inexplorées. La fameuse chanson africaine associée au vodou et à la cérémonie d'initiation des nouveaux membres et rapportée par Moreau de Saint-Mery, est un chant kikôngo. D'abord reconnu comme tel et traduit par Monseigneur Jean Cuvelier, puis analysé aujourd'hui par David Geggus[229] ; ce chant Kôngo fournit des informations précieuses sur l'imaginaire religieux des esclaves de Saint-Domingue à la veille de la Révolution. Sa présence essentielle au cœur d'une cérémonie rada (moment de l'initiation) fait découvrir le vodou naissant comme un lieu de rencontre et d'intégration de la population esclave de toutes origines ethniques.

On perçoit là une communauté afro-créole en voie de constitution, fondée sur une vision religieuse commune, la poursuite d'objectifs communs et la pratique de la solidarité. À un moment prévu du culte, les fidèles allaient déposer leurs offrandes sur l'autel. Une partie des dons servait à payer les dépenses de l'assemblée ou les services commandés par la confrérie pour sa gloire ou son illustration ; l'autre partie servait à procurer des secours aux membres présents ou absents qui en avaient besoin. Puis, on proposait des plans, arrêtait des démarches, prescrivait des actions, que la reine vaudou appuyait toujours de la volonté de Dieu et qui n'avaient pas toujours le bon ordre et la tranquillité publique pour objet note l'observateur de la cérémonie. Enfin, les fidèles s'engageaient sous serment à souffrir la mort plutôt que de révéler et même à la donner à quiconque oublierait qu'il s'était aussi solennellement lié.

La source principale de la religion catholique dans le vodou haïtien, est sujette à controverses. On se demande si c'est dans la colonie que le catholicisme s'est accroché aux cultes africains ou encore, quelque part avant leur arrivée sur l'île sucrière ? On considère que les esclaves Kôngo ont été longtemps en contact avec le catholicisme avant d'être déportés en Haïti. Le Père Van

---

228David P. Geggus, 1991, Haitian Vodoo in the Eighteenth century: Language, culture, resistance, Bohlau verlag.
229David P. Geggus, 1991, opcité.

Wing[230] a souligné déjà la présence des facettes de l'Église Catholique dans les rites ancestraux traditionnels au Royaume kôngo : "*La croix et le crucifix ont servi de fétiche chez les Kôngo, il y en a en cuivre, enfoncés dans des sachets ordinaires à fétiches, avec tout l'appareil d'herbes, terres, plumes.... Ils servent de protecteur contre les ennemis et les sorciers. Il y a de petites croix en lattes de palmes ou en feuilles de palmiers, qu'on fixe aux cloisons des huttes et qui ont le même usage que les roseaux, remplis de terre et de poudre de chasse, et servant à chasser les revenants. Il y a surtout la grande croix en bois, toute nue, appelée Ngubu-Santu et qui est un fétiche de chasse très réputé. Les féticheurs et les magiciens se sont emparés des objets culturels de la religion catholique, au Royaume Kôngo, ces objets ont été ajoutés dans les ingrédients du Nkisi*",

Les Kôngo sont reconnus dans l'histoire africaine pour avoir été les premiers à se convertir à la religion catholique, ils ont été pieux envers le christianisme, et ils savaient que les Capucins ne découvriraient jamais qu'ils continuaient de pratiquer les anciens rituels en les adaptant au monde occidental. La confusion entre christianisme et fétichisme a joué un rôle prépondérant durant le passage des missionnaires capucins au Kôngo. Il y a eu l'appropriation des objets du culte chrétien dans l'art et la pratique religieuse autochtone, c'est-à-dire aussi leur assimilation aux fétiches. Les Kôngo avaient choisi d'utiliser à leur propre guise et pour un avantage personnel les objets liturgiques et d'autres symboles de la religion des blancs. Pour les Kôngo, le prêtre blanc était un puissant féticheur, les Kôngo se sont approprié donc des fétiches des blancs pour s'en servir. De la même manière que le missionnaire blanc utilise le matériel liturgique et l'invocation des Saints pour se protéger la même manière, les Kôngo invoquent Nzambi Ampungu et les esprits des Ancêtres pour se protéger. Certains féticheurs au Kôngo prirent l'habitude d'emprunter des éléments de l'Église Catholique et jusqu'à ce jour, il y a des églises traditionnelles au sud de Brazzaville (Congo) qui invoquent à la fois les Ancêtres Kôngo et Jésus-Christ en utilisant des objets de l'Église Catholique tels que les crucifix.

Le vodou haïtien est un bel exemple du syncrétisme et de la résistance Kôngo. Il combine foi et magie africaine et foi et rites catholiques en une seule spiritualité dont les effets sont parfois spectaculaires. L'enseignement de la prophétesse Kimpa Mvita est un exemple patent, avec son Jésus et la Vierge Marie noire, née au Kôngo et c'est ce qui se passera dans le vodou haïtien. Mais d'aucuns pensent qu'arrivées à Saint-Domingue, les églises chrétiennes tentèrent d'évangéliser les esclaves pour sauver leur âme, et le culte chrétien devint une caution morale à l'esclavagisme, les adeptes du vodou masquèrent alors leurs loas sous des images et des symboles chrétiens. Cette thèse est sereinement improbable, car "*Le baptême des esclaves à Saint-Domingue était un échec de conversion au christianisme*". C'est pourquoi, la présence du christianisme dans le vodou haïtien est un héritage des Kôngo, qui croyaient déjà, en la négritude de Jésus et des Saints de l'Église Catholique tel qu'enseigné au royaume Kôngo par la prophétesse Kimpa Mvita. C'est d'ailleurs l'avis de Terry Rey[231] professeur en sociologie de religion, il a étudié le syncrétisme religieux au sein de la diaspora africaine pendant la période de la traite négrière pour comprendre le syncrétisme du vodou haïtien.

---

230   Joseph Van Wing, 1959, Études BaKôngo, Desclee Debrouwer, Bruxelles, p.79-80.
231 Terry Rey, 1999, Le culte de la Vierge Marie en Haïti, Africa world press.

Pour Terry Rey, la présence des pratiques chrétiennes dans le vodou haïtien, est un processus qui vient essentiellement du Royaume Kôngo. Dans l'histoire générale de l'Afrique, rédigée par l'UNESCO[232], une remarque considérable a été faite : "*La doctrine chrétienne a influencé la religion traditionnelle au Royaume Kôngo et a coexisté avec elle... Le monarque Garcia II fut le défenseur du catholicisme et du kitomi.il fut surnommé " le sorcier ". Cette nouvelle religion fut la source du vodou haïtien* ".

Alors, dire comme Christina Mobley[233] que la religion catholique n'a pas eu d'impact sur la tradition Kôngo, est une grande preuve de méconnaissance de la spiritualité Kôngo. Il suffit de visiter une église traditionnelle moderne Kôngo pour se rendre compte de la vivacité du syncrétisme qui perdure depuis des siècles. D'ailleurs lors de nos enquêtes de terrain, nous avons pu découvrir plusieurs églises traditionnelles Kôngo au Congo Brazzaville où on mélange les images catholiques et les fétiches, charmes traditionnels, on invoque Jésus et on invoque en même temps les esprits des Ancêtres, un scénario qui nous a permis de mettre un parallèle avec le vodou haïtien.

La littérature sur le syncrétisme en pays Kôngo est très abondante. Le professeur Joseph Kizerbo[234], se basant sur les relations des prêtres capucins, Bernardo da Gallo et Lorenzo da Lucca, déclare que le syncrétisme en pays Kôngo qui a fleuri au XIXe et XXe siècle, date des premiers moments de la christianisation du royaume Kôngo. Kabolo Kabwita[235] qui a étudié l'histoire de la mission catholique au Royaume Kôngo, déclare : "*... dès les débuts de la christianisation, les Kôngo avaient fait preuve d'une appréhension confuse de la nouvelle religion, pratiquant la fusion des éléments cultuels traditionnels avec quelques données de la doctrine chrétienne* ". Kabolo ajoute encore que "*... la confusion fut telle que les traditions ancestrales combattues par des Européens dont les dogmes et les préceptes de foi ne convainquaient toujours pas, les autochtones, s'étaient fondues dans un syncrétisme original* "[236]. L'influence du christianisme a été réelle chez les féticheurs au Kôngo où ils célébraient leur culte dans un syncrétisme varié.

Rosario Da Porco[237], préfet apostolique au Kôngo-Angola, sur la situation des missions rapporta que les féticheurs " Nganga Nkisi ", associèrent aux célébrations traditionnelles, leur mysticisme autour d'une sorte de culte collectif thérapeutique. Les crucifix étaient maintenant utilisés comme charme pour la chasse et la fécondité. La croyance aux hommes malveillants, aux sorciers existait toujours, chez les nouveaux chrétiens et la religion nouvelle ne comblait pas le manque des Nkisi pour combattre. Le mouvement " Croix Koma ", mouvement de lutte contre la sorcellerie et la magie, qui est un mouvement d'attachement à la croix, mouvement catholique et syncrétique[238] qui utilisait la croix catholique, pour s'opposer à la sorcellerie, ce mouvement a concilié, croyances traditionnelles aux forces magiques et l'orthodoxie catholique.

---

232 UNESCO General History of Africa, Tome V, p.283-284.

233 Christina Mobley, 2015, opcité, p.272.

234 Joseph Kizerbo, 1978, Histoire de l'Afrique noire, Hatier, p.330.

235 Kabolo Kabwita, 2004, Le Royaume Kôngo et la mission catholique, Karthala, p.241.

236 Kabolo Kabwita, 2004, opcité, P 132.

237 W.G.L Randles, 1968, L'ancien royaume du Congo, Paris-Lahaye, Mouton, p.162.

238 Jeanne Françoise Vincent : Le mouvement Croix Koma : Une nouvelle forme de lutte contre la sorcellerie en pays Kôngo, Cahier d'études africaines/1966 /Volume 6/N 24/p. 527.

Les Kôngo ont produit des crucifix en cuivre et tant d'objets de la chrétienté, inspirés des objets apportés par les missionnaires, en y dessinant des figures géométriques. Les " crucifix Kôngo ", comme l'a dit Cécile Fromont[239], ont une tradition hybride, constituée de la tradition Kôngo ancienne et de la tradition européenne baroque. Le syncrétisme Kôngo, influencé par la christianisation s'est donc également manifesté dans l'art Kôngo. Vingt ans plus tard, après le départ des Portugais, en Angola, le missionnaire britannique, David Livingstone, en 1854, visitant Luanda, constata avec admiration, le souvenir vivace qu'ont laissé les missionnaires dans la population. La première évangélisation du Kôngo, fut plus profonde que l'on ne le dit habituellement, comme le constata Livingstone[240].

Par conséquent, il nous est aisé de réaliser incontestablement que la tradition syncrétique Kôngo a contribué à l'émergence du vodou haïtien. Melville J. Herkovits[241] et Leslie Gérard Desmangles[242] nous expliquent qu'au début des cérémonies vodou, les prêtres commencent par le signe de la croix, ils demandent la bénédiction de Dieu ou bondye et pendant l'initiation on récite des prières et des chants catholiques en créole ou en latin et aussi pendant les cérémonies des funérailles vodou, on récite aussi des prières catholiques. Tous ces éléments de l'Église Catholique mélangés avec les rituels traditionnels africains, existaient déjà au royaume Kôngo. Le Pater Noster, et l'Ave Maria récités dans le vodou, viennent de l'Église Catholique, la litanie des saints catholiques occupe une grande place dans les rituels vodou. Chaque esprit vodou à un correspondant parmi les Saints de la religion catholique. Le vodou adapte son calendrier à celui de l'Église Catholique et réinterprète les sacrements comme condition nécessaire à l'efficacité de son propre culte. Il est de coutume d'entendre dire qu'il faut être catholique pour être un bon vodouisant. Terry Rey[243], stipule que " le *catholicisme Kôngo se trouve à l'aube du vodoo d'Haïti* ". Les Kôngo avaient fait l'expérience d'un long contact avec le christianisme, parvenus en Haïti, ils créèrent des communautés basées sur l'entraide et l'assistance sur la base de la foi religieuse. Alain Kounzilat[244] dans la préface du livre de Ferdy Ajax, semble percevoir les origines Kôngo du vodou haïtien, car il dit : *" les Kôngo invoquent Zambi à mpungu, le tout puissant, en implorant le monde des morts, le tout entremêlé de déesses et de génies, sans omettre les signes et images issus du christianisme. Ce syncrétisme semble être identique à la pratique du vodoo haïtien* ". Par ces mots, Alain Kouzilat sans s'en rendre compte annonçait, comme Luc de Heusch, la présence de la tradition Kôngo dans le vodou haïtien ou mieux, les origines Kôngo du vodou haïtien.

La caractéristique du vodou haïtien est la transe, car les loas ou esprits invoqués se manifestent à travers la possession dite transe. Les loas, qui sont des êtres surnaturels et puissants avec des dons démesurés, sont de manière réelle au service de ceux qui les invoquent. Quand on assiste à une cérémonie traditionnelle religieuse Kôngo et même chez les fons ou yoruba, la transe est très

---

239 Cécile Fromont, 2014, The art of conversion : Christian visual culture in the Kingdom of Kôngo, chapel hill, university of north Carolina press.

240 David Livingstone, 1857, Missionary travels and researches in south Africa, John Murray, London, p.382.

241 Melville J. Herkovits,1937, Life in Haitian Valley, A.A Knopf,p.140-168.

242 Leslie Gérard Demangles, 1977, Liturgy and Cultural Religions Traditions Eds Hermann Schmidt and David Power, New York, Seabury Press, p. 56-5.

243 Terry Rey, Kôngolese catholic influences on Haitian popular Catholicism : A socio historical explorations in Linda Heywoodn, 2002, Central Africans and cultural transformation in American diaspora, Cambridge university press, p.269.

244 Ferdy Ajax, 2006, La libation sacrée du vodou Haïtien, ICES.

fréquente, chez les Kôngo ont dit "Mpeve" quand la prophétesse Kimpa Mvita prêchait au Kôngo, il y avait des gens qui entraient en transe[245], ce spectacle est toujours fréquent dans les Mabundu des Ngundza, église traditionnelle des Kôngo, c'est une manifestation des esprits (loas).

Dans le vaudou Haïtien, les loas se manifestent parfois en songe ou sous forme humaine, mais généralement ils communiquent avec leurs fidèles, leurs serviteurs, en s'incarnant en l'un deux qui devient leur porte-parole et leur porte-acte. C'est la fameuse possession, le loa parle à travers les gestes et la parole. Chez les Kôngo cet état est la présence du "Mpeve", la transe, et par la parole et les gestes, il entre en contact avec les fidèles qui communiquent avec lui par des danses, des chants. N'importe qui peut être chevauché par un loa, n'importe où ; la descente du loa doit toujours être contrôlée par un houngan ou une mambo. Il faut aussi que le départ du loas soit préparé et qu'il s'accomplisse complètement. Les loas sont généralement servis et honorés en fonction de leurs goûts et attributs ; au moyen de rites, de rythmes sacrés, de chansons, d'offrandes et autres services spécifiques. Les loas ne sont pas en principe des divinités mais des intermédiaires avec un dieu lointain, d'où l'appellation, d'anges de mystères ; ils sont pour la plupart hermaphrodites ou androgynes, comme l'homme était d'ailleurs auparavant.

Il y a plusieurs catégories de loas :

- Lwa -rasin : C'est le loa racine, l'esprit familial, hérité d'un parent.

- Lwa -achte : C'est un esprit acheté pour son efficacité, mais qu'il faut servir à l'aide d'offrandes couteuses sous peine de malédiction

- Lwa-mèt-tèt : C'est le loa des initiés, placé sur sa tête, lors de l'initiation et qu'il faut enlever avant la mort.

Le panthéon des loas dans le vaudou haïtien, comprend trois groupes principaux, qui sont : les Radas, les Petro-Lemba et les Kôngo

III.1- Les Divinités du rite Rada :

"Rada" vient du mot "Aradas", qui est la ville Sainte des Dahoméens "Allada", les divinités radas du vodou Haïtien, sont des divinités de traditions dahoméenne et yorouba, qui font partie du rite central du vaudou Haïtien. Les divinités radas sont connues comme étant tranquilles, car leurs manifestations sont en général calmes et lorsque le traitement du Rada paisible a échoué, on se tourne vers les moyens extrêmement dangereux, qu'est le "Petro-Lemba" de tradition Kôngo. Mais Robert Farris thompson a noté que "*les esprits simbi paisibles et créateurs des Kôngo quittèrent le domaine de charmes d'attaque d'inspiration Kôngo pour être attribués aux Radas, où leurs pouvoirs bienfaisants se rapprochaient de ceux des dieux et déesses du Dahomey et du pays Yoruba*"[246]. Il y a donc des loas Kôngo qui sont invoqués dans le rite Rada, mais ils

---

245 John. K. Thornton , 1998, The Kôngolese St Anthony, Cambridge University Press.

246   Robert Farris Thompson, 1985, L'éclair primordial : présence africaine dans la philosophie et l'art afro-américain, l'harmattan, p. 164.

sont présentés comme étant des loas de traditions dahoméennes : Bakulu, Loco ou Loko (…). Le rite rada correspond à l'air.

Les Loas (Esprits) radas dits d'origine dahoméenne:

Nom des Loas (Esprits)	Attributs		Observations
Papa Legba	Legba, a la fonction d'intermédiaire et de messager des dieux. Il est assimilé, dans le vaudou syncrétiste haïtien, à Saint Pierre, qui détient les clefs du Paradis et de l'Enfer. Il préside le lavage des bains d'eau.		
Damballah Wèdo	Génie du ciel, du soleil, de la terre et de la fécondité. C'est un esprit vaudou de la connaissance symbolisé par la couleuvre ou le boa. Il est l'époux d'Ayida Wedo, la maîtresse du ciel. Il apporte et communique les connaissances occultes et le savoir ; il est un grand esprit de fertilité et de sagesse qui aidera également à éviter les mauvais pas et à prendre les bonnes directions.		
Adjassou	Loa qui gouverne les eaux du printemps		
Aida Wèdo	épouse de Damballah Wèd, Elle est la déesse Iwa du ciel, des nuages, et des tempêtes. Rare divinité miséricordieuse de la culture vaudou, elle se dresse souvent contre Mami Wata, pour lever les malédictions qu'elle jette sur les infidèles. Dans la culture haïtienne, elle est celle à supplier lorsque les catastrophes naturelles ravagent l'île.		
Erzulie Freda	divinité de la beauté est l'esprit de l'amour dans l'aspect Rada. Elle est représentée le plus souvent sous l'apparence d'une très belle mulâtresse au déhanchement sensuel et provocateur, couverte de bijoux et de parfums. Elle est associée aux prostituées par sa vie tumultueuse.		
Azaka	lwa vaudou de la moisson et de l'agriculture. Il s'est développé après la Révolution Haïtienne quand les esclaves ont pu travailler leurs propres terres. On le dit bon et doux		
Agwe	C'est le patron des pêcheurs et de ceux qui voyagent en mer. Il règne sur les poissons et les plantes aquatiques.		
Ogoun	lwa du vaudou haïtien, qui se présente sous plusieurs aspects. Il préside au feu, au fer et à la guerre. Comme tel, il est le patron des forgerons		
Loco ou Loko	gardien des sanctuaires, patron des guérisseurs et des plantes.		le mot Loko existe aussi en kikôngo, il dérive du mot N'Loko

III.2- Les Loas (divinités) du rite Petro-Lemba

Alfred Metraux affirme que Petro, vient de Dom ou Don Pedro, un esclave Kôngo qui a vécu dans la colonie Française de Saint-Domingue. Pour Gasner Joint, Don Pedro n'est pas le fondateur du rite Petro, mais il y a laissé son empreinte et lui a donné une nouvelle orientation, de telle façon que son nom s'est substitué à celui des traditions africaines qu'il a mises en honneur, bien plus on retrouve dans cette branche du vodou un loa puissant du nom de Dom Pedre[247]. Pour Lilas Desquiron[248] : "*Tandis que les Dahoméens ont présidé à l'élaboration du culte rada, les Bantous, eux ont joué un rôle de premier plan dans la formation du Petro, ce sont eux qui lui ont donné son caractère magique*". Le panthéon Petro se caractérise par la violence de ses dieux, et leur tendance à ce que leur magie déborde en sorcellerie. Capables du pire, ils le sont aussi du meilleur. En effet grâce à l'expérimentation du côté obscur de la nature et de l'homme, ils apprennent à connaître un ennemi qu'ils pourront mieux combattre selon leur bon gré. C'est ainsi que l'on trouvera parmi eux les loas guérisseurs. L'anthropologue belge Luc De Heusch[249], situe aussi l'origine du Petro parmi les esclaves Kôngo présents à Saint-Domingue ; c'est bien la langue Kikôngo que les adeptes du Petro-Lemba utilisent pour honorer leurs dieux. Les travaux de Luc de Heusch ont mis en évidence, après des enquêtes de terrain une présence ancienne et importante d'éléments Kôngo dans le rite Petro du vodou haïtien, à travers des références linguistiques et rituelles.

C'est pourquoi le nom d'origine de ce rite doit être, le rite Lemba puisque c'est le nom Petro qui s'est ajouté à cause de la marque laissée par Don Pedro. Le rite Petro est généralement présenté, comme étant "rite Petro-Lemba ". Le Lemba était le plus éminent culte pratiqué au nord du royaume Kôngo, par les notables, surtout dans la région de Manianga et du mayombe. Le missionnaire catholique et ethnologue Léon Bittremieux, trace l'origine du Lemba dans la zone de kivunda au nord du Manianga dans l'actuelle province du Kôngo central en République Démocratique du Congo, une zone qui était jadis dans la province du Nsundi (Kôngo), et non dans le mayombe du Loango de Frances Mobley[250]. Kwamba Elie un catéchiste de kingoyi dans l'actuelle province du Kôngo central en République Démocratique du Congo, qui a écrit sur une séance du Lemba en 1915 pour le compte du missionnaire suédois Karl Laman a écrit que " *le clan en possession du Lemba ne sera pas attaqué par un désastre politique* ".

Le rite Petro-Lemba est un rite de protestation et de révolte, on admet que ce courant a fourni les stimulants qui ont entretenu, l'esprit révolutionnaire chez les esclaves mal armés avec ses formules et ses fétiches. Les divinités (loas) de cette famille ont un caractère violent, belliqueux, souvent malfaisant. Le Petro-Lemba doit être considéré comme la partie authentique du vodou haïtien, car le vodou en Haïti est né du besoin de révolte et de lutte contre l'hégémonie des blancs. Alfred Metraux reste d'avis cependant que même si les loas les plus craints se trouvent dans cette famille, il serait toutefois faux de considérer tous les esprits Petro-Lemba comme

---

247Gasner joint, 1999, Libération du Vaudou dans la dynamique d'inculturation en Haïti ; Éditrice Pontificia Universita Gregoriana, Rome, p.64.

248Lilas Desquiron, 1990, Les racines du vodou, Éditions H. Deschamps, p.193.

249Luc De Heusch : Kôngo in Haiti : A New Approach To Religious Syncretism,document .

250Cristina Frances Mobley, 2015,opcité, p. 200.

méchants à priori. On y trouve aussi des loas secourables et décents[251]. Le rite Petro-Lemba est associé au feu spirituel des charmes de guérison et de combat contre les forces du mal. Robert Farris Thompson[252] nous a rapporté que les charmes d'attaque du vodou dans le rite Petro sont d'inspiration Kôngo.

Le rituel Petro du vaudou haïtien et le rituel du Lemba pratiqués au Royaume Kôngo sont identiques. Les divinités Petro étaient invoquées au nord d'Haïti ; le Petro-Lemba est un rituel violement spectaculaire, où l'on boit de l'alcool de canne à sucre mélangé à la poudre à canon qu'accompagnaient les coups de feu et des explosions tous azimuts et des fouets que l'on fait résonner. Les danseurs semblent la précéder comme si la mesure les faisait avancer à coup de fouet. Les loas Petro suggèrent l'idée de force et d'action, leurs manifestations peuvent être violentes, on dit que le rite Petro est de la magie, il peut guérir et porter maléfice.

Mimi Barthelemy dans ses contes diaboliques d'Haïti, parlant de sociétés secrètes douées de pouvoirs maléfiques, les qualifiait de " *sociétés Congo* ". Quand un Houngan ou une Mambo veut pratiquer une opération magique, il fait en général appel à un loa Petro, car les loas radas ne prêtent pas leur concours aux sorciers. Lorsqu'un esprit Petro possède un individu ses poings sont serrés ceci est analogue à la possession des " Bisimbi Nganzi " du nord Kôngo. Le rite Petro, correspond au feu et sa couleur le rouge, est la couleur sacerdotale du pays Kôngo.

Les Loas (divinités) Petro-Lemba dits d'origine Kôngo:

Nom des Loas (Esprits)	Attributs		Observations
Don Petro	fondateur de la secte ou rite Ptero-Lemba		
Ti Jean Petro	fils de don Petro, Petro aux yeux rouges, les yeux rouges sont les caractéristiques des loas Petro et des sorciers		
Marinèt pye-chèch	maitresse de Petro, exécutrice des œuvres maléfiques de kita		
Maloulou	maitre du feu dans les cérémonies Petro		
Baron – pikan			
Zombi	loa de la mort accompagnant ordinairement maitre cimetière		

---

251 Alfred Metraux., 1977, Le vaudou haïtien, Gallimard, p. 78.
252 Robert Farris Thompson., 2000, L'éclair primordial, Étude brochée, p.164.

Bumba et Baron la croix :	Loa de la mort et de la sexualité		
Makandal:			
Lemba Zaou	Loa qui vit dans un arbuste		
Simba Maza	Simbi Maza, Simbi nan dlo : est un génie de la nature se trouvant dans l'eau dans la Vaudou Haïtien.		Simbi bia Maza, Simbi bia Masa est le génie de l'eau dans le Bukôngo Origine.
Sidor Pemba			
Simbi y-an Kita			
Zaou Pemba			
Maitre Pemba			
Manman Pemba			
Brise Macaya			
Kanga Petro			
Marassa-nan-Petro (Marassa utilisée dans le rite Petro)			
Gran bwa	esprit de la forêt	Gran (Du français " Grand "). Bwa du Kikôngo " Mbwa "	Le chien Le père Van Wing a parlé d'un fétiche " Mbwa-Yamba (Grand chien), une statue avec des raies rouges et blanches, qui zèbrent la statue avec une cavité où l'on met des têtes de serpents et des noix de Kola
Simbi Makaya	esprit de la magie		
Mambo Zila			
Erzulie Mapangue			
Erzulie Dantòr			
Kalfou			
Marinette			

III.3- Les divinités Congo ou rite Congo

Les divinités Kôngo invoquées durant le rituel Congo, sont analogues aux divinités de la société sécrète du Kimpasi où la croyance aux simbi, les divinités des eaux et des forêts sont d'actualité. Ces croyances sont également observées chez les Kôngo en Caroline du Sud[253].

Pour comprendre donc le rite Congo du vodou haïtien, il faut comprendre les rites et la tradition de la secte Kimpasi des Bakôngo, car le parallèle est irréfutable. Le Kimpasi est une forme de magie chez les Kôngo. Le kimpasi était très répandu dans le royaume Kôngo, à une époque où la communauté était la proie d'afflictions graves attribuées à des occultistes maléfiques. Le kimpasi visait à rétablir l'harmonie dans la société humaine. Les cérémonies du kimpasi se tiennent pendant la saison des pluies, d'octobre à mai et pendant la saison sèche de mai à octobre. Les cérémonies du kimpasi se déroulent toujours près d'une rivière et aux environs des palmiers pour fournir, le vin indispensable à la cérémonie. La chef de la secte est appelé " Ma ndundu " et le maitre de cérémonie est le " Nganga kimpasi " dit le maitre du " Nkita ", car c'est sous l'influence des esprits " Nkita " que se trouve toute l'institution. Le vocable " Nkita " est très courant dans les rites Petro et Congo du vodou haïtien, il existe d'ailleurs un rythme musical rituel dit " Nkita ", pour invoquer certains loas. Le rythme " *Yaya Tikôngo* " par exemple sert à invoquer le loa " *Mandalawa* ".

Les aides du maitre des cérémonies du kimpasi sont appelées : " Nsumbu ", " Mavuzi-mbila ", " Nzambi " et " Mata nsumbu " qui est le bras droit du maître féticheur. " Nsumbu " est aussi le nom d'un puissant fétiche tandis que " Mavuzi mbila " joue le second rôle après " Nsumbu ". Il faut rappeler que Pierre Pluchon, nous a rapporté que le révolutionnaire haïtien Jérôme Poteau avait un fétiche dit " Mama mbila " : Était-il le " Mavuzi mbila " ?

Les grains de bananiers sont régulièrement employés dans les rites fétichistes du Kimpasi[254].Dans le récit du juge Jacques Courtin sur Makandal, il mentionna les feuilles des bananiers parmi les ingrédients des fétiches de Makandal. Les Nkita étaient très liés aux rituels du kimpasi et l'antilope dite " Mpiti " en langue kikôngo était en relation avec les esprits Nkita.

Les rites d'initiation du Kimpasi comprenaient des cérémonies rituelles de mort et de renaissance au cours desquelles, chaque nouveau membre entrait en transe et se laissait envahir par un esprit censé le guider personnellement. La transe qu'accompagnent les sons du tam-tam fait partie des cérémonies du kimpasi, car la danse et la chanson permettent de mettre un fétiche en action, et on décapite une poule blanche et le sang de la poule est utilisé pour faire rougir les Nkita et on fait des incantations. La célébration du kimpasi est un remède aux maux qui frappent la collectivité. Les cérémonies liées à ce culte nécessitent de nombreuses calebasses de vin de palme, du pain de manioc ainsi que des porcs. La secte du kimpasi est une secte des féticheurs, mais les fétiches sont liés à la vie sociale des Bakôngo.

Le culte central demeure celui des Ancêtres. Dans la province Kôngo de Mpangu, le kimpasi est appelé kimpasi ki ndembo. En jetant un regard sur la liste des loas du rituel Congo du vodou

---

253   Professeur Michael Brown de la Dillard University de la Nouvelle-Orléans, en Louisiane (Usa) : http://www.mamiwata.com/simbi.html], site visité le 24 Août 2013.
254Joseph Van Wing, 1959, Études BaKôngo, Desclée Debrouwer, Bruxelles, p.436.

haïtien, on se retrouve sans difficulté dans l'univers de la secte du kimpasi du royaume Kôngo. La liste des loas du rite Congo est relativement longue, ils sont divisés en deux grandes catégories : Kôngo-nan-bòdmè (Congo au bord de la mer), Kôngo savann (Congo de la savane), Kôngo francs, Biliki et Demelé. C'est-à-dire, les esprits de la forêt et les esprits des eaux. La forêt et l'eau sont les frontières entre le monde visible et invisible. Le rite Congo, correspond à l'eau.

Loas (divinités) Congo:

Nom des Loas (Esprits)	Attributs		Observations
Zinga			Zinga, Zenga : désigne le nom d'un jeune coq au plumage tacheté. Nzinga est le nom d'un clan chez les Bakôngo associé à la Royauté, la Politique.
Simbi	famille de loas appartenant en propre au Congo, mais dont certains membres particulièrement bénéfiques se manifeste dans le Rada		
Laoca			
Marasa Congo bord de mer			
Caplaou Pemba			
Met-Pemba (Maitre Pemba)	être mystérieux et démoniaque		
Reine Congo Franc			
Wangòl	roi d'Angola, génie de la terre		
Congo Zandor			
Zazi Mennen			
Bazou			
Canga			
Roi-ou-Angole			
Zilah Moyo			" Zilah " vient du mot " nzila ". Nzila Kôngo est la Voie Initiatique Kôngo qui mène jusqu'au sommet de la Montagne Sacrée Kôngo dia Ntotela. Nzila veut dire en Kikôngo le Chemin, la Voie.

Kita	grand loa sorcier, le nom désigne souvent un groupe de loas associés à la magie.		Ce mot dérive du mot Kôngo " Nkita ", un fétiche. Le père Van Wing disait que les " Bankita " sont des hommes ayant subi une mort violente. Les esprits des bankita sont blancs et très forts, les forêts vierges et les rivières sont leurs domaines, ils s'approchent souvent des villages à la saison sèche. Les Bankita animent un grand nombre de fétiches très puissant. (Van wing, opcité, P 292)
Bakoulou Baka	loa si terrible que personne n'ose l'invoquer[255]		Les bakulu sont des esprits des Ancêtres, ils habitent sous terre près du bois et des cours d'eau.
Amine et Danwezo			
Yatibwa kento		Mbwa ya Nkento	Une chienne
Simbi Ganga			
Bumba	Famille de loas dont le prototype semble être Maitre cimetière-Bumba, toujours flanqués de Baron-la-croix et de zombie dans les possessions.		
Ganga Bila			
Madam Lenba			
Zawou Pemba			
Nouk Loufiatou			
Dame Loupemba			
Laoka Mannangannan			
Zazi			
Zazi pounwe			
Grann Genge			
Grande Matoundou Tedi			
Gran Aloumandia			
Zinga Bwa			
Zinzin Figaro			

---

255   Odette Menesson-Rigaud, 1958, Le rôle du vodou dans l'indépendance d'Haïti, présence africaine.

NB : Ayibobo : est un mot utilisé dans la Vaudou Haïtien à la fin des invocations. De même Ibobo est un mot issu de la langue Kikôngo pour qui se trouve à la fin des Zimbila (=invocations) voulant dire : il en est ainsi !

Chant Kôngo dans le Vodou haïtien :

a)- Kôngo, Kôngo, Kôngo ede nou priye,
M pa gen maman, m pa gen papa,
Kôngo ede m priye
(Kôngo, Kôngo, Kôngo aide moi à prier
Je n'ai pas de mère, je n'ai pas de père
Kôngo aide moi à prier)

b)- Bonswa m ap di O !
Bonswa m ap di O,
La Rèn Kôngo nan baye,
Bonswa m ap di O !
(Bonsoir, je dis oh !
Bonsoir je dis oh,
La reine Kôngo est au point,
Bonsoir je dis oh !)

III.4- Autres Loas (divinités)

Simbi Dio (dlo)	Simbi de L'eau		
Simbi Andezo	Simbi des deux Eaux		
Grand Simba	ils sont associés à l'eau dans le rite congo		
Simbi Macaya	C'est un grand sorcier vénéré en particulier dans les sociétés secrètes Sanpwèl, c'est un guérisseur		
Simbi Ampaka	C'est un loa des plantes, des feuilles et des poissons, on leur attribue le don de clairvoyance.		

Dans le vaudou haïtien, Simbi est une famille de loas serpents, protecteurs des magiciens et originaires de l'Afrique Centrale, du royaume Kôngo, plus particulièrement. Ce sont les gardiens des sources et des points d'eau. Simbi est aussi une divinité de la connaissance et de la sagesse ancestrale ; elle symbolise le feu et l'eau à la fois, elle hérite d'un grand pouvoir de guérison, elle est partagée entre la vie et le sang, aime guérir autant que détruire. Les fidèles possédés par ces esprits ont pour coutume de se jeter dans une rivière ou un étang lors de la transe. Il sied de noter que certaines illustrations de loas haïtiens par des chromos de saints catholiques varient également en fonction des zones, des cantons, des us et coutumes locaux. À Port-au-Prince, par exemple, c'est le culte Petro (Simbi Andezo, Dantò) qui est à l'honneur. Dans le Nord et le Nord-Ouest d'Haïti, les Guédés ne sont pas tolérés, alors que les loas dénommés Pierre (Pierre Dambara, Pierre Balawe, etc.) y sont vénérés. Les loas Wangòl, Amine et la Reine Congo sont honorés avec ferveur dans le Sud d'Haïti, alors que Danwezo est plutôt connu dans le Nord et surtout dans le Nord-Ouest d'Haïti. De plus, les rituels vodou utilisés différemment dans plusieurs régions comme à "Lakou Souvnans" (rite Rada-Dahomey, département de l'Artibonite), à "Lakou Campêche" (département du Nord), à "Lakou Soukri" (rite Congo, département de l'Artibonite), à "Lakou Badjo" (rite Congo, Nago, département de l'Artibonite), démontrent la pluralité des lieux, des hommes et de leurs secrets. Quant à Saint-Jacques le Majeur, il est identifié simultanément au loa dénommé Saint-Jacques ou à Ogoun Balendjo (La Plaine du Nord, Haïti), et à Ogoun Ferraille (Arcahaie, Haïti). Les loas Ogoun Achade, Legba Nago, Ogoun Badagri, Ogoun Balendjo, les quatre sont en général identifiés à Saint-Jacques le Majeur. Dans le département de l'Artibonite, l'image de Saint-Jacques représente Ogoun Balendjo ; Saint-Pierre, Saint-Pierre ; Saint-Georges, Ogoun Ferraille ; Saint-Joseph, Ogoun Badagri. De ce fait, il y a lieu de se demander si les Ogoun des rituels Rada (Ogoun Bacouleh, Ogoun Balendjo), Petro (Ogoun Chango), Congo (Simbi Ganga, équivalent de Saint-Michel), Nago (Legba Nago), Makaya (Simbi Makaya, équivalent d'Ogoun Ferraille), sont vraiment différents entre eux, une fois manifestés dans d'autres contrées ou sous d'autres rites.

III.5- Les Guédés

Certains loas ne sont pas regroupés dans une nation, mais dans une famille : Les Guédés regroupent, les esprits des Ancêtres auxquels sont associés les esprits des cimetières.

III.6- Les Vèvès

Le vèvè indique souvent un lien, plus ou moins formel, à la culture Vodou. L'ironie c'est que cette graphie sacrée n'avait pas de vocation illustrative. Un vèvè est par nature éphémère : il est fait de poudre, tracé en une fois, d'un trait entre les doigts, debout jambes écartées, pour une cérémonie précise et il sera immanquablement, et sans remords, effacé par les pas des danseurs. C'est le "code d'appel" d'un loa précis et, plus que ses qualités artistiques intrinsèques, c'est l'adjonction de détails significatifs aux yeux initiés qui comptent. Les vèvès sont une riche iconographie sans oublier que le vèvè n'a de sens rituel que tracé sur le sol par ceux qui en ont reçu les clés dans un hounfò. Dans les églises traditionnelles kôngo les vèvès sont des cercles tracés sur le sol et on y introduit une personne pour être protégée.

BAWON   WANGOL   KÔNGO

Dans la tradition des noirs haïtiens, des récits disent que des prêtres chantaient des textes sacrés en kikôngo créolisé, tout en faisant descendre, de manière délicate un objet magique depuis le plafond d'un sanctuaire sur un signe dessiné à la craie, à même le sol. Ces récits sont presque identiques à ce qui se raconte au Kôngo à propos des cérémonies du Lemba. Ces objets magiques sont des Simbis, esprit que l'on ne peut ni voir ni toucher jusqu'à ce que le maître de cérémonie ne l'ait emmené au point final. De grands miracles

s'opèrent pour faire descendre de lourds paquets de fétiches du plafond jusqu'à la croix, et il n'est pas permis à n'importe qui de se tenir debout sur une croix dessiné sur le sol, selon la tradition Kôngo. La croix est dessinée avec de l'argile blanche (Mpemba), la couleur de l'au-delà dans la tradition Kôngo.

Pendant la cérémonie d'initiation au Lemba, le candidat à l'initiation, se plaçait debout sur cette croix, et la personne affichait désormais sa capacité à gérer le monde de jour, ainsi que celui de nuit, visiblement et invisiblement. Les chants, les danses, les boissons et les repas qui s'en suivaient indiquaient la grandeur de l'évènement. Très peu de gens sont admis au lieu du rite, et il est strictement interdit aux participants de raconter, à qui que ce soit, ce qu'ils ont vu. Cette même attitude est observée chez les fabricants des " pwen " en Haïti et la fabrication de ces charmes est appuyée de chansons rituelles (Mambos) et des incantations. Les vèvès, rappellent les figures en forme de croix du Kôngo. La croix n'a nullement été introduite dans l'idée des Kôngo par les missionnaires chrétiens, elle était connue d'après leurs connaissances sur le monde qui les entourait, la croix chez les Kôngo représente les 4 moments du soleil, les 4 étapes de la vie :

1. Lever-Matin-Commencement ou Naissance (poussé)

1. le repos du soleil-vieillesse (étape de responsabilité)

2. coucher : transmission du savoir-la mort-changement

3. minuit-la vie à mpemba et puis la renaissance

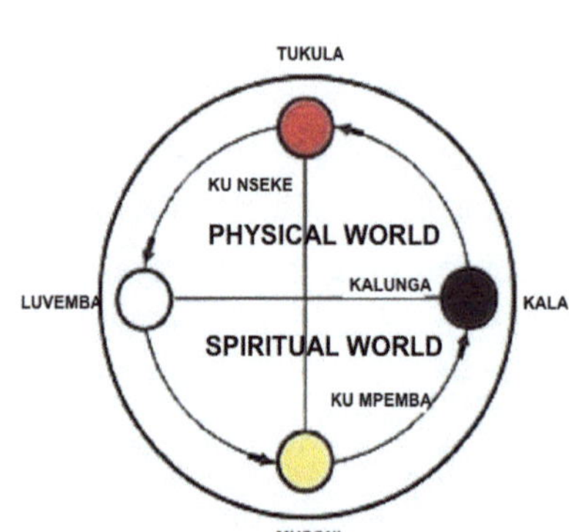

L'historien congolais Fu-Kiau Kia Bunseki-Lumanisa[256], nous a fait différents croquis représentatifs de la cosmogonie Kôngo à travers le symbolisme de plusieurs croix dont la croix de Kimaledimba ou Munkukusa, la croix de Mbili, la croix de Tshinga, la croix de Lemba (…). Les deux axes qui se coupent, divisent et circonscrivent tout l'espace sacré, le carrefour, la place de cérémonie publique, le cimetière, le village, l'emplacement pour les guérisons sont souvent marqués par un signe visible. Du moins dans le symbolisme rituel, par quatre sections d'un univers, un microcosme du monde, la terre est située au milieu de deux cercles qui se coupent à deux endroits comme la croix : les eaux (océans) et l'arc-en-ciel, un cercle semblable à un anneau qui entoure la terre et qui ne se voit qu'à certains moments, si la colère du ciel se manifeste, occasionnant une pluie redoutable alors l'arc-en-ciel se gonfle fait le gros dos et protège. Pendant ce temps il peut y avoir des orages, tomber une forte pluie, tout cela ne provoquera aucune crainte à toute la création, le dos de l'arc-en-ciel, comme un toit fera tout dévier vers l'océan sans que cela atteigne la terre. Les exemples frappants des croix ou vèvès, dans la tradition Kôngo, sont les tranchées en croix utilisées dans les associations traditionnelles : le Diowa du Kikhimba[257], Le Mvulu du rituel Kimpasi, relaté par le père Van Wing ; il y a aussi des signes semblables dans le Kitouba des rites purificatoires Munkukusa. Certaines croix de style baroque que l'on retrouve sur des tombes de style baroque dans toute la province du Kôngo central (Congo Démocratique), ancienne province du Nsundi du royaume Kôngo, expriment aussi l'ordre cosmique Kôngo.

Toutes ces croix sont parallèles aux vèvès du vodou haïtien. Robert Farris Thompson est allé dans le même sens avec l'interprétation du " Yowa cross "[258].

Le Cosmogram Kôngo- Yowa, est un signe Kôngo du cosmos et de la continuité de la vie humaine. Adapté d'un dessin de l'œuvre, de Robert Farris Thompson[259]. Wyatt MacGaffey, érudit de la civilisation et de la religion Kôngo, a résumé la forme et la signification du cosmogramme Kôngo comme suit : " *L'espace rituel le plus simple est une croix grecque (+) marquée sur le sol. La première barre représente la frontière, entre les vivants et les morts.* À Dieu et à l'homme, à Dieu et aux morts, aux vivants et aux morts : la personne qui prête serment se tient sur la croix, se situant entre la vie et la mort et invoque le jugement de Dieu et des morts sur lui-même.

III.7- Rite Spécial Macaya et rite Mayombe

Le culte Macaya ou culte de simbi Macaya est constitué par une sélection de rites guerriers tirés des éléments des rites Petro, Congo et bizango. Le nom Macaya vient de l'un des plus grands guerriers de la période révolutionnaire à Saint-Domingue, qui fut de nation Kôngo. En langue kikôngo, Macaya veut dire feuilles ou herbes, c'est un ingrédient utilisé dans le fétichisme et la médecine traditionnelle " *Macaya masangui* " (les feuilles de la forêt). Toute la péninsule sud

---

256 FuKiau Kia Bunseki-Lumanisa, 1969, N'Kôngo ye NzaYa Kun zungidila:NzaKôngo, ONRD, Kinshasa.

257 Leo Bittremieux, 1936, société sécrète des Bakhimba au Mayombe, Institut royal colonial belge, Bruxelles.

258 Janzen, J. M,1967,Elemental categories, symbols and ideas of association in Kôngo-Manianga society, Doctoral Dissertation, Dpt of Anthropology, University of Chicago.

259 Robert Farris Thompson,1984,Flash of the spirit(..), Vintage Book Édition, p.109.

d'Haïti où le rite Macaya semble avoir pris sa genèse, est territoire Kôngo, particulièrement la zone de la grande anse réputée territoire des esclaves fugitifs Kôngo, c'est un endroit où il y avait peu de plantation et les esclaves Kôngo qui sont arrivés tard dans la colonie étaient débarqués des bateaux par le sud. Il existe historiquement cinq grands moments, dans l'évolution du culte Macaya :

- Le règne de Dessalines

- Les règnes de Pétion-Boyer

- Le règne de Soulouque

- Le règne de Duvalier

-Le règne d'Aristide-Préval

Dans le vodou, chaque rite a son initiation et son langage. Le rite Macaya, est un rite très expéditif et parait peu soucieux du respect des lois cosmiques, on y trouve des symboles kabbalistiques à la fois mi-religieux, mi- animiste et mi- scientifique. Le célébrant est appelé Bòkò. Le Makaya bòkò ou le malfaiteur, le sorcier, capable de jeter tout genre de mauvais sorts. La liturgie du rite Macaya n'est pas uniforme, il y a un penchant très significatif en la magie, c'est un rite pratiqué à port au prince et surtout dans la vallée de l'Artibonite, au centre d'Haïti.

La base du rituel Macaya, se trouve dans le rite Congo. Le rituel Macaya est pratiqué avec des feuilles spéciales pour guérir ou pour pratiquer la magie. Les rythmes utilisés dans le rythme Macaya sont d'origine Kôngo, comme d'ailleurs les deux principaux rythmes du Petro : Le Bumba et le Kita. Certains observateurs ont pensé que parce que l'on ne frappe pas ou ne joue pas le Kôngo payèt dans le rite Macaya on pense qu'il n'y a pas le rythme Kôngo dans le Macaya. Pourtant, il y a 8 différentes variations du " Kôngo " et tous les sons aussi bien classiques et les " Stanley rythm " tels que le service Ginen. Pour ceux qui pratiquent la religion " Palo " de Cuba, ils seront familiarisés au Makaya. Il est coutume d'entendre le mot " Zombi " dans le rite Macaya, un mot d'origine Kôngo, qui représente l'esprit d'un mort.

Il y a un fétiche que l'on fabrique dans le rite Macaya, nommé " Bumba ". Ce fétiche est similaire au " Prenda " du palo Mayombe. Il y a plusieurs types de " Boumba " : " Ndoki ", " Gad Lemba zawou ", " Zetwa Macaya ". Certains loas du rite Macaya, sont utilisés dans d'autres rites. La tradition Macaya a sérieusement influencé la tradition populaire d'Haïti. Lors de la célébration annuelle du rara, il y a une manifestation du rite Macaya et dans les régions d'Haïti où prédomine le rite Macaya sur le vodou, les Macaya bòkò disposent de grandes parcelles où ils réunissent une congrégation de centaines d'adultes et leurs enfants. Les Makayas bòkò exercent une grande influence dans leur entourage, ils affectent le milieu selon leurs désirs. Le rite Macaya a engendré la création de sociétés secrètes comme le Kalinda, Gad Makandal etc, etc.. Il n'y a pas une grande différence entre le rite Macaya et Bizango. Plusieurs observateurs et pratiquants du Makaya peuvent témoigner que le Makaya est très violent et il est dit que " *tout le monde ne peut pas pratiquer le Macaya* ". Le rite Macaya suit sa tradition, dans le sens le plus strict. Makaya, constitue d'ailleurs, une nation de loas, avec ses propres loas tels que :

Nom du Laos (Esprit)	Attributs		
Rasin Macaya			
Twa ile			
Fanm sala			
Bâton Fatra			

Un Chant du rite Makaya

Simbi Makaya, m pral nan senmityè,

Rele Malolo, elmi bare mwen!

Simbi Makaya, m pral nan Senmityè,

Rele Malolo, elmi bare mwen!

À hey Simbi Makaya, a hey !

Elmi bare mwen.

(Simbi Makaya, je vais au cimetière,

Appelez Malolo, des ennemies m'ont barré la route,

Simbi Makaya, je vais au cimetière,

Appeler Malolo, des ennemies m'ont barré la route

A hey Simbi Makaya ! A hey ! Ennemies m'ont barré la route

IV- ÉTUDES DE L'INFLUENCE DE LA LANGUE KIKÔNGO (H 10) DANS LE VODOU HAÏTIEN SUR LA BASE D'UN ÉCHANTILLON DE 3 PRIÈRES :

Prière du rite MAKAYA : Famille Benmbo Makaya / Fanmi Benmbo Makaya (prière A)

Adjeyise

Adjipopo Djipopo

Adjipopo Djiwowo

Benmbo Makaya

Bimbe Bliye

Dadi Maza

Dja

Djoumbe Djoumba

Goni

Kariba

Kôngo Sanvann

Latalye

Mahi Mayanman

Makaya Benmbo

Maloulou

Manmzèl Anayis

Siye Anba (Tiy'anba)

Tshakala

Tshaousa Awousa

Tshetshe Kimanga e

Vivi

Wandile Jan Pyè Poungwe

Zonbi Wèklè

Identification des morphèmes Kikôngo et études des changements phonétiques du Kikôngo dans une prière du rite Makaya (prière A)

Morphèmes Kikôngo présents dans la prière	Équivalent en Kikôngo	Signification en français
Makaya	Makaya	feuilles
Maza	Maza	Eau
Kôngo	Kôngo	Le pays Kôngo
Tshakala	Ntsakala	Instrument pour les chants
Kimanga	Kimangi	miracle
Poungwe	Mpungu	De toute puissance
Vivi	Vivi	Image épouvantail
Dja	Dia	Manger
Jan Pyè Mpoungwe	Nzambi A Mpungu	Dieu de toute puissance

Les mots " Vivi ", " maza " et " Kôngo " ont gardé les mêmes lexèmes que leur équivalent en kikôngo. L'expression " Jan Pyè Mpoungwe " a subi pratiquement des opérations morphologiques comme l'élision, l'insertion et l'alternation, car la véritable expression en kikôngo est " Nzambi a Mpungu ". Avec le mot " pyè ", il y a eu la dénasalisation de " B ". Le mot " Dja " a subi une alternation vocalique, c'est-à-dire, le changement des morphèmes voyelles ou consonantales avec le changement des morphèmes consonnes. La voyelle " i " s'est muée en " J ".

Prière du rite MAYONMBE : Famille Makaya Genmbo / Fanmi Makaya Genmbo (prière B)

Abikou N'shala Nougwe

Baton Fatra

Brave Danje

BrizMakaya

Fanm Sala

Gounbasa Hounbasa

Grann Dayanou N'shala Nougwe

KaseLèzo

Kay an·nou Noungwe

Kraze Lèmanb

Lisifè Kawo

Makaya Boulatya

Makaya Boumba Mazwa

Makaya Genmbo

Makaya Langa Tsheleka

Makaya Mansimba Laye

Makaya Penmba Salwe Soukri Pan·ndjanmen

Manzèl Annayizo/

Manzèl Shàlòt Bel Fanm

N'Doki Oko

Nabo Leklè

Nèg Kasa Banbila

Noungwe Makaya

Noungwe Masala

Sholo Maza

Ti Yaya Toto

Twa Letan

Wa Lisifè

Zila Benga Moyo

Identification des morphèmes Kikôngo et études des changements phonétiques du Kikôngo dans la prière du rite Mayombe (prière B)

Mots présents dans la prière	Équivalent en Kikôngo	Signification en français
Makaya	Makaya	Les feuilles ou herbes
Genmbo	Gembo	Roussin
Boumba	Bumba	Divinité
Tsheleka	Kiedika	Ainsi soit- il
N'doki	Ndoki	Sorcier, magicien
Maza	Maza	L'eau
Moyo	Moyo	L'origine, le ventre
Noungwe	Nungu	Piment, piquant
Tiya	Ntiya	Le feu
Toto	Ntoto	La terre
Zila	Nzila	chemin
Benga	Benga	ravin
Masala		
Sala	Sala	Travailler
Mayonmbe	Mayombe	Province du Loango, forêt présente au Loango et au Kôngo, tribu " yombe " du Kôngo et du Loango

Les mots Kikôngo identifiés ne sont pas exhaustifs ; toutefois, faute de connaissances suffisantes, nous ne pouvons pas nous prononcer sur d'autres mots. Ce faisant, parmi les mots répertoriés, quatre (4) mots ont subi certains phénomènes linguistiques et il y en a qui sont restés intacts :

1. Genmbo, en kikôngo ngembo. Ce mot a subi l'aphérèse. L'aphérèse est la disparition d'un segment à l'initial d'un mot. Exemple :

   Ngembo--------Genmbo

2. Boumba, en kikôngo Bumba. Ce vocable a été francisé en transformant le phonème/U/ en /OU/ français.

3. Tsheleka, en kikôngo Tieleka/Tsieleka>tSieleka. Ce mot a d'abord subi la spirantisation[260], puis il s'est francisé avec le temps. On appelle spirantisation un phénomène phonétique qui consiste à réaliser un son occlusif en son sifflant. Exemple : tsieleka-----tSieleka (s>S/-i).

4. N'doki, en kiKôngo ndoki. Ce mot, en se francisant, a subi la dénasalisation.

5. Les vocables : Makaya, maza et moyo, n'ont pas subi de changement morphologique, lesdits vocables, ont gardé l'orthographe kôngo ;

---

260   En linguistique, la spirantisation est un type de modification phonétique qui consiste en la transformation d'une consonne occlusive en une consonne fricative (on parle alors plus précisément d'africanisation) ou spirante. Il s'agit physiquement d'un resserrement du canal buccal pour prononcer ces consonnes fricatives et constrictives.

Prière (La priyè) performée dans la tradition Kanzo et Ginen du vodou Haïtien [261] (prière C)

Swa Kôngo	(relais : *EBM 8570)*
m'rele... Lenglensou Danman	(litanie : *EBM 8530)*
m'rele... Lenglensou Basen San	(litanie : *EBM 8530)*
m'rele... Yaya Poungwe	(litanie : *EBM 8530)*
m'rele... Zazi Poungwe	(litanie : *EBM 8530)*
m'rele... Jan Pyè Poungwe	(litanie : *EBM 8530)*
m'rele... AnpakaPoungwe	(litanie : *EBM 8530)*
m'rele... Bazou Mennen	(litanie : *EBM 8530)*
m'rele... Zazi Wangòl	(litanie : *EBM 8530)*
m'rele... Benga Moyo	(litanie : *EBM 8530)*
m'rele... Zinga Moyo	(litanie : *EBM 8530)*
m'rele... Tshakala	(litanie : *EBM 8530)*
m'rele... Legba Blewounyò	(litanie : *EBM 8530)*
m'rele... Manbo Inan	(litanie : *EBM 8530)*
m'rele... Lawoka Man·nangan·nan	(litanie : *EBM 8530)*
m'rele... Simbi Dlo	(litanie : *EBM 8530)*
m'rele... Simbi Anpaka	(litanie : *EBM 8530)*
m'rele... Simbi Malò	(litanie : *EBM 8530)*
m'rele... Simbi Maza	(litanie : *EBM 8530)*
m'rele... Simbi Mazaka	(litanie : *EBM 8530)*
m'rele... Simbi Makaya	(litanie : *EBM 8530)*
m'rele... Simbi Kita	(litanie : *EBM 8530)*
m'rele... Simbi Anpola	(litanie : *EBM 8530)*
m'rele... Simbilafriken	(litanie : *EBM 8530)*
m'rele... Simbi Ganga	(litanie : *EBM 8530)*
Apò Lisagbadja Awangansiye	(relais : *EBM 7730)*

---

[261] Prière créolisée, compilée par Estelle Manuel (1969-2009), performée dans la tradition Kanzo, Ginen. Estelle fut membre de la société " Le péristyle de Mariani ". www.vodoun.com, site visité le 24 Octobre 2010.

Identification des morphèmes Kikôngo et études des changements phonétiques du Kikôngo dans une prière de tradition Kanzo et Ginen (prière C)

Mots présents dans la prière	Équivalent en Kikôngo (H10)	Signification en français
Yaya	Yaya	
Poungwe	Mpungu	
Zazi	Nzazi	La foudre
Bazou	Mbazu	feu
Wangol	Angola	
Benga		
Moyo		
Zinga		
Tshakala	Ntsakala	
Manbo		
Ina	Na	4
Lawoka	Lauka	S'affoler
Simbi	Simbi	
Maza	Maza	L'eau
Mazaka		
Makaya	Makaya	feuilles
Kita	Nkita	Fétiche
Afriken		
Ganga	Nganga	Féticheur
Simbi Maza	Kisimbi kia mu maza	Esprits des eaux

Les aspects linguistiques notamment la morphologie et les syntaxes, de notre prière viennent de la langue kikôngo (H 10). Les morphèmes sont ainsi empruntés à la langue Kikôngo dont la plupart ont subi des modifications ou des simplifications par l'intervention de plusieurs opérations morphologiques, comme l'élision, l'insertion et l'alternation des morphèmes. Le mot " simbi " et " Yaya " par exemple ont gardé les mêmes lexèmes que son équivalent en kikôngo " simbi " et " Yaya ". Le mot " Poungwe " a subi l'élision de la voyelle " N " (Mpoungwe).

En conclusion, syntaxiquement parlant, d'une manière générale, on peut dire que nos 3 prières, obéissent à la structure hiérarchique des langues bantu dans le positionnement sinon l'emplacement des entités grammaticales dans les longues expressions linguistiques comme phrases, propositions (…). L'exemple le plus concret à tirer de ces textes est l'expression

" *Wandile Jan Pyè Mpoungwe* ", signifiant en kikôngo *" Wa dila Nzambia Mpungwe "*. On peut par là constater que la syntaxe de ces textes n'est pas loin de celle de la langue Kikôngo.

Glossaire du Langage Vodou avec résonance de la langue Kikôngo : Pawòl Langaj Vodoun-la

a kaya-kaya	Feuilles, Cérémonies Maji		
Anba-bila ou exclamation : " ala maji, ala majianbabila é "	Exclamation dans le rite Petro		
Anba-lawe	Lieu (Ex : o Taté Zila Moyo, o ki traka sa a anba lawé. - Taté Zila Moyo, o ki mizè sa a anba lawé. - Vè kou vè anba dlo)		
anba-zila, anba-Kôngo	Exclamation, pour Calmer les esprits Kôngo		
bila Kôngo	Exclamation		
Bila	Lieu		
Bilgwande	Bains Petro (Ex : Bilgwandé Ganga : Procéder aux cérémonies des feuilles et épices)		
Bilolo	Cri d'interjection, qui prévaut dans toutes cérémonies du rite Petro		
Foula Mayombe	Danse		
Foula	Sacraliser, Prendre de l'eau, du clairin, ou du kimanga, dans la bouche et le vaporiser en l'air pour purifier et sacrer l'endroit et ses gens. Sacralisation d'un endroit, de gens. Le foula ne peut être exécuté que par un houngan, mambo, président ou lwa pour sacraliser		
kisi gweli	Qui touche aux Kisi	Nkisi	Fétiche, charmes
Kisi man·yan kisi gweli !	Qui touche aux kisi.		
Kokolo	Indéterminé, (Ex : Ko Lada nou Kokolo)		
kwala dèniye	les initiés du fleuve		
kwala niye	fleuve initiatique (Ex : n a sèten n'a gen yen, lasous... -o nou prale kwala niye).		
kwala zangi	poison sacré	Kwala	Poisson
m a wouke Kôngo zandò	Je me fortifierais (Ex : Ti Zandò, Ti Zandò fèy nan bwa ride mwen [bis] an·ye o ! M a wouke Kôngo Zandò, m pa manje Marinèt pou l pa touye mwen)		
nan genmbo	Lieu sacré dans la forêt		
Ndoki	Salutation du rite Petro		
Santi foula	Exclamation quand on Sent les forces magiques		
Swa Kôngo...	Exclamation qui Annonce une cérémonie Kôngo.		
Tata mayonbe	Loas ou divinités (Ex : Titilititili, TitiliTampoula m'Tata Mayombe)		
Wandile	Marcher, réunir, grouper (Ex : Wandile Bambi Kôngo "Wandilesepeyi Lenglensou, Awannilese manman yo)		

V- LA POUPÉE VAUDOU OU LE FÉTICHE NKONDI DES KÔNGO

La poupée vaudou est une poupée où l'on plante de petites aiguilles afin de l'utiliser pour tous les genres de rituels. Mais comment fabrique-t-on, des poupées vaudou ?

Deux notions essentielles sont à retenir dans la fabrication des poupées : la couleur et la matière de base. L'emploi des poupées offre au sorcier vaudou de multiples possibilités, car leur champ d'action est pratiquement infini. La 1ère chose à déterminer est la bonne couleur à utiliser. Les poupées de la couleur appropriée renforceront le symbolisme au cours d'un rituel. Les poupées vaudou interagissent selon la même analogie des couleurs que les bougies, à la différence qu'ici ce ne sera pas la couleur de la cire dont on tiendra compte, mais la couleur du matériel à utiliser selon le but du rituel visé. La couleur étant définie, on décide du matériel à partir duquel la poupée sera confectionnée. Généralement, la façon la plus simple pour une bonne poupée vaudou sera de la fabriquer d'un simple tissu de coton, qui sera par la suite cousue à l'aide d'une aiguille et de fil, avant d'être finalement bourrée d'herbes. Puis, il est important de reproduire, même grossièrement, quelques-uns des traits humains tels que les yeux, la bouche, le cœur et les organes génitaux.

Les objets-liens

La poupée vaudou est le lien psychique entre la personne qu'elle représente et la magie du rituel. Le praticien devra nécessairement avoir une image mentale claire de la personne représentée. Il est, par ailleurs, très efficace d'inclure à même la poupée (ou d'y attacher, selon le matériau utilisé) un objet ayant appartenu à la personne impliquée dans le rituel ; il peut s'agir d'une photo, d'une mèche de cheveux, de rognures d'ongles, de quelques gouttes de sang, d'un morceau de vêtement. Cet objet-lien est un support magique, car il crée un pont entre la poupée vaudou et la personne qu'on soumettra à l'emprise de l'envoutement.

Les dagydes

Ce sont les aiguilles rituelles utilisées en magie vaudou ; celles-ci peuvent être de simples aiguilles métalliques, de petits clous fins ou même de communes épines (de pin ou de sapin, notamment). Les dagydes sont utilisées lors d'un rituel afin d'indiquer les endroits précis où la puissance magique doit se diriger afin d'opérer, ou les parties du corps qu'on désire affecter, que cela soit en bien ou en mal.

L'acte de baptême

Lorsque l'on entame un rituel, on doit impérativement et concrètement baptiser la poupée vaudou afin qu'elle devienne la personne qu'elle doit représenter. Pour ce faire, on prend un peu de sang sur le bout de son index, on trace une croix sur le front de la poupée en la nommant au nom de la personne visée, puis on prononce cette phrase 3 fois : "Tu es (on nomme la personne) ! " Pour renforcer l'acte, on insère le nom, prénom et date de naissance de la personne visée à l'intérieur de la poupée. Pour cela, on insère un morceau de papier avec les renseignements au moment de la fabrication de la poupée (en même temps que les herbes).

La poupée vaudou est le fétiche Nkondi des Bakôngo

La poupée vaudou dans son but et ses objectifs est extrêmement parallèle au fétiche nkondi qui se pratiquait et continue à être pratiqué chez les Kôngos de l'Afrique Centrale. La poupée vaudou n'est que le Nkisi Nkondi ou fétiches à clou Les fétiches "Nkondi" au pluriel minkondi, zinkondi, est un fétiche à clou des peuples Kôngo de l'Afrique Centrale, il fait partie de la catégorie des fétiches agressifs, le mot nkondi vient du mot konda, voulant dire hanter. Le fétiche kondi est utilisé pour attaquer ou jeter un mauvais sort à un individu ou encore protéger un village. Il est fabriqué par des féticheurs nganga qui rassemblent des plantes et toutes sortes d'ingrédients qu'ils plaçaient d'abord aux cimetières, lieu de résidence des esprits qui sont par la suite placés dans une cavité d'une statue en bois. Ce sont les esprits des Ancêtres et de la nature interpelés qui lui donnent le pouvoir.

Le fétiche était activé par les chants d'un "Nganga" afin d'en réveiller les forces, mais également en faisant une explosion à ses pieds et en insérant un clou dans le bois de la statue.

Pendant les chants ou les incantations, le féticheur se fait badigeonner en blanc, pour avoir accès au monde invisible. Chaque clou correspond à une demande.

Le fétiche nkondi sert de médiateur entre le monde des vivants et des morts. Le " Nkondi " peut revêtir la forme d'un guerrier tenant une lance, ou dans ce cas la forme d'un chien ou " Koso ". Généralement, ce type de statue est bicéphale, car pour les Kôngo, les chiens ont quatre yeux, avec le pouvoir de voir au-delà du monde des vivants, et ainsi détecter les personnes qui ont de mauvaises intentions. Le dos est couvert des clous eux-mêmes recouverts de libations. On distingue clairement trois patines : crouteuse sur le dos où sont plantés les clous, d'usage sur les têtes du chien à l'endroit de la préhension. Les N'Kondi, qui sont généralement des statuettes de forme humaine ou animale sont garnies de lames de métal ou de clous. Pour les créateurs des N'Kondi, le monde est une continuité dans laquelle la vie est juste une partie d'un Tout. Les statuettes sont le pont entre le monde des vivants et celui des Ancêtres, entre le réel et le symbolique. Intermédiaires obligés entre les humains et les divinités surnaturelles, entre la communauté et l'esprit des Ancêtres, masques, statues et fétiches sont avant tout des symboles chargés de significations magico-religieuses. Chaque clou correspond à un litige pour le règlement duquel on a évoqué le pouvoir magique de l'objet. Conçues pour la communauté dont elle scelle les alliances, les pactes, les conciliations, ces statuettes prennent le nom de " nkondi ", et doivent leur pouvoir à la charge magique enfermée dans le reliquaire à miroir par le nganga (féticheur). L'aspect du nkondi varie peu : il s'agit de guerriers, brandissant une arme ou mains posées sur les hanches. L'aspect terrible évoque évidemment les châtiments qui frapperaient les parjures. Ces Fétiches de bois transpercés de clous de fer avaient le pouvoir d'éloigner le danger et les blessures, et de renvoyer les mauvais sorts. Tantôt il était placé à l'entrée du village pour être le gardien de la communauté. Certains individus possédaient un nkondi qui représentait un ennemi et chaque clou percé à la suite d'une invocation représentait un sort jeté à l'ennemi. En 1864, un marin britannique A.P Eardley Wilmont, acquit un fétiche nkondi au large de la province de Soyo du Kondo, ce fétiche se trouve exposé à la Royal Geographical Institute à Londres. L'artiste Africaine américaine Stephanie Dinkins, a présenté une statue nkondi lors d'une exhibition en 1997 : " Voodoo Show : Kôngo Criollo ".

Fétiche Nkondi du groupe Yombe (Kôngo), de la rivière Shilango (Congo Démocratique), datant du XIXe siècle : H. 44 1/2 in. (113 cm). Field Museum of Natural History, Chicago (États-Unis d'Amérique).

Sculpture couvert de clous : Fétiche Nkondi des Yombe (Kôngo central) : H ; 97 cm.

Musée Barbier-Mueller, Genève (Suisse)

VI- LA TRADITION KÔNGO DANS LES LIEUX ET SANCTUAIRES EN HAÏTI

Les lieux et sanctuaires de cultes africains actuellement utilisés en Haïti, ne sont entre autres que des lieux de patrimoines historiques et culturels où des Haïtiens et Haïtiennes viennent de partout pour célébrer les rituels vodou qui durent parfois plusieurs semaines. Ces lieux de pèlerinages sont appelés "Lakou" et se présentent, au sens propre, comme étant des foyers immenses de construction, de production et de transmission de sens. Ce sont des lieux de cultes populaires. Les Lakou sont les dépositaires de la culture haïtienne où se fait la transmission des valeurs ancestrales entre les familles et les générations qui prennent place dans les différents Lakou. Il existe le Lakou de Soukri Danach, Souvnans, Badjo (…). La ville de Gonaïves abrite ainsi les trois Lakou, les plus connus d'Haïti. Le Cœur des valeurs du vodou haïtien bat dans le triangle que forment du point de vue de leur position. Gonaïves qui se situe dans le département de l'Artibonite, a une position stratégique, car elle est reconnue comme étant le berceau de la Révolution Haïtienne. Gonaïves est le lieu de la proclamation de l'indépendance d'Haïti, le 1er janvier 1804, elle est le bastion de la Révolution Haïtienne.

VI.1- Lakou (La cour) Soukri Danach à Gonaïves : Un sanctuaire de divinités Kôngo

Situé à proximité de la rivière la quinte, à 8 kilomètres au nord des Gonaïves, dans un paysage parsemé d'arbres ; le Lakou Soukri Danach a été fondé par un certain Figaro qui était conduit selon la tradition par un esprit nommé " Bazou Mennen ", dans certaines chansons vodou on dit " Bazou Mennen Wa Wangòl ". Le mot " Bazou " est dérivé du verbe Kikôngo " Banza " qui veut dire penser et " Bazou Mennen Wa Wangòl " veut dire " Le grand roi penseur d'Angola ". Le mot " Wangòl " dans le vodou haïtien vient du mot " Ngola ", le titre du roi du Ndongo, un vassal du royaume Kôngo, et le Ngola s'appelait " Ngola Inene (le grand roi) ". En créole haïtien " wa " veut dire roi et ce mot a été collé à " Ngòl " ou " Ngolo " pour devenir " Wangòl " ou " Wangòl o ! ". Le roi Ngola Kiluange est commémoré en Haïti en tant qu'un ancêtre distingué. La femme du roi Wangòl est La Renn Kôngo dit " Manbo Inan "

La fête principale a lieu tous les 13, 14 et 15 août et dure deux semaines, avec le sacrifice du bœuf du 15 août. Le 15 août est la fête de l'assomption de Marie (Mère de Jésus) et c'est aussi le jour où à Soukri Danach, les vodouisants célèbrent Erzulie Dantor, la vierge noire. À l'entrée principale du site de Lakou Soukri, on découvre l'éperon dédié à un esprit dénommé " Kay Jatibwa Kento Pala ", un des 101 enfants de " Mambo Inan ", considéré, comme étant le parrain de Zenga. Selon le panthéon vodou, Mambo Inan est considéré comme étant la mère de tous les enfants du Lakou. Elle est représentée par une couleuvre et admet toutes les couleurs dans le cadre de cette traditionnelle célébration par les rituelles et la danse, la nourriture et le pèlerinage, les consultations et les offrandes et les bains ésotériques.

L'anthropologue belge, Luc de Heusch a fait l'observation suivante : "*dans le nord du pays a Lakou Soukri, il existe un sanctuaire parfaitement original. Il est entièrement dédié à des divinités Kôngo* ". La société des dieux s'organise autour de la souveraineté du roi Bazou et d'une reine appelée Mambo Inan qui conserve le souvenir de l'ancienne royauté Kôngo. Le sanctuaire de Soukri Danach des Gonaïves, est un reposoir pur, et forme la plus royale des expressions religieuses Kôngo en Haïti. La fête des Rois mages, coïncide à Soukri Danach, avec la fête de "Papa Bazu" (père des loas), et le 06 janvier, symbolise l'ouverture de l'année mystique. La célébration des loas de Lakou Soukri prend toute les formes à travers les éléments de la nature tels que l'eau des rivières, la terre, la pierre, les animaux et les arbres. À Soukri, tout est reposoir pour les loas et sert aussi bien de reposoir pour les loas et de réservoir pour les pèlerins et adeptes en quête d'espérance, de reconnaissance et de réjouissance.

À cinq minutes de marche du péristyle du Lakou Soukri, se trouve, "Le Bassin Manbo", qui comprend un courant d'eau, une petite rivière et deux arbres, dont un sablier et un "Mombin" qui servent de reposoir à l'un des plus influents lwas (esprit) de Soukri, "Lumba Zaroun", qui représente Jupiter Congo. Dans l'imaginaire de Soukri, c'est l'un des lwas du panthéon vodou, célébré dans ce site. L'on se sert d'un mapou (baobab) comme reposoir, destinée accueillir, l'adoration des nombreux pèlerins. Il est symbolisé par des crabes, araignées et ses couleurs sont le bleu et le rose. Lakou Soukri a été un site important de protestation anti-Duvalier, jusqu'à la chute du régime en 1986.

VI.2- Lakou (La cour) Souvnans (Souvenance) aux Gonaïves : Un sanctuaire de divinités du Dahomey

Souvenance ou Souvnans (en créole haïtien) est Situé à dix kilomètres au sud-ouest des Gonaïves. Souvnans est un des sites de cérémonies traditionnelles vodou les plus importants en Haïti, avec Soukri et Badjo. Il compte parmi les espaces de cultes vodou, les plus anciens. La fondation de Souvenance remonterait aux années 1791, peu après le soulèvement des esclaves dans le nord. Elle aurait été l'œuvre d'un petit groupe d'esclaves qui s'étaient réfugiés dans la zone pour pratiquer des rites ancestraux. En septembre 1815, Jean Baptiste Bois dit Papa Bois, devînt le chef du Lakou Souvnans, et fut succédé par son fils Archelus Bois, et ensuite, le troisième fut Fédélien qui remplit cette fonction durant toute la période de l'occupation américaine. Après sa transition, l'espace a été fermé à cause de la campagne des rejetés, initiée par l'Église catholique pour persécuter les vodouisants. En 1940, Bien Aimé fils, dit Ati Bien Aimé a pris les rênes du Lakou. Après cinquante ans de service, en 1990, à l'âge de 94 ans, il a traversé, comme on dit dans le milieu, quand quelqu'un d'aussi puissant est mort. Depuis lors, c'est son fils, Jean Georges Bien Aimé qui s'occupe de cet héritage ancestral mystique.

Le Lakou Badjo, rassemble chaque année à l'occasion des célébrations du temps de pâque des foules issues tant de la population locale, que des Haïtiens vivant à l'extérieur du pays. Les cérémonies organisées, en cette période à Souvnans, perpétuent des traditions africaines principalement dahoméennes (Dahomey) à travers un ensemble de rituels vodou ou se mêlent, prière, chants, danses, transes et bains de purification. La principale fête de Lakou Souvnans, se déroule pendant trois jours, autour du vingt-trois avril, généralement en période pascale. Les héritiers formels et mystiques de l'espace sont appelés "Pitit Kay".

La danse "Asòtò" y est dansée avec les rythmes du plus grand des tambours sacrés de la tradition dahoméenne, le tambour "Asòtò". Dans la tradition dahoméenne, le tambour "Asòtò" est à la fois instrument de musique, medium de communication avec les lwas. Après les séances de prières, de chants et de danses, un coq est généralement sacrifié devant la table des esprits, dans le " Sobaji ", un endroit sacré où sont disposés, les tables des loas et ou les esprits sont généralement interpellés. Le 21 septembre 2015, le Lakou Souvnans a fêté son deuxième siècle d'existence.

VI.3- Lakou (La cour) Badio ou Badjo à Gonaïves : Un sanctuaire de divinités multi nations

Lakou Badio, se trouve dans la commune de Gonaïves, Il est l'un des trois grands temples sacrés localisés dans le département de l'Artibonite, qui perpétuent la tradition vodou en Haïti. C'est un espace religieux fort d'un symbolisme culturel fondé au tournant de 1792, par quelques esclaves africains qui ont fui le nord, majoritairement peuplé d'esclaves Kôngo, pour s'établir dans l'Artibonite, à la suite de la cérémonie de bois caïman. Lakou Badio est donc un endroit mystique qui aurait existé avant la proclamation de l'indépendance d'Haïti, le 1er janvier 1804.

Jean Jacques Dessalines, un pratiquant du rite Congo aurait fréquenté le Lakou Badio, et il s'y serait recueilli peu avant la bataille de Vertières. L'épée de Dessalines y est conservée et attire des pèlerins tous les 7 ans.

Lakou Badio est un haut lieu sacré de pèlerinage, constitué d'un péristyle, d'un centre d'accueil et d'une mare dans laquelle, les participants et participantes sont invités à se baigner à l'occasion de la fête du " Lakou ", célébré tous les ans, du deux au six janvier, et coïncide avec la fête des Rois mages, un évènement qui marque l'Épiphanie dans la religion chrétienne.

Le Lakou Badio n'est pas un sanctuaire exclusif des divinités Nago, mais il est un sanctuaire des divinités de plusieurs nations, essentiellement : Kôngo, Fon et Nago. Le 04 janvier a lieu une cérémonie de tradition Kôngo dédiée à Bazou Mennen (Roi des Wongòl " Angolais ") qui est également honoré le lendemain. Les danses exécutées et la couleur des vêtements portés par les initiées sont le rouge pour les Nagos et le blanc pour les Kôngo. La vénération des loas Kôngo à Badio est très significative.

Enfin de compte, les trois Lakou (Triangle) sont le cœur du vodou, un triangle mystique dominé par les esprits Kôngo à travers trois cours principales, distantes de quelques kilomètres, les unes des autres. Lakou Soukri, de rite Kôngo, symbolise le peuple et la troupe. C'est dans cette cour que les sociétés secrètes vodou tels : Le Bizango, Sanpwèl (…) tirent leur origine. Le Lakou Souvnans, symbolise, la Cour Royale du Dahomey et donc le pouvoir temporel. Le Lakou Badjo, symbolise le pouvoir guerrier des peuples Kôngo (rite Petro- Lemba) et Yorouba (rite Nago).

Quand les trois pouvoirs : le populaire, le temporel et le guerrier étaient réunis sous l'égide du spirituel, il s'en dégageait une puissance telle que les troupes de Napoléon n'ont pas pu y faire grand-chose.

Chansoeme[262]

Fais-moi connaître Lakou Soukri

Fais-moi connaître Lakou Souvnans

Fais-moi connaître Bassin Saint Jacques

Fais-moi connaître seau d'eau

Fais-moi connaître la ville Okan

Fais-moi connaître Kay maitre Agoué

Fais-moi connaître Kay Simbi nan dlo

À la pointe de tes seins Ou j'ai joint pou l'akasan au sirop de canne à sucre

---

262   Pierre Réginald Riché, 2012, Chansoeme, Mon petit éditeur, Paris 8.

VII- LE RÔLE ET L'APPORT DES KÔNGO DANS LA PÉRIODE RÉVOLUTIONNAIRE

" Ma décision de détruire l'autorité des noirs à Saint-Domingue (Haïti) n'est pas tant pour des considérations de commerce et d'argent, mais plutôt à cause de la nécessité de bloquer à jamais la marche des Noirs dans le monde. "

Napoléon Bonaparte

VII.1- ROMAINE RIVIÈRE LA PROPHÉTESSE

Entre janvier et février 1791, à l'aube de la Révolution Haïtienne, un certain Romaine Rivière la prophétesse[263], Commandant général, révolutionnaire se faisant appeler prophétesse et non prophète, fait brûler la colonie. Romaine était originaire de Santo Domingo et Thomas Madiou l'appelait " La *griffe espagnole* ", il avait organisé une rébellion avec un nombre considérable d'esclaves. Il avait établi son quartier général dans une église abandonnée de trou-coffy dans les montagnes de l'ouest du port de Léogane.

Romaine Rivière la prophétesse spéculait qu'elle était la fille de la Vierge Marie ; ils se réunissaient avec sa bande dans des montagnes et dans son église de trou-coffy[264]. Pierre Pluchon[265] nous rapporte que Romaine avait établi une espèce de sanctuaire où il disait la messe et rendait des oracles. On voyait sur l'autel, un tabernacle dans lequel il mettait sa tête pour consulter des êtres surnaturels. Romaine Rivière la prophétesse tenait toujours une croix sur sa main qui selon lui le permettait d'être en contact avec la Vierge Marie. Romaine Rivière la prophétesse avait des cérémonies étranges. Elle plaçait sa tête dans le tabernacle pour communiquer avec la Sainte Vierge Marie. Il avait amassé de nombreux objets de cultes dont certains volés dans d'autres églises pour orner la sienne à trou-coffy.

Romaine prêchait devant ses fidèles avec une croix inversée, avec un sabre à la main. Pour Romaine, la Vierge Marie avait ordonné le génocide de la race blanche de Saint-Domingue pour qu'il devienne le roi de Saint-Domingue ; la Sainte Vierge Marie était la garante de sa victoire. Pour Romaine, *" Dieu était noir et que tous les blancs doivent être tués "*. Pierre Pluchon a considéré Romaine comme étant un sorcier qui a terrorisé la ville de Léogane.

---

263   Terry Rey,2017, The Priest and the Prophetess: Abbé Ouvière, Romaine Rivière, and the Revolutionary Atlantic World, Oxford university press.

264 James Barskett, 1826, Histoire Politique et Statistique de L'île de Saint-Domingue, Paris, Brière, p.220.

265   Pierre Pluchon, 1987, opcité.

Romaine Rivière la prophétesse pratiquait des cultes similaires au culte Petro, un culte Kôngo[266]. Le professeur Terry Rey[267] la comparait à Kimpa Mvita. Kimpa Mvita possédée par Saint-Antoine pour restaurer le royaume Kôngo détruit par les blancs, et Romaine Rivière, la prophétesse possédée par la Vierge Marie, une vierge noire pour libérer son peuple de l'oppression coloniale et créer un nouvel État. Pour Terry Rey, le message de Romaine a fait résonner, la religio-idéologie politique Kôngo du XVIIe et XVIIIe siècle, celle de la prophétesse Kimpa Mvita.

VII.2- MACAYA ET LAMOUR DESRANCE

Macaya était un dirigeant de forte conscience ethnique et de volonté d'autonomie manifeste ; c'était un militaire, lieutenant d'un leader de bande qui s'appelait Pierrot. Macaya contrôlait la région de Limbe au nord d'Haïti. L'Acul du Sud, était la base d'opérations de Macaya. Sa base était organisée, comme un État avec un roi. Macaya se proclamait descendant d'un roi Kôngo[268], la bande de Macaya était composée en majorité de Kôngo. L'idéologie de Macaya, se dégage comme étant une idéologie plus Kôngo que créole, avec un symbolisme chrétien. Le professeur Thornton a d'ailleurs considéré la bande de Macaya, comme étant une " *Bande Kôngo* ". Les différentes déclarations de Macaya sont parallèles à l'idéologie de Romaine la prophétesse.

Il existe des témoignages des soldats français qui insinuent que les Rebelles africains choisissaient un roi, pour chaque portion d'espace capturé.[269]On connait la réponse de Macaya à Sonthonax en 1793, le Commissaire civil français avait invité le chef Kôngo à passer avec sa petite armée d'insurgés au service de la France révolutionnaire, contre l'envahisseur royaliste espagnol ; il lui avait promis la liberté en retour, pour lui et ses hommes. Macaya rejeta l'offre, parce qu'il ne voulait pas, expliqua-t-il, avoir à combattre ses frères, qui se trouvaient dans les deux camps : " *J'ai trois rois, celui du Kôngo qui est le roi de tous les noirs, celui de la France qui est mon père, et celui de l'Espagne qui est ma mère* ".[270]

Macaya, fut le plus influent des chefs insurgés du nord, il fut le premier à se faire appeler général en chef.

Après Macaya, il y a Lamour Désrance, ancien esclave né en Afrique (Bossale) et originaire du Kôngo. Lamour Desrance était un esclave fugitif de la plantation de l'habitation Desrance, qui forma un groupe de Rebelles, appelé, la société marronne indépendante du Morne la Selle et prit le titre de général en chef des départements de l'Ouest et du Sud. Ladite société du général Desrance, sema la terreur dans la plaine de l'Archaie entre Port-au-Prince et Saint Marc, au nord de Saint-Domingue, dans la vallée de l'Artibonite. L'historien Thomas Madiou, écrit qu'il commandait à des bandes d'Aradas, d'Ibos, d'Haoussas, de Kôngo, organisées sur une base

---

266 Serge Larose: The Meaning of Africa in Haïtian Vodoo, article, Symbols and sentiments : cross-cultural studies in symbolism, 85, Ed, L. M. Lewis, London, Academic press, 1977, p.111 et Rachel Beauvoir Dominique, 1991, L'ancienne cathédrale de Port-au-Prince : Perspectives d'un vestige de carrefours, p. 64.

267 Terry Rey:The Virgin Mary And The Revolution in Saint-Domingue: The charisma of Romaine-la-prophetesse,journal of historical sociology 11(3): 341-369,December 2002.

268 François Joseph Pamphile de la Croix, 1819, Mémoires pour servir à L'Histoire de la Révolution de Saint-Domingue, 2 vols, Paris.

269 Santo Domingo Disturbances, " published in the Philadelphia General Advertiser, N 322, 11 October 1791.

270 John. K. Thornton : " Je suis le sujet du roi de Congo ", Journal of world history, 4 (1993), p.181-214.

ethnique. Lamour Desrance a eu à s'opposer à Toussaint, lors de la guerre des couteaux, un conflit opposant deux chefs de guerre : Toussaint Louverture et André Rigaud. La guerre des couteaux fut une guerre civile entre la caste des noirs (Toussaint) et celle des mulâtres (Rigaud), pour le contrôle du territoire et le pouvoir. Lamour Desrance a été, l'un des rares noirs dans le camp des mulâtres, contrôlant, l'ouest de l'île d'Haïti et résistant à l'autorité de Dessalines et Toussaint. Les Kôngo (Macaya…), de leur côté, ne voulaient jamais reconnaitre la suprématie des anciens généraux des troupes coloniales (Toussaint Louverture et Jean Jacques Dessalines), qu'ils regardaient comme des traitres[271] à la cause des noirs. Ces officiers créoles s'étaient soulevés après eux, après qu'ils les eussent pourchassés au nom de la France. Les deux grands concurrents de Dessalines furent attirés dans des guets-apens et liquidés.

Macaya fut tué lors d'une rencontre proposée par Christophe, qui voulait, prétextait ce dernier, s'aider des lumières du chef Kôngo pour l'organisation des bandes du Nord. Lamour Desrance fut assassiné alors qu'il passait en revue, sur invitation, des troupes fidèles à Dessalines, qui avaient feint de se placer sous l'autorité du général en chef africain. Macaya avait pourtant fini par faire sa soumission au général en chef créole.

VII.3- JEAN BAPTISTE SANS SOUCI

Jean Baptiste Sans Souci, est l'un des plus grands leaders militaires de la Révolution Haïtienne dans la lutte contre les troupes françaises de Charles Leclerc en 1802-1803. Sans Souci était un Kôngo selon les déclarations faites dans l'ouvrage de Laurent Dubois[272]. La bande de sans souci était active dans le nord de Saint-Domingue, près de la ville de Limonade ; quand Toussaint Louverture devient gouverneur, sans souci devient commandant de Grande Rivière, dans la plaine du nord, cette nomination de la part de Toussaint Louverture, montre l'estime de Toussaint pour Sans souci qui a participé, sous la commande de Toussaint Louverture, à la résistance contre les troupes du Général Leclerc, arrivées dans la colonie en 1802 pour le rétablissement de l'esclavage. Quand le général Leclerc envoya ses troupes sur la plaine du nord en avril 1802, nombreux furent tués par les Rebelles, une centaine de Français capturés par Sans Souci furent envoyés chez Toussaint Louverture. En juillet 1802, Leclerc ordonne la capture de Sans souci, ce dernier joignit le Rebelle Macaya et Va- Malheureux. Sans Souci a contrôlé les régions montagneuses, où il a tenu en échec les attaques françaises. Sans Souci est présenté comme l'un des Rebelles les plus talentueux de Saint-Domingue, il utilisait les techniques de combat et le style de guerre des Kôngo contre les Portugais au royaume Kôngo. En septembre 1802, au cours d'une attaque française contre Sans souci, il y eut 400 Français tués. Sans-Souci a combattu contre Dessalines et Henry Christophe quand ils étaient du côté Français avec le général Leclerc au début de l'an 1803, par la suite plusieurs mulâtres et nègres finirent par regagner le côté des Rebelles. Ils y eut des tensions entre les mulâtres et les noirs ; les mulâtres et les noirs affranchis voulaient être supérieurs aux nègres. Sans Souci était hostile à Henry Christophe, quand Henry

---

271 Pour John K. Thornton " Les petits chefs qui ont résisté Louverture et Christophe étaient surtout Kôngo. Cela veut dire que ces gens se sont battus en partie à une certaine compréhension du droit politique opposé fortement à l'autoritarisme se manifestant par Louverture et autres.

272 Laurent Dubois and John Garrigus, 2006, Slave revolution in the Caribbean 1789-1804 : A brief history with document, Bedford/St Martin,p. 104 et Laurent Dubois, 2004, Avengers of the new world : The story of the Haitian revolution, Cambridge Massachusetts/London, England, the Belknop Press of Harvard University Press, 2004.

Christophe combattait du côté de la France, il avait envoyé des troupes contre lui, Sans souci ne voulait pas être sous les ordres de Henry Christophe

Suite à une tentative de médiation, Sans souci fut invité par Henry Christophe et fut assassiné par les ordres de ce dernier. Le professeur Van Hee [273]a considéré Romaine Rivière la prophétesse et Macaya tous deux Kôngo, comme étant les leaders les plus importants des débuts de la Révolution Haïtienne.

Romaine Rivière la prophétesse et Macaya étaient basés tous deux sur une religion-idéologie Kôngo. La bande de Romaine et de Macaya n'était que l'une de nombreuses bandes que Toussaint Louverture contrôlait avec difficultés, telle la bande de Sainte Jésus Maman Bondye, Sainte Catherine, Saint Jean Pierre L'éternité, Petit Noel Prieur (..).

Vers la fin du 18e siècle, la plupart de ces bandes étaient appelées Kôngo[274]. Michel Etienne Descourlitz[275], nous rapporte qu'une bande de Kôngo portait un sac remplit de têtes de crapauds et de serpents attachés à leurs mains et leurs pieds, ces Kôngo étaient pour la plupart des prêtres vodou, ils étaient anti- balle et opéraient indépendamment de la grande armée de Toussaint Louverture et Jean Jacques Dessalines. Le fétiche (Nkisi) rapporté par Michel Etienne Descourlitz ressemble au fétiche Kôngo. Appelé " Kiwoho ou kiwo " qui est un fétiche enfermé dans un petit sac fermé par un anneau (fétiche masculin) pour le fétiche féminin, les ingrédients sont enfermés dans une statue, qui a une chevelure de cheveux humains et parmi les ingrédients, il y a les têtes des serpents. Ce fétiche sert à écarter les maléfices et à guérir les insomnies causées par les mauvais sorts[276].

Face, donc à la résistance des Rebelles nés en Afrique (Bossales-Kôngo), Dessalines avait résolu, selon ses propres mots, de faire rendre le dernier souffle à la faction expirante des Bandes qui ne s'était pas ralliée à lui. C'est dans ce contexte de chasse aux chefs de bandes africaines que deux leaders Kôngo du Nord, Cagnet et Jacques Tellier, en vinrent à persuader leurs partisans qu'il était de l'intérêt des Africains de se soumettre plutôt aux Français qu'à Dessalines qui avait juré leur extermination. Leur soumission à l'ennemi blanc eut pour résultat de ramener le drapeau français dans les quartiers à prédominance Kôngo et d'entraver dans le Nord les mouvements des troupes fidèles à Dessalines.

Les chefs de bandes des Kôngo, cultivateurs radicaux, vrais soldats d'une armée de guérilla furent :

Dans le sud : Jean Panier, Goman, Janvier Thomas, Gilles Bénèch.

Dans le nord : Sans Souci, Jasmin, Macaya, Sylla, Petit Noel Prieur, Mathieu, Jacques Tellier, Va Malheureux, Cacapoule, Mavoungou (…).

Dans l'ouest : Lamour Desrance, Mamzèl, Halaou, les disciples de Romaine Rivière et Gingembre Trop Fort.

---

273   Linda Heywood, 2002, central Africans and cultural transformations in American diaspora, Cambridge university press, p. 270.

274   Linda Heywood,2002, opcité, p. 260.

275 Michel Etienne Descourlitz, 1935, Voyage d'un Naturaliste en Haïti, 1799-1803, Paris, Plon.

276   J Van wing, 1959, opcité, p. 407

Dans le nord-est : Apollon Beaujour, Du haut du trou, Lafleur, De Fort Liberté, Trou canne, De Sainte Suzanne, Jean Charles Daux et Chateaubriand.Tous seront fusillés sur les ordres de Dessalines et Christophe en 1802. C'est donc dans le cadre de la lutte pour la suprématie politique que le mot Kôngo dans la bouche des dirigeants créoles, désignait alors, dans un sens péjoratif, les bandes d'insurgés nés en Afrique et commandés par des chefs africains indépendants de la direction créole de la Révolution. Kôngo, c'est " le Bossale " le nègre africain sur qui le Créole avait, dans l'imaginaire colonial, un droit naturel de supériorité. Dans le cadre de la lutte entre chefs créoles et chefs africains pour la suprématie politique, l'image dépréciative du Kôngo servait à isoler politiquement les chefs africains des masses africaines majoritaires dans la population esclave. Les Bossales n'ont pas accepté cordialement, Dessalines, qui hier leur tirait dessus. Quoi qu'il en soit, on assista, au cours de la guerre d'indépendance, a une vive lutte pour le commandement suprême de la révolution entre Kôngo-Bossales et Créoles. Malgré les dissensions, les mulâtres et les indigènes s'unirent pour lutter contre la France.

Le 8 mars 1791, la constituante française accordait aux hommes de couleur le droit de participer avec les propriétaires blancs à la formation des assemblées. Un quarteron, Vincent Ogé, un mulâtre Saint-Dominguois, activiste pour la cause des noirs en France, originaire du nord de la colonie était dans le même cercle d'idées que la " French antislavery society ", amis des noirs de Mirabeau, Brissot et Condorcet pour la cause de l'abolition de l'esclavage aux Amériques. Quand Ogé apprend cette mesure, il sera aidé d'un camarade du nom de Chavannes, un ancien combattant de la révolution des États-Unis d'Amérique. Il est à noter que certains Saint-Dominguois noirs ou mulâtres libres ou affranchis avaient combattu pendant la révolution des États-Unis d'Amérique notamment en Georgie, aux côtés de la France, un contingent de 1750 soldats dirigés par Le Compte d'Estaing, parmi les mulâtres et affranchis Saint-Dominguois de ce contingent furent : Henry Christophe, Jean Pierre Lambert, André Rigaud, et Louis Jacques Beauvais. Ils avaient perdu la bataille de Savannah du 9 septembre 1779, bataille que Georges Washington appellera " the disaster of Savannah " (Le désastre de Savannah). Ogé et Chavannes s'embarquent pour Saint-Domingue afin d'exiger l'application de la loi, ils rassemblent 400 partisans armés, ils vivaient cachés dans les forêts du nord d'Haïti ils revendiquaient la fin de la discrimination raciale. Le mouvement de Vincent Ogé ne tint pas longtemps. Ils seront rapidement dispersés par les troupes du Colonel Cambefort, ils seront condamnés à mort par le conseil supérieur. Ils sont emmenés sur le lieu d'exécution en chemise, la corde au cou, pieds nus, Vincent Ogé et Chavannes et 20 de ses membres furent sauvagement exécutés sur la Place d'Armes du Cap Français, par la méthode du supplice de la roue. Cette effroyable mise en scène exacerbe les passions, et les hommes de couleur libres vont alors s'opposer aux colons blancs. Le mouvement de Vincent Ogé, fut l'une des forces qui menèrent la masse servile vers la révolte générale.

VIII- LA CÉRÉMONIE DU BOIS CAÏMAN D'AOÛT 1791 : LA PLUS IMPORTANTE CÉRÉMONIE RELIGIEUSE D'HAÏTI. QUELLE TRADITION ?

La cérémonie du bois caïman fut une réunion politique qui avait pour objectif de définir une stratégie pour renverser le colonialisme et sortir du joug de l'esclavage. C'était un rassemblement religieux parce que ce sont des pratiques traditionnelles et religieuses africaines qui furent la force vitale pour accomplir le projet politique à l'ordre du jour. La cérémonie du bois caïman est d'une richesse solidaire inestimable dans l'histoire d'Haïti. La nuit la plus importante de l'histoire mystique d'Haïti. Les sources d'informations sur cette cérémonie n'émanent pas toujours directement des esclaves. Mais il est évident qu'ils eurent des survivants de cette cérémonie qui transmirent oralement les faits qui se sont ensuite répandus de génération en génération, avec des déformations, et seules une expérimentation historique et une analyse minutieuse de la tradition Africaine authentique, et des survivances linguistiques de la fameuse prière de Cécile Fatima pratiquée lors de cette cérémonie, peuvent nous permettre de reconstruire avec une grande hypothèse, la fameuse cérémonie du Bois Caïman. Il existe plusieurs légendes sur cette cérémonie et les récits sont contradictoires, et ces contradictions perdurent 4 siècles après. La cérémonie du Bois-Caïman suscite d'âpres controverses. Plusieurs chercheurs se livrent à une véritable course à la vérité sur l'événement du 14 août :

Chronologie supposée de la cérémonie de Bois Caïman
Le récit de Bois Caïman se passe, sept jours après une concertation de près de 200 esclaves pour l'établissement d'un plan définitif de révolte générale tenue au morne rouge sur l'habitation Lenormand de Mezy, dans la plaine du nord sur la route qui mène au Cap, précisément le 14 Août 1791 ou le 22 août selon Aimé Césaire et C. L. R James. Plusieurs récits historiques s'accordent que le 14 août fut la réunion de préparation de la révolte et la nuit du 22 au 23 août la cérémonie vaudou qui devait déclencher la révolte. Dutty Boukman ou Zamba Boukman un prêtre vodou, créole, grand de taille, et très fort qui ne craignait rien, venu de la Jamaïque, organise la cérémonie avec une prêtresse vodou Cécile Fatima[277] à l'endroit dit Bois Caïman, au nord d'Haïti sous un temps pluvieux qui grondait et les éclairs sillonnaient le ciel, signes des esprits des Ancêtres.

---

277 L'identité de Cécile Fatima fut dévoilée en 1954, par l'historien Etienne. D. Charles, suite au témoignage du général Pierrot Benoit Rameau, l'arrière-petit-fils de madame Fatima et un héros de la résistance contre l'occupation américaine d'Haïti (1915-1934).

1ère hypothèse sur la cérémonie de Bois Caïman

Un certain Antoine Dalmas auteur de l'histoire de la Révolution Haïtienne de 1791, publié en 1814 après l'indépendance d'Haïti, a parlé de deux réunions, l'une tenue le 14 août au morne rouge qui rassemble 200 esclaves et planifie la révolte sans cérémonie vodou et une autre le 21 août sur la plantation Choiseul, endroit qui s'appelle toujours bois caïman et c'est là qu'il y aurait eu une cérémonie vodou.

2e hypothèse sur la cérémonie de Bois Caïman

Il existe une argumentation un peu bien cousue puisée dans le livre titré : Vaudou et développement socio-économique d'Haïti (pp183, 185) : " L'expression " *Bois Caïman* " utilisée pour désigner la place où a eu lieu la cérémonie est fictive. On a pris le préfixe " caï " dans le caïmitier, le préfixe " bois " pour les feuillages duquel on allait organiser la cérémonie, le suffixe " man " dans Boukman, le célébrant. On a formé ainsi le mot " caïman " précédé du mot " *bois* " pour indiquer que c'est un arbre. Seuls les participants étaient en mesure de décoder l'expression " *bois caïman* " et connaissaient sa vraie signification. Il s'agissait d'un mot de passe, c'est-à-dire d'un subterfuge pour déjouer tout soupçon. Les organisateurs étaient sur leur garde. Ils savaient que les colons avaient du flair et qu'ils disposaient au sein même de la masse servile des agents de renseignements qui épiaient tout et les informaient de tout. Diverses tentatives de révoltes furent éventées avant le 21 août 1791 et étouffées dans le sang, même sur les navires négriers, suite à des dénonciations. Par prudence, ils utilisaient le pseudonyme " *Bois Caïman* ". Mais, notre étude considère cette hypothèse comme étant trop romanesque.

Scénario du déroulement de la cérémonie de bois caïman, d'après des sources orales.

Boukman pria ainsi[278] : " *Le Dieu qui a créé la terre, qui a créé le soleil qui nous donne la lumière*

Le Dieu qui détient les océans, qui assure le rugissement du tonnerre

Dieu qui a des oreilles pour entendre : Toi qui es caché dans les nuages, qui nous montres d'où nous sommes, tu crois que le blanc nous fait souffrir

Le Dieu de l'homme blanc lui demande de commettre des crimes

Mais le Dieu à l'intérieur de nous veut que nous fassions le bien,

Notre Dieu qui est si bon, si juste, nous ordonne de nous venger de nos torts

C'est lui qui va nous aider

Nous devrions tous rejeter l'image du Dieu de l'homme blanc qui est si impitoyable

Écoutez la voix de la liberté qui chante dans nos cœurs ".

Boukman n'avait pas invoqué Allah, selon l'imaginaire de ceux qui ont rapporté la cérémonie de bois caïman, Boukman n'était pas musulman. Au cours de la cérémonie, les esclaves formèrent

---

278 Traduction de la prière de Boukman par l'historien Claude Ribbe.

un grand cercle et s'assirent tous par terre. Boukman pria ainsi, un cochon sauvage fut sacrifié, ils burent tous le sang de ce cochon et ils s'accaparèrent tous des cheveux de ce cochon comme protection ensuite la décision de se Rebeller fut communiquée à tous les esclaves, la nuit du 22 au 23 Août 1791.

En buvant, le sang, ils conclurent ainsi un pacte de sang avec leurs Ancêtres et leurs dieux, ils s'engagèrent, pour ni trahir ni faire marche arrière. Chaque assistant "*prêtait le serment solennel de subir les pires tortures plutôt que de livrer les secrets qui lui étaient confiés.* " Les noirs du nord d'Haïti entrèrent en rébellion. Mais la seule chose et le seul élément commun de toutes les interprétations qui existent sur cette cérémonie est que : **un cochon fut tué, et les esclaves burent le sang de ce cochon, et que le serment fut prononcé en langue kikôngo** par Cécile Fatima, qui incantat : " ***Canga Bafiote, Canga Mundele Canga Ndoki...* ".** Notre scénario, nous fait la peinture d'un aliment puissant pour la libération et cet aliment c'est le vodou. La cérémonie de bois caïman est un rassemblement rituel.

En partant des deux premières propositions de faits, qui sont distinctes l'une de l'autre, la science historique nous invite à faire un scénario, pour une histoire mal construite. Quand un fait est mal construit, il faut s'évertuer à déceler et soutirer le caractère épique et peindre ce qui est vraisemblable et rationnel. L'expérimentation s'impose et elle se baserait sur la question de savoir à quelle tradition Africaine la cérémonie est-elle semblable ? La réponse ne pourrait que se trouver sur des éventuelles survivances linguistiques existantes. Ces survivances nous permettent de déceler l'élément ethnique présent et donc la couleur ethnique de la tradition pratiquée durant la cérémonie ; les origines donc ethniques de la masse servile dominante. Les annales de l'histoire de la cérémonie de bois caïman nous ont laissé une prière, incantée par une prêtresse dite Cécile Fatima.

Analyse Linguistique de la prière de Cécile Fatima
1- Transcription de la prière en usage en Haïti[279] " *Eh ! eh ! Bomba eh ! eh !* *Canga Bafioté* *Canga moun delé* *Canga doki la* *Canga li* "

2- Traduction en langue Kikôngo (Groupe linguistique H 10), selon les mots :
La prière a été rapportée par un locuteur de la langue française qui a mal fait la transcription d'une langue qu'il ne pratiquait pas :
 	
  ➢ *Canga=vient du mot "Kanga". Le phonème kikôngo "K" a été francisé en "c".*
 	
  ➢ *Bomba= vient du mot Mbumba, qui dérive du verbe "Bumba" : pétrir, façonner de ses mains, fabriquer, créer. Mbumba, c'est le créateur. Le transcripteur a dénasalisé "MB".*

---

279 Jean Price Mars, 1928, Ainsi parla, l'oncle, parapsychologie Foundation, INC, New York, p.116.

- ➢ *Bafiote= c'est un mot qui vient du vocable " Mfioté ", qui est vocable de la langue Kiwoyo et Kivili, parlée au royaume Loango, Kakôngo et Ngoyo, des états vassaux du royaume Kôngo. Le Kiwoyo et le Kivili, sont des dialectes[280] de langue Kikôngo, classés dans le groupe linguistique " H 10 " qui est le Kikôngo.*

- ➢ *Moune delé=Mundele est un vocable de la langue Kikôngo, parlé au royaume Kôngo. Ce mot veut dire " Baleine ". Les Bakôngo utilisaient ce mot pour désigner les bateaux des Portugais. Quand les Portugais accostaient sur les côtes du Kôngo, on disait " Les baleines (Mundele) sont arrivées " et le mot Mundele est devenu le mot utilisé pour désigner les Européens. Dans notre prière, le mot Mundele est utilisé pour désigner l'homme blanc. Le transcripteur a francisé le mot.*

- ➢ *Ndoki= Le mot " Ndoki " est le vocable utilisé pour désigner un sorcier et dans le contexte de notre prière, " Ndoki " est utilisé pour traiter l'homme blanc de mauvais et cruel. Le transcripteur a fait perdre le phonème initial " N ", il y a eu ainsi, une dénasalisation de " ND " qui est une mi- nasale.*

- ➢ *Li= vient du kikôngo " i ", il y a eu l'ajout d'un segment " L "*

Retranscription phonétique en bon Kikôngo par Raphaël Batsikama[281]

" E, e, Mbumba, e, e
Kanga Bafyoti
Kanga Mundele
Kanga ndoki ya!
Kanga I! "

Traduction du Kikôngo en français par Raphaël Batsikama[282]

Oh ! Dieu
Sauve les noirs
Rends les Blancs esclaves
Oh ! arretez ces sorciers,
Arretez, nous t'en prions

---

280 Théophile Obenga, 1977, Le Zaïre : civilisations traditionnelles et cultures moderne, Présence africaine.
281 Raphael Batsikama, 1999, L'ancien royaume du Kôngo, l'Harmattan, p.36.
282 Raphael Batsikama, 1999, opcité.

La cérémonie de Bois Caïman se passe non loin de là où Makandal a vécu. Makandal était décédé depuis près de trois décennies, mais Michel. S. Laguerre a eu raison de déclarer que " Bois Caïman " s'était déroulé dans la même tradition que les cérémonies rituelles de Makandal, non loin de la plantation de Lenormand de Mezy où il fut esclave. C'est aussi dans cette aire culturelle que s'est développé le Petro-Lemba. La masse servile était peuplée de Kôngo et le rituel a été dominé par ce peuple : Les Bakôngo

La Tradition de la cérémonie de Bois Caïman, sa philosophie et son contenu symbolique.

L'indication du lieu "plaine du nord" "nord d'Haïti" : C'est l'endroit où a vécu François Makandal de nation Kôngo, ainsi que Jérôme Poteau de nation également Kôngo. Cette zone est reconnue comme ayant été peuplée majoritairement par les Kôngo. La masse servile de cette zone était dominée par les Kôngo. Moreau de Saint Mery, grand historien de la nation haïtienne, nous a bien rapporté que le serment de la cérémonie de bois caïman était en langue Kikôngo et notre analyse, confirme également la prière comme étant de langue Kikôngo (Groupe linguistique H 10).

Mais malheureusement Moreau de Saint Mery avait peint la cérémonie comme étant une cérémonie rada du Dahomey. Cécile Fatima qui prononça cette incantation en Kikôngo est reconnue comme étant une Kôngo et les Kôngo à ce siècle n'avaient pas eu de contact avec l'islam. Cécile Fatima ne pouvait être musulmane comme prétendent plusieurs blogueurs ou historiens.

Elle était vêtue d'une tunique blanche (Mpemba) à la manière des féticheurs Kôngo qui eux se faisait badigeonner de peinture blanche aux yeux pour voir dans le monde invisible. La tunique blanche de Fatima était un élément pour être en contact avec le monde des Ancêtres avec lequel, il fallait communiquer.

Dans la tradition Kôngo, le blanc est la couleur du monde des morts (l'océan) dont le dieu est Kalunga. Le monde des morts est le " Mpemba ", symbolisé par les Bakôngo avec l'argile blanche. Outre Boukman et Cécile Fatima, le chef des insurgés, qui étaient présents, furent : Louis Michel Pierrot (mari de Cécile Fatima), Jean François Papillon, Le Grand Amiral, Jeannot Bullet Médecin Général, Grand Juge, Le Sadique et Georges Biassou Generalissimo des chefs de bandes.

Thomas Madiou[283], asserte que Biassou et Jeannot étaient entourés de prêtres vodou et des sorciers. Il est reconnu dans l'histoire d'Haïti que les esclaves Kôngo étaient enclins à la sorcellerie[284]. Nos questions expérimentales trouvent un bon indice, dans la mesure où nous savons que notre cérémonie fut une cérémonie magique de sorciers et de charlatans présents au nord de Saint-Domingue pour en découdre avec le catéchisme colonial. La tradition que revêt cette dernière a été qualifiée par tous les chercheurs comme étant Petro-Lemba (rite de la société

---

283 Thomas Madiou, 1989, Histoire d'Haïti, reprint, Port-au-Prince.
284 Gasner Joint, 1999, opcité.

Kôngo des Lemba), trouve son sens, car ce rite dit on touche à la magie.

Hénoch Trouillot a comparé la cérémonie de bois caïman, aux cérémonies de Jérôme Poteau en 1786 à Marmelade[285]. Plusieurs historiens et artistes haïtiens s'accordent sur le caractère Petro de cette cérémonie. Alfred Metraux, dans son ouvrage classique sur le Vodoo, a associé le sacrifice du cochon au rite Petro. L'artiste peintre haïtien Castera Bazile (1923-1965), à travers son tableau de commémoration de la cérémonie de Bwa Kaiman, peint en 1950, se trouvant au Musée d'art de Milwaukee aux États-Unis d'Amérique, a représenté la cérémonie de bois caïman comme une cérémonie Petro. Mais comment pouvons-nous scientifiquement qualifier cette tradition ? La cérémonie de Bois caïman est une cérémonie de quelle nature et de quelle tradition de l'Afrique ?

La description de la cérémonie du Lemba chez les Bakôngo par, John. M. Janzen[286], nous fait le parallèle avec la cérémonie de bois caïman :

" *la cérémonie du Lemba commence la nuit jusqu'aux premières heures du matin, elle se déroule au centre du village, durant la cérémonie, en chante avec le tam-tam pour invoquer les esprits des Ancêtres, une croix était dessinée sur le sol sur lequel était posé un couteau, durant la cérémonie, on sacrifie des cochons, des poulets et autres animaux. On pulvérise le sang du cochon en formant un cercle, par la suite, en chante le vœu* ".

Le père Van Wing[287] a eu à souligner que les Bakôngo versaient du sang de chèvre, du sang de poulets et de cochons dans les rituels qui servent à combattre ou à attaquer une force maléfique, tandis que Tollo[288] a noté l'importance du sang dans le fétichisme au Kôngo. Évidemment la cérémonie du bois caïman voulait attaquer une force maléfique représentée par le colon (européens). La plupart des œuvres picturales artistiques présentant la cérémonie du bois caïman nous montre une image nocturne au milieu d'une forêt, en son milieu un feu, avec une foule qui danse et qui chante (..). L'orage qui se déchaîna, la foudre qui sonna, les nuages sombres, la pluie torrentielle qui inonda le sol, le vent furieux qui tord les arbres et les arracha violemment avec fracas, tel que présenté dans certains récits, bien que légendaires, mais symboliques sont, aux yeux d'un traditionaliste africain, la manifestation des grands esprits, des eaux (pluies), de l'air (le vent violent), du feu (foudre) et les esprits de la terre. C'est ce que les Bakôngo nomment " Biba " ou " Bakulu " ou " Bumba " qui s'est manifesté à la suite des invocations des grands sorciers (prêtres vodou) qui étaient présents.

Nous connaissant maintenant que la cérémonie de bois caïman fut de tradition Kôngo. Posons-nous la question, pourquoi cette cérémonie du Bois Caïman avant le déclenchement de la grande révolte ?

La cérémonie de bois caïman puise sa source dans une coutume fortement Petro-Lemba dans la tradition Kôngo du Lemba. Avant de s'engager dans une aventure guerrière d'une grande

---

285 J. Kerboulle., 1973, Le Vaudou, Magie ou Religion, Paris Laffont, p.199.

286 John. M. Janzen, 1974, An Anthology of Kôngo Religion, university of Kansas, publications in Anthropology 5, Lawrence, Kansas, p. 99.

287   Joseph Van Wing, 1959, opcité, p.394.

288   E.C.Tollo, opcité, p. 8.

envergure, pour prévenir toute tentative de trahison, on organise une grande cérémonie en l'honneur des Ancêtres pour implorer leur protection. Au royaume Kôngo, le Lemba était considéré comme étant la main de Dieu, la cérémonie avait lieu le jour de Mpika, le Mercredi. On utilisait le Lemba pour combattre les grandes attaques spirituelles et affronter les grandes calamités. L'ethnographe Léon Bittremieux, le père Van Wing et Scholler qui ont laissé une littérature abondante sur le Lemba nous ont fait comprendre que le Lemba était le culte le plus dominant de la tradition Kôngo.

Dans la tradition Kôngo, le cochon est un animal réputé très spirituel et utilisé pour l'occultisme, ses poils comme ceux du buffle confèrent de la puissance. Monsieur Jean Lhérisson, un haïtien avec lequel nous nous sommes entretenus durant nos enquêtes de terrain nous a posé la question si la présence des cochons était attestée au Royaume Kôngo ? La réponse est bel et bien oui, car la présence des cochons est mentionnée au royaume Kôngo dès les années 1583. L'histoire générale de l'Afrique rédigée par l'UNESCO[289] nous informe que c'était certainement des animaux importés et que le cochon était fortement présent au royaume Kôngo et dans la colonie de l'Angola.

Nancy Turnier Férère, dit dans son livre sur le vèvè et les attributs de " Brize Penmba ", autre vocable : Brize Loupenmba ; attribut : Lwa guerrier qui était protecteur des esclaves marrons. Principaux rites : Kôngo, Makaya, Mayombe, Mondong, Penmba et Petro. Couleurs favorites : le blanc et le rouge. Brize Penmba est le résultat de l'union de Briz Montay et Manman Lou Penmba, accomplie dans le but d'obtenir l'énergie Petro nécessaire pour faire face à de dures taches durant la Guerre d'indépendance. Pemba nous renvoie au monde des Ancêtres. Bien qu'il puisse être honoré sous les divers rites déjà cités, il est surtout invoqué comme Petro. D'après la tradition, c'est sous ce rite qu'il est appelé à protéger les marrons qui combattaient pour la liberté dans les campagnes. Nancy Turnier rapporte qu'il a participé en 1791 à la cérémonie du bois caïman, cérémonie vaudou qui précipita l'insurrection générale des esclaves. Il est brave, agressif, et même féroce. La fusion entre Brize Montay et Manman Lou Penmba a donné lieu à la création de connexions de familles entre plusieurs autres lwas, dont Brize Makaya, Brize Nèg, Penmba Zile, Loupenmba Gouloufre, Nèg Loupenmba, Penmba Loupenmba.

Pour les narrateurs de la cérémonie de bois caïman qui ont présenté Boukman et Cécile Fatima comme des musulmans, il s'avère que tous les documents font ressortir que Boukman avait invoqué Dieu et non Allah, et que Cécile Fatima, la mulâtresse avait chanté le serment en langue kikôngo et que les Kôngo n'étaient des musulmans à ce siècle. De plus, le cochon est un animal tabou chez les musulmans. Ils ne le connaissaient pas d'ailleurs parce qu'ils vivaient sous un climat non approprié à son élevage et le porc dont le sang a été bu par les participants est un animal impur selon le Coran.

L'un des plus éminents sociologues d'Haïti, Laennec Hurbon[290], ainsi que l'historien britannique Robin Law[291], professeur émérite d'histoire de l'université de Stirling (Royaume uni), parlant de la cérémonie de bois caïman et du rituel d'ingestion de sang, stipulent que l'ingestion de sang ne

---

289UNESCO General History Of Africa, James Currey Édition, Tome V, p. 280.

290Laennec Hurbon, 2000, L'insurrection des esclaves de Saint-Domingue 22-23 août 1791, Édition Karthala, p.136.

291Robin Law: Harriet Tubman Seminar, Department of History, York university,08 November 1999,The Bois Caiman ceremony and the Bahamian blood pact, p.9.

semble pas être une caractéristique de la pratique religieuse dans la région du Kôngo, lieu d'origine du culte Petro, et Laennec Hurbon cite George Balandier et Anne Hilton[292] comme étant des œuvres où il n'a pas retrouvé des traces sur les pratiques d'ingestion de sang chez les Kôngo.

Ces propos de M. Hurbon ne résistent à l'analyse, car Balandier n'a pas parlé du culte Lemba des Kôngo qui renferme les ingrédients que l'on trouve dans le Petro haïtien, et ceci montre que Laennec Hurbon n'est pas allé fouiller dans les entrailles des traditions Kôngo, mais s'est arrêté à explorer au Dahomey, une erreur faite par de nombreux historiens sur Haïti. Pour comprendre le Petro haïtien, il faut comprendre le Lemba du Kôngo. L'anthropologue belge Luc De Heusch l'a fait, ainsi que Robert Farris Thompson. La littérature abondante sur le Lemba, nous l'avons, dit dans les lignes précédentes se trouve chez le missionnaire suédois Karl Laman, l'ethnographe belge Léo Bittremieux[293], l'œuvre du missionnaire belge, le révérend Père Joseph Van Wing[294], ainsi que son ouvrage coécrit avec Scholler. Nous n'oublions pas Fu Kiau Bunseki Lumanisa[295] et bien d'autres. Les missionnaires avaient pour mission de détruire les pratiques fétichistes des Kôngo pour que le catholicisme triomphe au sein des populations de l'empire Kôngo, ce sont donc eux qui ont le mieux expliqué les pratiques occultes des Bakôngo tandis que Fu Kiau Bunseki Lumanisa fut un natif Bakôngo initié de la secte bakhimba, une fois émigré aux États-Unis d'Amérique, il nous a laissé une littérature abondante dont Robert Farris Tompson s'est inspiré. Parlant de cérémonies rituelles Lemba, chez les Kôngo, l'historien congolais le Professeur Côme Kinata [296] dit : " *l'initiation est minutieusement conduite en insistant sur la signification particulière de chaque mouvement du corps. Le soir de la consécration, de nombreux porcs et coqs sont abattus et consommés. Dans une grosse gibecière sont placés la cage thoracique, les reins des porcs et les viscères des coqs* ".

Dans le Lemba, le sacrifice des animaux sert à invoquer, solliciter la présence et l'assistance des esprits " les bibas " ou les " Bakulu ". Fu Kiau Bunseki Lumanisa[297] ajoute que les célébrants du culte du Lemba sonnaient des cornes, jouaient des instruments de musique, tiraient des coups de fusil pour exprimer la descente des Ancêtres et les autres divinités.

Donc, citer deux ouvrages et attribuer un fait à un peuple n'est pas suffisant, en science historique, il ne suffit pas de lire les écrits laissés par les anciens, pour savoir ce qui s'est passé d'une part, parce que ces récits ne témoignent pas de toute la réalité, d'autre part parce qu'ils peuvent être constitués partiellement ou entièrement d'informations fausses ou déformées.

L'observation sur le terrain est un élément essentiel de la méthodologie des sciences sociales, l'historien Jan Vansina, pour écrire son livre sur le royaume des Tio, s'était rendu en République du Congo pour observer et s'enquérir de la tradition orale des peuples descendants des tio ! Laennec Hurbon a-t-il séjourné chez les peuples Kôngo et cherché à s'enquérir des infos de la

---

292 Georges Balandier, 1968, La vie quotidienne au royaume des congos du XVIe aux XVIIIe siècle, Trad Helen Weaver, Londres ainsi que Anne Hilton., 1985, Le royaume du Congo, Oxford.

293 Léon Bittremieux (1936) : La société sécrète des Bakhimba dans le Mayombe, mémoires, vol, Brussels : ircb et From a Muyombe MuKôngo, 1926.

294 Joseph Van Wing, 1959, opcité et Légendes des BaKôngo orientaux, Brussels, Bulens 19.

295 Fu Kiau Bunseki Lumanisa, 1969, Le MuKôngo et le Monde qui l'entourait (NKôngo ye nza ya kun'zungidila) Kinshasa, office national de la recherche et de développement.

296 Come Kinata, 2005, La formation du Clergé indigène au Congo Français : 1815-1960, L'Harmattan, p.4.

297 Fukiau Bunseki Lumanisa, 1969, opcité.

tradition orale sur la pratique d'ingestion du sang ? La réponse est que ce dernier ne cite que deux ouvrages pour soutenir son argumentaire (…).

Notre étude ne s'est pas bornée aux documents historiques, nous avons rencontré des féticheurs et des leaders d'église traditionnelle lors de plusieurs enquêtes de terrain, sur le sacrifice du cochon et l'ingestion de sang dans les pratiques Kôngo. Notre rencontre avec le Pasteur Brice Loupé[298], chef de l'Église Ngunza "Église Tangu yi Mfueni" dans le quartier de kinsoundi (Marché Manguier), au sud de Brazzaville (Congo), ainsi qu'au cours de notre rencontre avec le président du tribunal coutumier de terynkyo à Brazzaville (Congo) où nous avons fait la peinture de la cérémonie de bois caïman et la pratique du sacrifice du cochon et de l'ingestion de sang, au prélude de la révolution en Haïti, les points de vue de nos interlocuteurs qui sont des praticiens des traditions Kôngo, se convergent :

Le Pasteur et le juge traditionnel nous ont rapporté que le cochon est un animal très spirituel souvent utilisé par les sorciers chez les Bakôngo ; le sacrifice du cochon est appelé " Tikunku " et l'offrande est nommée " Moukayilou ". Quand une personne est menacée de mort par la maladie, on sacrifie généralement un cochon pour que l'animal meure en lieu et place du malade. Les sorciers travaillent beaucoup avec le cochon dans la société Kôngo. Aux yeux de nos interlocuteurs, la cérémonie du bois caïman représente une réunion de sorciers. Ils ont offert le cochon en immolation pour ne pas être vaincus par l'homme blanc. Plusieurs récits haïtiens relatent exactement que la cérémonie du bois caïman est une réunion de prêtre vodou et de charlatan. Dans les Saintes Écritures, Jésus est présenté comme l'agneau immolé qui a sacrifié sa vie pour les péchés des chrétiens. Jésus-Christ est mort crucifié avec les péchés des chrétiens, celui qui croit en lui sera sauvé, car lui a porté les péchés des chrétiens.

Ce qui veut dire que le cochon sacrifié au cours de la cérémonie du bois caïman était mort en lieu et place de tous ceux qui étaient présents à bois caïman. En buvant le sang du cochon immolé, les Rebelles entraient en contact avec le monde invisible et devenaient invulnérables. Dans le Lcmba, nous allons le répéter, les sacrifices d'animaux sont utilisés pour réveiller, faire appel aux bakulu " les esprits des Ancêtres ", on sacrifie parfois une chèvre ou un cabri. Quand un individu se rend chez un féticheur pour vouloir faire tuer un opposant, on sacrifie un poulet blanc. La philosophie du sacrifice des animaux chez les Kôngo est certainement identique à celle pratiquée au Dahomey ou dans une autre contrée d'Afrique, le cas de la cérémonie du bois caïman est que le serment est chanté en langue kikôngo à un endroit où jadis ont régné des grands leaders de bande d'esclaves Kôngo. Aucun historien ne nous a rapporté une incantation en une autre langue que le kikôngo.

Le professeur Laennec Hurbon dit dans le même ouvrage qu'attribuer le rite Petro, rite des divinités violentes au peuple Kôngo qui était considéré comme passif et docile et dire du rituel rada, un rituel doux et l'attribuer au peuple du Dahomey réputé belliqueux n'est pas admissible.

L'une des significations du mot Kôngo est guerrier et que Kôngo a été aussi le surnom du fondateur du royaume Kôngo qui fut un guerrier redoutable. Dans l'histoire du Congo Brazzaville, les résistants à la pénétration française sont des Kôngo (André Grenard Matsoua, Mabiala ma Nganga…), idem en République démocratique du Congo avec Simon Kibangu. Les

---

298 Entretien avec le Pasteur Brice Loupé, le 19 Février 2014 à Brazzaville (Congo).

Kôngo ont été des grands guerriers pendant les 27 ans de guerre qu'ait connu, l'Angola. Dans les Amériques la plupart des révoltes des esclaves ont été menées par des Kôngo à savoir : la révolte de Stono de 1739 aux États-Unis, le mouvement de Yanga Gaspar au Mexique, les cimarrones Kôngo à Cuba, Zumbi au Brésil, Francisco Kôngo au Pérou, Sébastien Lemba à Santo Domingo et autres. Ailleurs avant d'embarquer vers Saint-Domingue, des rapports des négriers nantais nous font savoir qu'il y eut plusieurs révoltes sur les côtes de l'Afrique Centrale.

D'après les déclarations des capitaines nantais, pendant un siècle, 15 000 captifs vont quitter chaque année la côte d'Angole et pendant un siècle chaque année, environ 15 % des bateaux connaîtront des révoltes, le plus souvent réprimées. Ce qui signifie aussi que 15 % des captifs auront connu une expérience de rébellion à bord, allant du refus d'embarquer (suicide) à la fuite (réussie ou non, individuelle ou en groupe) voire à la prise du bateau, autour de 200 000 personnes touchées, ce n'est pas rien ! Il y a des traces dans les Déclarations des capitaines nantais, tenus de justifier leurs pertes devant l'Amirauté et leur armateur....En voici quelques-unes, avec leur côte aux archives et leurs références paginales :

- Le 13 juillet 1740, 11 jours après son départ de Loango, un 120 tonneaux nantais, La Néréide 1739 (B 4588, f.120v-121 et B 4987), convoyait 313 captifs destinés au Cap. "*Tous ces captifs s'emparèrent du pont et du gaillard de devant, armés de douves et autres morceaux de bois pour maltraiter l'équipage, ce que voyant, lui dit sieur déclarant pour les intimider fit tirer à poudre sur eux. Mais cela ne fit que les animer davantage, voulant même avancer sur le gaillard derrière, il fut contraint de faire tirer à balle et ayant tué 4 Nègres et 1 Négresse, la révolte cessa*"

- La Finette en 1743 perd ses ancres, capitaine, second et pilote tombent malades. La goélette dérive un peu plus loin dans la région, dans le Gabon, puis relâche dans une rivière. Là, "*les nègres du lieu, au nombre de plus de 150, armés de fusils s'étant rendus à son bord, manquèrent d'assassiner et de manger le sieur déclarant également que son équipage lui volèrent 7 des plus beaux nègres de sa cargaison, avec quantité de marchandises sèches et autres, emmenèrent son lieutenant et un de ses matelots avec la chaloupe, que pour les ravoir il fallut leur donner pour plus de la valeur de 10 captifs, et que persistant toujours dans leur fureur de les vouloir manger et brûler la goélette, il survint heureusement une pluie si abondante que ces malheureux nègres prirent le parti de quitter le bord*". Le navire appareille, poursuivi par les Nègres en pirogues. Le navire prend la haute mer, fait eau, retourne au Gabon où il est abandonné.

- En 1766, un 156 tonneaux nantais, La Badine, (B 4594), débarque un missionnaire côte d'Angole. "*Deux jours avant son départ de la côte, il y eut une Révolte, dans laquelle 2 blancs et 14 nègres furent tués*". Il repart le 11.03.1767 avec 348 captifs, fait escale en Guadeloupe et vend les 318 captifs qui ont survécu à Léogane.

- Un 150 tonneaux, Le Saint-Pierre (ADLA B 4594), arrive dans la baie de Cap de Loppe en juillet 1767, où il pratique un cabotage négrier. Il n'y a pas une escale sans procès-verbal de marronnage – ce que nous appelons marronnage, les négriers le nomment : désertion ! Même les marchandises disparaissent ! La Déclaration faite par le commandant J. Ollivier devant le capitaine de l'Amirauté de Nantes le 09.01.1769 multiplie les Procès-Verbaux : "*(le bateau) a introduit à Cayenne 170 Nègres, 134 sont morts pendant la traite, la traversée que la vente*" "*4 ont déserté à Dumba dans la rivière de Bristol où le navire (finissait sa traite, Procès-Verbal du 01.02.1768). Aux portes de Prince, il en déserte 6 ayant percé le mur du magasin où ils avaient été mis pour les rafraîchir (Procès-Verbal des officiers le 12.02.1768). Rivière du Tagne, il déserte 2 noirs qu'on ne peut rattraper (Procès-Verbal du 08.01.1768). Désertés encore plusieurs dans une révolte contre le pilote ".* "Au village de Bimbe, dans la baye de Nazareth pour y faire sa traite, il lui fut volé grande quantité de marchandises (...). Le 21 septembre suivant, étant dans la rade de Bristol, dans la baye du Cap de Loppe, il lui vint à bord un capitaine anglais nommé William Brodie et commandant le bateau Lorck à M. Robert Green, et son pilote lui ayant expliqué que s'étant perdu le 24 du mois d'août, ils étaient détenus avec 7 de leurs matelots en captivité entre les mains des nègres qui exigeaient d'eux une rançon, et qu'il fut obligé de les racheter par des marchandises, employées et détaillées dans le Procès-Verbal qui a été fait ledit jour 21 septembre 1768 ".

- Un 60 tonneaux nantais, Le Marie-Anne (B 4594 B 4522), traite 30 captifs Rivière du Gabon, et s'apprête à faire route vers Saint Thomé, quand le 15.12.1768, " les nègres dont il était chargé s'étant révoltés, il y en eut un d'eux tué et deux qui se jetèrent à la mer et s'y seraient noyés. " 11 pirogues ayant armé " le pourchassent.

- Le Saint-Jean Baptiste (ADLA B 4595) un bateau de 220 tonneaux quitte Nantes, le 19.11.1773 pour Malimbe, atteint le 29.01 et où il traite jusqu'au 02.05.1774 474 captifs dont 12 parviennent à s'échapper à Malimbe même.

- Le Bienfaisant (ADLA B 4596, f.122v.123), un 60 tonneaux de 21 hommes d'équipage dont 11 mourront, parti de Nantes le 2.06.1776, arrivé à Malimbe le 17.09.1776. Le 21 janvier 1777, révolte, 12 marins étant à terre. Les captifs "coupèrent les câbles et firent aller le navire en dérive ". Par un coup de canon dans la rade, le déclarant apprit que la révolte était à son bord. Un navire anglais refuse de les aider, de peur " d'être tous assassinés ". Les marins regroupés approchent en chaloupe de leur navire, "mais ils ne purent en approcher plus près que d'une portée de fusil environ, les nègres qui étaient à bord faisaient feu sur eux, eux faisant feu aussi de leurs chaloupes sur les nègres. Le 23 janvier le navire est à portée de fusil de terre. Il y a une fusillade entre une grande quantité de noirs sur le rivage, et ceux qui étaient à bord. Après ce combat, il vit les nègres qui étaient dans son navire se jeter à la nage et se sauver à terre ". Mais des captifs restent à bord et empêchent le déclarant de reprendre son navire. Le roi de Mayombe va même jusqu'à dédommager le négrier ! " Ayant appris le désastre du comparant et la fuite de tous les nègres qu'il avait traités, lui envoya à son comptoir (le 23 janvier). 6 négrillons et 1 négritte qui faisaient partie de sa cargaison ". Le comparant se rend dans une chaloupe anglaise à Malimbe à bord de l'Amphitrite de Bordeaux. Pour prix de son passage et de celui de ses marins, il offre au capitaine de l'Amphitrite 1 négrillon et 150 livres par tête de noir (ils sont 8). L'Amphitrite part de Malimbe le 17.03.1777 et arrive à Port-au-Prince le 28 mai.

Comment un peuple docile a pu mener autant de rebellions avant d'être embarqués pour les Amériques ? Pourquoi plusieurs bandes de rebelles à Saint-Domingue étaient-elles appelées Kôngo s'ils étaient dociles ? Comment des esclaves dociles étaient-ils à la tête des listes des esclaves fugitifs telles que présentées par le Docteur Jean Price Mars ?

Les Congolais, avant même d'être emmenés comme esclaves aux Amériques, étaient repus de techniques et d'habitudes de résistance et de guérillas. Il fallait donc s'attendre aux multiples soulèvements d'esclaves qui ont eu lieu sur les plantations, un peu partout sur les terres américaines, dans les Antilles, et particulièrement à Saint-Domingue, où le nombre d'esclaves était si élevé, et la concentration si forte.

En récapitulatif, nous retenons que dans toutes les versions qui relatent la cérémonie du bois caïman, les faits présents dans chacun de ces récits est le sacrifice du cochon et le serment en langue Kikôngo. Son qualificatif comme étant une cérémonie Petro-Lemba, nous fait ressortir, sans ambages, que la cérémonie la plus importante de l'histoire d'Haïti est une tradition Kôngo, au regard des arguments qui précédent. C'est le rite Petro-Lemba du vaudou haïtien, coloré majoritairement de pratique Kôngo, avec ses formules, ses fétiches qui ont soutenu les combattants noirs, mal armés, inspirés par des actes d'héroïsme et de foi dans l'efficacité de la magie du vaudou. Les bandes de charlatans et de sorciers se sont rassemblées à bois caïman, soutenues par le rite du Lemba. Le Petro-Lemba était le rite du combat ou de soutien des combattants, un rite basé sur le culte des Ancêtres, qui a fini par porter un arrêt fatidique au catéchisme colonial pendant la bataille de Vertières, car en invoquant, les Ancêtres, ces derniers se sont manifestés graduellement, progressivement : "*chez les chrétiens on dit, Dieu agit avec lenteur et finit par vaincre le mal*", idem pour les esprits invoqués.

Les insurgés du bois caïman mirent Saint-Domingue à feu et à sang, en tuant tous les blancs qu'ils rencontrèrent sur leurs chemins. En 4 jours, des esclaves armés de piques et de torches convertissent en un immense brasier les plaines du nord de Saint-Domingue. 200 sucreries et 1800 caféteries furent la proie des flammes, un millier de blancs réputés tortionnaires furent égorgés. Cécile Fatima qui a été au centre de cette cérémonie a vécu, dit-on, au Cap Français jusqu'à l'âge de 112 ans, en pleine possession de ses facultés. Elle était mulâtre, fille d'une négresse africaine Kôngo et d'un prince corse. Elle avait une longue chevelure noire et soyeuse. Il y a donc bien sûr des survivants de la cérémonie de bois caïman qui ont survécu après la Révolution Haïtienne et qui transmirent la vraie version du déroulement des faits. On peut donc trouver des bribes de faits réels de cette cérémonie parmi les nombreuses versions qui circulent.

IX- LA BATAILLE DE LA CROIX DES BOUQUETS : 22 MARS 1792

La bataille de la Croix-des-Bouquets se passe une année après la cérémonie du Bois Caïman. Chassée de Port-au-Prince, l'armée des mulâtres et des libres de couleur commandée par Louis Jacques Beauvais et André Rigaud se réforma à la Croix-des-Bouquets, l'arrivée de cette troupe provoqua un soulèvement des esclaves de la Plaine du Cul-de-sac. Ceux-ci armés seulement de couteaux, de piques, de houes et de de bâtons ferrés avaient pris pour chef Hyacinthe Ducoudray, âgé seulement de 21 ans. Les esclaves insurgés se joignirent à l'arrivée de Beauvais et Rigaud, les blancs décidèrent d'attaquer ce rassemblement, le 22 mars 1792, les fantassins et les dragons de la garde nationale de Port-au-Prince renforcés par des détachements du régiment de Normandie et du régiment d'Artois se portèrent à la rencontre des insurgés. Le combat s'engagea à la Croix des Bouquets. Victor Schœlcher[299] a déclaré : " *Les nègres amenés par Hyacinthe n'étaient armés que de couteaux, de piques, de houes et de bâtons ferrés. Hyacinthe avec une queue de taureau à la main parcourait le champ de bataille, affrontant les balles et la mitraille, qui semblait respecter son talisman. Ayant convaincu ses hommes qu'ils n'avaient rien à craindre des canons, certains d'entre eux mettaient leur bras dans l'affut des canons, Hyacinthe passait au milieu des balles à portée des pistolets, tenant à sa main son talisman qu'il remuait avec vitesse, criant aux noirs : en avant c'est diau, c'est diau (c'est de l'eau qui sort des canons, pas gagnez peur... "*

Dépassés par le nombre, les blancs durent battre en retraite et se replièrent en désordre sur Port-au-Prince, les blancs perdirent plus de 100 soldats. Cette bataille nous rappelle la bataille d'Ambwila au royaume Kôngo en 1665 où les Kôngo armés seulement de cailloux, de bâtons, de gourdins, de lances et de flèches, et certains à mains nues, avaient résisté face à l'armée portugaise commandée par Louis Lopes de Sequeira qui conduisait une compagnie qui avait combattu à la fameuse bataille de Pernambouc, armée de canons. Malgré l'inégalité des forces, c'est après de durs affrontements, pendant près de 9 heures de combat que les Kôngo furent vaincus.

Notre fameux Hyacinthe avec sa queue d'animal ; nous ramène aux déclarations du père Van Wing[300] " *Dans la croyance des Bakôngo, dans l'extrémité de la queue des animaux puissants, réside une force spéciale, qu'ils croient s'approprier par la possession de ces objets. De même les poils de la queue d'un éléphant ont à leurs yeux, des pouvoirs extraordinaires* ".

---

299 Victor Schœlcher : Vie de Toussaint Louverture, Édition Karthala 1889 (réimpr 1982), p.60-61.
300 Joseph Van Wing, 1959, opcité, p. 38.

X- LA BATAILLE DE L'ARTIBONITE OU LE SIÈGE DE LA CRÈTE-À-PIERROT MARS 1802

La bataille de l'Artibonite ou le siège de la Crête-à-Pierrot est une bataille majeure de la Révolution Haïtienne, ayant eu lieu au fort de la Crête-à-Pierrot, sur la vallée de la rivière Artibonite, près de Saint-Marc. Cette bataille a pour objectif la conquête de la Crête-à-Pierrot, un point stratégique qui garde l'entrée des montagnes des Cahos, considérées comme le bastion défensif des forces de Toussaint Louverture. Trois assauts meurtriers sont livrés par les Français pour déloger des deux forts, les soldats noirs du général Lamartinière qui résistent à un blocus de trois jours et trois nuits, soumis à un bombardement intense en dépit de l'appui tactique des troupes de Dessalines.

Les troupes du Général Leclerc encerclèrent le fort défendu par Jean Jacques Dessalines. Suite au manque de munitions et de denrées alimentaires, les Rebelles avaient forcé le passage à travers les colonnes françaises et les montagnes des Cahos. À l'occasion de l'attaque, Dessalines déclarait " *Nous voulons attaquer ce matin, je ne veux garder avec moi que des braves. Que ceux qui veulent redevenir esclaves des Français sortent du fort, mais que tous ceux qui veulent mourir pour la liberté ou vivre en homme libre s'arrangent autour de moi* ". Dessalines va réussir à résister pendant vingt jours, un siège avec mille trois cents hommes contre mille huit cents. Les indigènes de Saint-Domingue ont pu à partir d'un jeu de bâton, à la manière des panneaux signalétiques, créer un alphabet qui leur a permit d'inventer une écriture afin de communiquer avec les autres groupes sous le nez des armées coloniales. Les soldats indigènes, envoyaient des messages sous forme de panneaux signalétiques avec des bâtons colorés " *Nous n'avons rien à boire et à manger, nous allons attaquer* ". Ces messages codés à l'aide des bâtons colorés demandaient à ceux qui se trouvaient dans les plantations voisines de se tenir prêt afin de soutenir l'offensive qu'ils s'apprêtaient à faire contre l'armée française ; une intelligence militaire bien structurée et hors de commun.

Cette tactique militaire nous rappelle celle que le professeur Kizerbo[301] a rapportée sur les guerriers au royaume Kôngo : ". *le général au milieu de l'armée communiquait avec les différents corps par divers instruments : olifants d'ivoire, à la musique martiale pleine d'harmonie et allègre, qui touche les âmes et les incite au mépris du danger, tam-tam, grande timbale dont la caisse est creusée dans un tronc d'arbre recouvert de cuir et que l'on bat au moyen de petits maillets d'ivoire* ". Au Kôngo, comme à Saint-Domingue, le chef des troupes des noirs insurgés donnait les ordres aux différents corps en leur faisant engager le combat et les faire avancer, reculer, tourner à droite ou à gauche. Parfois les contingents concernés répondaient aussi par des sons convenus.

---

301   Joseph Kizerbo, 1978, op cit.

Felippo Pigafetta[302] qui a accordé une attention minutieuse aux questions de stratégies et de tactiques dans le royaume de Kôngo a aussi souligné l'usage des instruments de sonorisation ou de quelque sorte que ce soit dans les batailles chez les Kôngo "*L'ordre de bataille des Mocicongo et des gens de l'Angola est, à peu près, le même... les mouvements du combat sont réglés par divers signaux sonores... les ordres du général sont transmis au moyen de sons convenus et nettement fixés, comme on le fait chez nous par diverses batteries de tambour et sonneries de trompe* ".

Les indigènes réussirent à évacuer le fort assiégé sans se rendre, tout en causant de lourdes pertes aux Français, dont la mort du général Charles Francis Joseph Dugua (1740-1802) un général d'élite qui avait participé à la campagne d'Égypte de Napoléon en 1798, campagne au cours de laquelle il fut commandant du Caire. Le nom du général Dugua est inscrit sur l'Arc de Triomphe. Plus de 1500 soldats ont péri dans cet assaut.

DISCOURS DE DESSALINES SUR LA CRÈTE-À-PIERROT (Mars 1802)303.

Vouz'autr tiembé cœur....

Tiembé cœur, moi dis vous : blancs France layo pas capab'tenir

Contr'bonhomme Saint-Domingue ; yo va aller, aller, aller, puis va rester ;

Yo va malades ; yo va mouri comme mouches. Coutez bèn :

Si Dessalines va rendre cent fois, li va trahi cent fois. Ainsi moi dis vouz'autr' :

Tiembé cœur, et pis vous va voir quand yo va p'tit, p'tit, nous va chicaner

Yo, nous va batt'yo, nous va brûler toutes récoltes layo ;

Puis nous va cacher dans mornes à nous. Eh que yo

Capab'tenir ? Yo va aller....

Après Dessalines va rend'vous'autr'libres.

Blancs caba parmi nous ; blancs caba outi nous......

Nouz'autr'assez pour gagner pirogues et aller prend'toutt' batiments layo

Qui après filer dans mer. "

302   Pigafetta, cité par George Balandier, opcit, p.114-115.
303 Yvette Farraudière, 2005, La naissance d'Haïti (…), l'Harmattan, p.241.

Tenez votre cœur, vous autres (prenez courage) tenez votre cœur,

Vous dis-je : les blancs de France là-bas ne sont pas capables de résister aux bonshommes de Saint-Domingue ; ils vont s'arrêter ; ils vont être malades,

Ils vont mourir comme des mouches.

Écoutez bien : si Dessalines se rend cent fois, il trahira cent fois.

Ainsi je vous dis : tenez votre cœur, et puis vous verrez

Que lorsqu'ils seront devenus

Petits, petits (en petit nombre),

Nous les inquièterons, nous les battrons, nous brûlerons tous

Les récoltes ; puis nous nous cacherons dans nos mornes. Est-ce qu'ils seront capables de tenir ? Ils s'en iront…

Après Dessalines vous rendra libres. Plus de blancs parmi nous ; plus de blancs avec nous… Nous sommes assez pour faire des pirogues et aller prendre tous les bâtiments qui passeront ensuite dans la mer.

XI- TOUSSAINT LOUVERTURE

Petit homme, d'un mètre soixante-trois, chétif, malingre et très laid ; Pierre-Dominique-Toussaint fut surnommé d'abord Bréda, puis L'ouverture, et même " Fatras-Bâton ", en raison de son physique ingrat (il était laid et petit). Le père de Toussaint dit-on, fut le second fils d'un chef de la puissante nation des Aradas (Alladas) nommé Gaou Guinou, tantôt écrit " *Deguenon* " et fut fait prisonnier et vendu comme esclave. Un vaisseau négrier le déposa sur l'île de Saint-Domingue vers le milieu du XVIIIe siècle. De son mariage avec une certaine Pauline, naquit Toussaint.

Toussaint est né vers le 20 mai 1746 (d'autres documents mentionnent 1743), sur l'habitation de Bréda, propriété du comte de Noé, près du Cap français. On sait fort peu de sa vie avant l'insurrection des esclaves d'août 1791. Il y a des historiens qui pensent que les origines et les débuts de la vie de Louverture appartiennent à la mythologie, et c'est le cas de Philippe Girard[304] qui déclare : " *Sur ses origines, bien peu, sinon qu'il est fort peu probable, contrairement à ce qu'avançait son fils Isaac, que son grand-père ait été Roi des Alladas. Nous ne savons pas non plus quand ses parents ont été importés d'Afrique ; nous ne connaissons même pas sa date de naissance avec exactitude... ".*

Toussaint Louverture fut affranchi en 1776, par le gérant des plantations du comte de Noé, Bayon de Libertat et peu après, il se rallia au mouvement insurrectionnel, voulant éviter le massacre, il tenta de calmer la révolte avec quelques bandes, et il organisa les masses en une armée stable et réorganise toute l'administration entre 1791 et 1800. Il avait fait de l'armée un instrument privilégié dans la reconstruction de l'État, rétablissant la paix et la sécurité à Saint-Domingue, tout en installant une dictature militaire. Il recevra une aide de l'Espagne, il recevra une épée d'honneur et le titre de lieutenant général des armées espagnoles dominicaines qui s'étaient jointes aux noirs de Saint-Domingue pour combattre la République française (9 juillet 1793). L'Espagne avait également fait venir des troupes de Cuba, Puerto Rico et du Venezuela. En devenant général de l'armée du roi, Toussaint Louverture établira son quartier général au nord d'Haïti, dans la petite ville montagneuse de Marmelade. Il sera aussi aidé par les Britanniques en provenance de la Jamaïque avec quelques Jamaïcains noirs en septembre 1793. Toussaint va établir des écoles et des bourses d'études, à l'intention des jeunes de la colonie et va promulguer un code rural.

Le 4 février 1794 la convention abolit l'esclavage, cette décision historique ramène dans le camp français Toussaint Louverture qui comprit le parti qu'il pourrait tirer de la situation, rompit avec les Espagnols et se rallia avec son armée à la France, aux côtés des généraux mulâtres comme Rigaud, Martial Besse (...). Le 5 mai 1794, auréole du prestige de ses victoires espagnoles il

---

304Girard Philippe, Découvertes récentes sur la vie de Toussaint Louverture "Présentation lors de la 25ᵉ conférence de l'association des études haïtiennes ", publié dans la revue, Le Nouvelliste, 29/10/2013.

offre son épée au Général Laveaux, alors gouverneur intérimaire de la partie française de Saint-Domingue.

En quelques semaines Toussaint Louverture remet sous l'autorité française une partie de l'île. En octobre 1795, le directoire nomme Toussaint Louverture général de brigade de l'armée française, ensuite général de division en 1797. Toussaint Louverture est le premier noir, général de l'armée française. Toussaint va libérer Saint-Domingue au nom de la France, et va faire évacuer les Anglais et les Espagnols. Nommé lieutenant Général par le gouverneur Laveaux en 1796, il devenait de fait, le gouverneur ad-intérim, un an plus tard après le départ de ce dernier.

En mai 1798, il signe la paix avec les Anglais alors que la France et l'Angleterre sont en plein conflit, il conclut un accord secret avec le Général anglais Maitland pour établir des relations commerciales (Convention de la pointe bourgeoise du 03/09/ 1798), les ports de Saint-Domingue s'ouvrirent au commerce avec les États-Unis d'Amérique qui envoient un consul général en la personne d'Édouard Stevens. L'alliance de Toussaint et les Anglais sera démantelée à la suite du traité d'Amiens du 01/10/1801 entre les Anglais et les Français.

En juillet 1801 Toussaint Louverture s'autoproclame gouverneur général à vie de Saint-Domingue et chef de l'armée par la première constitution de l'île, celle-ci solennellement proclamée le 09 juillet 1801 et qui abolit les distinctions de valeurs. Toussaint Louverture écrit une lettre à Napoléon adressé *"Du premier des noirs au premier des blancs"*. Ce geste qui est sécession de la colonie, déplait fortement à Bonaparte qui le traite de séparatiste. En janvier 1802 Napoléon Bonaparte envoie 76 vaisseaux sous les ordres de son beau-frère le Général Victor Emmanuel Leclerc, mari de Pauline Bonaparte.

Le 1er février 1802, cette flotte qui était partie de Brest conduite sous le commandement du général Leclerc et l'amiral Villaret-Joyeuse, le général Donatien de Rochambeau arrive devant le Cap français, sur la baie de Samana, contrôlée par Henry Christophe. Leclerc somma Henri Christophe, l'adjoint de Toussaint L'ouverture qui commandait le Nord de lui livrer la ville dans les 24 heures. Ce dernier préféra donc, réduire la ville en cendres plutôt que de la livrer, aux forces expéditionnaires. Les troupes de Bonaparte composées d'environ 50 000 soldats (plus les troupes envoyées ultérieurement) parmi lesquelles se trouvaient des vétérans combattants sur tous les terrains, alors que pour l'Égypte, il y avait 54 000 hommes et 37 000 hommes pour la campagne d'Italie. Les troupes de Napoléon menèrent des attaques tous azimuts. Malgré la défense héroïque des noirs, sous la conduite du général Henry Christophe, Dessalines, Delamartinière, Maurepas, Magny, les Français se rendirent maîtres de Saint-Domingue point par point. Ainsi la première tentative d'Indépendance échoua et Leclerc profitera de cette défaite pour décapiter l'armée coloniale de son chef, car l'agenda secret était de déporter les chefs noirs, de désarmer la population et enfin de rétablir l'esclavage. En effet quand Toussaint Louverture se décide à conclure un accord de paix avec Bonaparte en mai 1802, Il est invité par le Général Brunot à venir lui rendre visite aux Gonaïves le 7 juin 1802 ; cette invitation ne fut qu'un guêpier. Toussaint Louverture est arrêté pour avoir trahi ses maîtres français, aux mépris des engagements sur l'ordre de Bonaparte. Il fut déporté en France, en Franche-Comté, en juillet 1802, transféré à Brest dans le Finistère (France) et enfermé au Fort de Joux, dans la région du Jura où il était incarcéré dans des conditions de haute sécurité. Il fallait franchir quatre portes verrouillées, il n'avait pas le droit de communiquer avec l'extérieur. Toussaint Louverture mourut, dans le froid glacial de son cachot du fort de Joux, en avril 1803. Le Général Maurepas, compagnon de Toussaint Louverture fut attiré dans un Traquenard ensuite exécuté avec ses enfants par noyade.

Le mérite de Toussaint Louverture est dans la reconstruction des cadres de l'État, dans un pays ruiné et désorganisé par plusieurs années de troubles de destruction et de haine, d'abord en collaboration avec les représentants de la Convention et du Directoire (Santhonax, Roume et Laveaux) et par lui-même de 1797 à 1802.

Mais, la présentation de Louverture comme la plus grande figure d'Haïti, ou *"figure immense, qui appartient à toutes les races et à tous les âges "*, selon les termes de Saint Rémy ou encore le " Grand précurseur " selon le professeur Jacques de Cauna[305], est un tort commis envers la vérité historique : " *Les vaincus n'écriront jamais l'histoire des vainqueurs ; s'ils le font, c'est d'une manière hideuse, tronquée et falsifiée, pour nous montrer qu'ils ont toujours le dernier mot. Ils ont mis en avant Toussaint Louverture, captif au fort de Joux où la France a décidé de son sort. Ils l'ont surnommé le Spartacus noir, avec raison, puisque Rome a eu la tête de Spartacus, comme Napoléon et la France ont eu celle de Toussaint Louverture. Regardons l'histoire avec nos propres yeux et non pas avec ceux du colon* ".

Toussaint Louverture a collaboré avec les colonisateurs et il était très proche des planteurs et non des siens, comme l'accusait André Rigaud. Toussaint était un chantre de l'économie sucrière qui nécessitait le travail des esclaves. Il est également reconnu que Toussaint était un fermier qui employait des esclaves africains, pour cultiver ses caféiers, lorsqu'il était gouverneur de la colonie. La constitution de Toussaint du 08 juillet 1801 envisageait à terme, la possibilité de recourir à la main d'œuvre africaine.

Le projet économique de Toussaint (Caporalisme agraire) préconisant le rétablissement de la grande plantation en n'hésitant pas, par exemple, à faire appel aux anciens propriétaires blancs, était très éloigné des aspirations des anciens esclaves noirs. Le caporalisme agraire, fut une formule substituée à l'esclavage, se caractérisant par la surexploitation des cultivateurs sans le moindre changement et cette attitude confirme son étiquette d'esclavagiste. Toussaint a eu à pourchasser des rebelles nègres, qui l'ont d'ailleurs traité de traître à la solde des Français. Plusieurs bandes de Rebelles ont résisté à l'autorité de Louverture et son rôle lors de la révolte de 1791 reste toujours un grand mystère. Toussaint Louverture s'était-il abstenu face à la révolte de 1791 ? En tout cas en 1799, Toussaint Louverture avait fait échouer une révolte d'esclaves à la Jamaïque[306] afin de s'attirer les bonnes grâces de ses alliés britanniques, lors de la guerre civile contre André Rigaud. Cette même année, il demande aux négriers de la Jamaïque d'envoyer des cargaisons d'esclaves en Haïti, afin de repeupler les plantations de la colonie. Selon l'historien M. Gainot, Toussaint Louverture s'était entouré de plusieurs blancs, lors de son primat et il rappela plusieurs planteurs blancs ayant fui la révolution afin, assurait Toussaint, de pouvoir bénéficier, de leurs compétences techniques. L'historien Frédéric Régent[307], nous a informé que : " *Dès 1795, Toussaint Louverture, s'est montré très actif, pour obliger les anciens esclaves non engagés dans l'armée à reprendre le travail ; ce qui provoqua des soulèvements, les cultivateurs y voyant une forme de rétablissement de l'esclavage. Toussaint a alors utilisé ses troupes disciplinées d'anciens esclaves pour mater ces révoltes* ".

305Jacques de Cauna, 2012, Toussaint Louverture, le grand précurseur, éditions sud-ouest.
306Philippe Girard, 2013, opcité.
307Frédéric Régent, 2007, La France et ses esclaves, Paris, Grasset, p.251.

" Toussaint Louverture ne voulait pas de l'indépendance d'Haïti ", il voulait de l'égalité des droits de tous les citoyens de Saint-Domingue en devenant gouverneur général de l'île et en restant au service de la France. Louverture représente la continuité avec la France, les accusations de la France contre Toussaint ne font aucunement mention de sécession ; lors de son arrivée en France, l'une de ses premières demandes était de rencontrer le général en chef Napoléon Bonaparte, qu'il reconnaissait comme son supérieur hiérarchique.[308] D'ailleurs sa lettre écrite " *Du premier des noirs au premier des blancs* " fut une manifestation d'un complexe d'infériorité d'un nègre envers son maitre colonisateur, et ce avec arrogance. Pour Jean Lhérisson[309], Toussaint Louverture était un corrompu : " *il a géré la colonie (Gouverneur de la colonie de Saint-Domingue) avec l'arme de la corruption, le fouet et la privation des libertés* " ; il était devenu l'un des plus grands propriétaires terriens de la colonie, c'est ce qui est l'un des éléments de base de la problématique de la propriété privée dans la région de l'Artibonite. Toussaint Louverture a utilisé la corruption, en distribuant des terres aux officiels et à sa famille, ainsi qu'aux généraux, sur aucune base logique, sans compter qu'il a fusillé son propre neveu " Toussaint Moïse ", qu'il avait élevé et qui avait posé le problème de l'avenir de la masse des esclaves africains.

Contrairement à Toussaint, un Rebelle comme Makandal, avait acquis l'assentiment de tous les noirs qui avaient soif de liberté et il représentait la rupture avec la France (les esclavagistes). Alors de Makandal et de Toussaint qui est le véritable père de la libération d'Haïti ? Qui est le véritable père et grand précurseur de la République d'Haïti ?

Notre étude ne retient pas Toussaint Louverture comme étant le " père " de la Nation Haïtienne ou le " Jacobin noir " comme le présente la littérature populaire et même historique d'Haïti, voire " La grande figure " ou le grand précurseur tel qu'écrit par le professeur Jacques de Cauna. La représentation de Toussaint comme un géant de l'histoire d'Haïti, est une historiographie des colons français et des néo-colonialistes. La grande figure de la liberté d'Haïti, c'est François Makandal qui a la paternité de l'idéologie révolutionnaire dans la colonie de Saint-Domingue, et qui a entrainé la naissance des bandes qui ont constitué la matrice indispensable pour l'indépendance. Makandal a représenté, le danger de la connaissance africaine sur les plantes, la médecine et la religion. Makandal était un féticheur, donc un leader spirituel et non un leader militaire ou politique. Aucun leader spirituel de l'histoire de la colonie de Saint-Domingue n'a atteint la popularité de François Makandal. Dans les groupes sociaux africains et même au-delà, le leader spirituel est au sommet de la hiérarchie (les Mollah, Ayatollah...). Makandal se trouve au sommet de la hiérarchie des pères de l'indépendance d'Haïti, au sommet du panthéon national d'Haïti.

Mark Davis, pense d'ailleurs que Makandal a été le premier à développer les stratégies militaires que Toussaint Louverture a utilisées. Toussaint Louverture n'est pas la clé du succès de la Révolution Haïtienne ; Toussaint Louverture, n'est pas une des grandes figures des mouvements anticolonialistes, abolitionnistes et d'émancipation des noirs, il n'est pas non plus un modèle de

---

308 Mémoires de Toussaint Louverture écrit par lui-même rapporté par Saint Rémy, avocat des cours impériales de l'ouest et du sud ; Pagnerie Librairie Éditeur, 18 rue de seine 1835 ; réf. Mémoire de Napoléon écrite sous sa dictée par un de ses valets de chambre, Paris-Librairie rue Dauphine, N° 30, an 1829.

309 Entretien avec Jean Lhérisson, ancien directeur de cabinet au Ministère de la Culture d'Haïti, le 18 Janvier 2018 à Brazzaville (Congo).

libérateur de l'oppression ; Toussaint Louverture, n'est pas le père de la première république noire du monde ; Toussaint Louverture était un noir libre et la plupart des noirs libres ont été les derniers à rejoindre la révolution. Tous les leaders de la Révolution Haïtienne sont les continuateurs de l'œuvre de Makandal. Makandal était plus grand que Toussaint Louverture. Toussaint Louverture est mort Général de l'armée française alors que Makandal est mort esclave fugitif ou mieux esclave révolté. Jean Jacques Dessalines est mort en tant que Premier Chef de l'État Haïtien. Les études sur la Révolution Haïtienne se sont trop focalisées sur un nombre restreint des figures centrales. Toussaint Louverture, n'a aucun lieu de valorisation du nègre haïtien, donc, rien ne peut justifier, l'auréolisation d'un esclavagiste comme Louverture. Toussaint Louverture ne mérite pas une statue, sur le sol africain comme l'a fait la République du Bénin, qui a en fait auréolé un dictateur[310] et esclavagiste.

Pour finir, d'où est venu l'idée de magnifier Toussaint Louverture qui fut Gouverneur à vie de la colonie française de Saint-Domingue, tandis que l'on rejette Jean Jacques Dessalines dans l'oubli total, lui refusant même le titre d'inventeur de la Nation Haïtienne, et lui attribuant tous les noms d'oiseaux, criminel, sanguinaire et autres ? L'on ne tient même pas compte que, jusqu'à date, les lieux de toutes les grandes batailles victorieuses des nègres de Saint-Domingue, sous l'autorité de Dessalines, sont bannis des encyclopédies et des dictionnaires. Pourquoi tant de mépris pour celui qui pourtant gagna la plus grande guerre du XIXe siècle, celle contre la plus grande puissance militaire de l'époque, la France Napoléonienne ? Pourquoi tant de mépris contre celui qui amena la masse noire de Saint-Domingue à la tête de tous les mouvements de libération du XIXe siècle ? Tout cela, serait-ce parce qu'il a osé poser le problème des nègres bossales qui eux, n'avaient rien eu du partage des dépouilles de la colonie de Saint-Domingue ? On est tenté de retenir cette hypothèse, car jusqu'à aujourd'hui, les masses paysannes haïtiennes — anciennement Bossales — ne sont pas encore intégrées dans la gestion des affaires publiques. Pourtant l'on continue de les presser comme des citrons pour le bonheur des nantis créoles.

310Raffier Joël, Toussaint Louverture : De l'esclavage au pouvoir absolu, Magazine sud-ouest, du 21/10/2012.

XII- LA BATAILLE DE VERTIÈRES ET L'EFFORT DE GUERRE KÔNGO ABOUTISSANT À L'INDÉPENDANCE

" Les Kôngo peuvent être vus comme la source de l'idéologie révolutionnaire en Haïti. Un mouvement positif vers une meilleure société "[311]

La dernière bataille dite *"Bataille de Vertières"* qui mène à l'indépendance haïtienne est conduite du côté indigène, sous le commandement de Jean Jacques Dessalines, un général de Toussaint Louverture qui prit sa relève après sa déportation par Leclerc en France.

Mais qui est Dessalines ?

Jean Jacques Duclos dit Dessalines est né de parents esclaves en 1758, à Cornier, une localité du nord de Haïti précisément de la grande rivière du nord à 25 km du Cap français ; dans une plantation de canne à sucre d'un français nommé Duclos. Sa tante avec qui il a grandi, s'appelait Victoria Montou ou Mountou, alias Toya, une future guerrière comme lui, qui exerça une grande influence sur son caractère. Les origines africaines des parents de Dessalines sont inconnues. Jean Jacques Dessalines qui devint un esclave fugitif des montagnes a participé à la cérémonie de Bois Caïman et au soulèvement général d'août 1791, en tant que lieutenant de Jean François Papillon et suivit Toussaint Louverture dans la partie espagnole de Saint-Domingue, lorsque les insurgés se mirent au service de l'Espagne contre la France.

Ancien général de division créole, Dessalines devint général en chef de l'armée de l'indépendance, après que les officiers noirs et mulâtres des troupes coloniales, jusque-là au service du corps expéditionnaire français, eussent rallié l'insurrection populaire généralisée. Selon Dessalines, le commandement suprême lui revenait de droit. Dessalines fut surnommé le " Tigre ", il avait une énergie démoniaque et fougueuse ; lutteur dès son jeune âge, Marie Agnès Sourieau l'a qualifié de *" Homme de guerre sanguinaire "* et Pamphile de la Croix, dans une lettre envoyée en France, disait : *" Dessalines est l'un des êtres humains les plus féroces jamais nés... "*.

Jean Jacques Dessalines est le chef le plus féroce de l'histoire d'Haïti, il était cruel à l'extrême ; il est resté durant toute sa vie et sa carrière sur la même ligne et a défendu les mêmes idées. Son grade de général en chef date de 1800, est octroyé par Louverture, avec qui il combattît lors de la guerre des couteaux (1799-1800), à la suite d'une bataille menée brillamment à Léogane. Dessalines a été à la tête de toutes les grandes batailles contre l'armée de Leclerc et

---

311 Alyssa Goldstein Sepinwall, 2013, Haitian History : New perspectives, Routledge, p. 91.

Rochambeau, commandant brillamment les opérations. Dessalines a joué un rôle capital dans la Révolution Haïtienne de 1791 à 1804. Il a gardé vive, la flamme du patriotisme et de la souveraineté nationale en tant que chef insurrectionnel, dirigeant politique, chef militaire et fondateur du premier état des esclaves noirs. Il avait à ses côtés, le général Henry Christophe alias le démoniaque. On note aussi, Alexandre Pétion, général François Capois alias " la mort " et l'adjudant général Boisrond Tonnerre.

La présence et le rôle particulier joué par François Capois auprès de Dessalines méritent d'être relatés. Né en 1776 à Port de Paix, Capois fut le commandant de la 9ᵉ Brigade d'infanterie pendant la bataille de Vertières. Il était d'abord engagé dans l'armée Rebelle de Jacques Maurepas où il était passé de simple soldat à celui de lieutenant et de capitaine. Capois, prit d'assaut la ville de Petit fort où il se saisit des munitions, dont ses hommes avaient grandement besoin. Après son succès au Petit fort, il décida d'attaquer, l'îlede la tortue. Le problème le plus difficile à résoudre pour mener cette attaque était de savoir comment atteindre cette île sans navire. Il compensa ce manque par la construction d'un radeau composé uniquement de planches maintenues ensemble par des lianes. Dans la nuit du 18 février 1803, 150 soldats, sous le commandement de Louis Vincent furent entassés sur ce fragile moyen de transport remorqué par deux bateaux à rames, ils tombèrent à l'improviste sur la garnison de l'île de la Tortue. La surprise fut totale pour les troupes françaises. Dans un premier temps, les soldats français furent tenus en échec, mais les Français ne tardèrent pas à se rassembler et à battre les troupes de Louis Vincent qui parvint néanmoins à s'échapper avec certains de ses compagnons. Les malheureux esclaves noirs faits prisonniers par les Français furent torturés à mort en expiation de cette audacieuse attaque. L'échec ne découragea pas l'énergie de Capois.

Le 12 avril 1803 Capois prit d'assaut la ville de Port de Paix, Louis Vincent recommencera une nouvelle expédition militaire sur son radeau pour attaquer l'île de la tortue ; il réussit cette fois à prendre possession de l'île que les Français ne purent jamais reprendre. Du 14 au 18 mai 1803, le congrès de l'Archaie, établit l'unité de commandement de l'armée Rebelle se constituant officiellement au profit du Général Dessalines. Le 22 octobre 1803, avec 22 000 hommes l'armée de Dessalines attaque Port-au-Prince. Ces attaques successives pendant un mois obligent le général Lavalette à évacuer les troupes et à s'enfermer au cap, le dernier refuge.

La bataille décisive de Vertières va consister à prendre le contrôle du fort de Vertières afin d'écraser l'armée française. Dessalines, se résolut avant d'attaquer les forts Bréda et Vertières, d'envoyer, les généraux Christophe et Romain, s'emparer de la Vigie qui domine la ville du Cap Français, et empêcher à Rochambeau d'envoyer des troupes au secours de ces forts. Le 1ᵉʳ novembre 1803, Dessalines passe en revue aux Gonaïves, plusieurs corps qui défilèrent aussitôt pour se rendre au carrefour Limbé : Le 06, il s'y rendit avec trois escadrons de cavalerie. Le 11 Novembre 1803, l'armée de Dessalines est sous les murs du Cap. Le 15 novembre, l'armée s'arrêta à l'habitation Lenormand de Mezy et Morne-rouge.

Les révolutionnaires se réunirent autour de Dessalines, les généraux Clervaux, Christophe, Vernet, Gabart, Capois, Romain, Cangé et Daut. Les combattants étaient à plus de 20 000 hommes. Le 16 novembre 1803, les bataillons des noirs et des mulâtres se sont groupés pour l'offensive finale contre le Cap Français et les fortifications qui l'entouraient. Christophe après avoir enlevé plusieurs postes ennemis, annonça le 17 novembre à Dessalines, qu'il attendait pour atteindre, le sommet de la Vigie, pour commencer l'attaque de Bréda. Après une reconnaissance de la position de Bréda, Dessalines ordonna, l'établissement d'une batterie d'une pièce de 4, d'une de 8 et d'un obusier, à 200 toises de cette position du 17 au 18 novembre 1803.

Dans la nuit du 17 au 18 Novembre, Dessalines, confia le commandement de l'avant-garde à Capois avec ordre que dès que l'action commencerait, d'aller en avant et de ne s'arrêter qu'à la barrière bouteille[312].Le 18 novembre 1803, avant le lever du soleil Jean Jacques Dessalines ordonne à Christophe (Général de division) et à Romain (Général de brigade) de lancer leurs troupes à l'assaut du fort d'Estaing afin de bombarder la ville. Il demanda aussi à Clervaux de s'emparer du Fort Bréda. Le général Clervaux fit dresser, à 200 toises de Bréda, une batterie d'un obusier de 6 ponces, d'une pièce de 4 et d'une pièce de 8 dont le commandement fut confié à deux artilleurs : Zénon et Lavelanet. La prise du fort, situé sur une colline à côté de la ville de Cap-Haïtien, marque donc le début de la bataille de Vertières, qui s'est déroulée dans le nord d'Haïti, près du cap français.

La bataille de Vertières a lieu 22 mois après l'arrivée de l'armée expéditionnaire, environ 18 mois après le traité de paix entre Toussaint Louverture et le général Leclerc, environ 7 mois après la mort de Toussaint, en prison en France, enfin 38 jours après la chute de Port-au-Prince qui était une victoire symbolique pour l'armée indigène. Il y aura des Rebelles menés par Jean Jacques Dessalines, génie hors pair de la stratégie militaire et la contribution de la 9e brigade commandée par François Capois.

Les indigènes ont eu à enregistrer tout au début, des grandes pertes, sans enlever Vertières. François Capois a montré une bravoure d'une grandeur incomparable, du jamais vu et du jamais entendu ; il va s'élancer à cheval pour donner l'assaut contre le fort de Vertières, doté d'une puissante artillerie qui défendait la ville du Cap français où s'était retranché, le général français Rochambeau.

Le témoignage sur Capois est rapporté par l'historien Wesner Emmanuel : " *Capois s'était dressé devant les chars, les fusils ou autre machine de la mort pour défendre la liberté, sur le champ de bataille, Capois a essuyé des tirs de canon par la mitraille et en dépit de cela, il avançait en resserrant les lignes et en criant en avant en avant* ". Selon l'historien Jean Claude Dorsainville, quand un boulet enlève le chapeau garni de plumes de Capois, il insista en continuant à crier en avant, en avant, par la suite un second boulet renverse son cheval, le brave officier d'un geste vif se relève, brandit son sabre, s'élance une fois de plus toujours en criant en avant ! En avant ! A la tête de ses hommes. Devant une telle bravoure, la garde du Général Rochambeau ne put rester indifférente. Alors le Général français ordonna de cesser le feu, il y eut un roulement de tambour, un officier français, Duveyrier se rendit aux sentinelles de Capois et fut conduit au quartier général de l'armée indigène sur un cheval et porta le message suivant : Le général Rochambeau offre ce cheval comme une marque d'admiration pour " *L'Achille noir* " qui vient de se couvrir de tant de gloire. Ensuite la lutte recommence, Pour renforcer les bataillons épuisés de Capois La mort, Dessalines envoya des renforts sous les ordres des Généraux Gabart, Clervaux, et Jean Philippe Daut. Au milieu de l'après-midi, Gabart avait pris position sur la butte de charrier, les combats redoublent d'intensité, le soir venu, les deux tiers des défenseurs français étaient morts ou blessés. Le 28 novembre 1803, l'armée indigène entre au cap et le 04 décembre 1803, il y eut

---

312C'est cette manœuvre en partie exécutée par Capois qui mènera à la capitulation du Cap français.

la prise du Mole Saint Nicolas. Jean Jacques Dessalines, ordonnera le massacre de la population blanche de Saint-Domingue, 3000 à 5000 assassinats de français entre février et avril 1804[313].

Dessalines grand maitre et " *le plus illustre des Noirs* " dans l'art de la guerre avait conduit une résistance active pratiquée à travers la guérilla d'abord et une guerre conventionnelle sans merci avec les harcèlements sans répit, des embuscades en cascades. Dessalines fut un génie militaire, grand orateur, maitre en tactique militaire donc grand visionnaire ; il se fit surtout remarquer par sa bravoure et son énergie. Dessalines était considéré comme un demi-dieu.

Dessalines ne prenait pas de prisonniers, il était réputé pour incendier des maisons et des villages entiers, il rasait tout sur son passage, on raconte que son poignard était un talisman et qu'il détenait une tabatière magique qui lui servait à la divination. Christian Rudel[314] dit que Dessalines était un fidèle du rite Congo. La devise de Dessalines fut " *vivre libre ou mourir* ". Une devise qui prône la rupture avec la France. La bonne connaissance du pays par Dessalines a été l'un des facteurs déterminants de la victoire des insurgés sur l'armée française. Mais les facteurs les plus déterminants furent d'abord, l'expérience militaire des Bossales dit " Kôngo " acquis par l'expérience des guerres combattues au Kôngo et enfin l'épidémie de fièvre jaune qui a décimé et affaibli les soldats de Napoléon.

Le professeur John K. Thornton[315] nous a relaté que la majorité des esclaves de Saint-Domingue, pendant la révolution étaient nés en Afrique. Certains avaient servi dans des armées africaines avant d'arriver comme esclaves en Haïti. 60 à 70 % des esclaves adultes inventoriés entre 1780 et 1790 étaient nés en Afrique. Et la plupart des esclaves qui avaient une expérience militaire avant d'arriver à Saint-Domingue furent des esclaves concentrés au nord. Ce sont ces esclaves qui ont fait la révolution militaire et politique de Saint-Domingue. Le succès de la Révolution Haïtienne a nécessité du talent militaire et de la discipline, seuls des vétérans des guerres africaines étaient à mesure de faire les exploits de la révolution de Saint-Domingue.

Les guerres civiles continuelles du Kôngo au cours du XVIIIe siècle signifiaient que, dans les années postérieures du siècle, un grand nombre de soldats vaincus furent réduits en esclavage et vendus pour les Amériques. Pour John K. Thornton, ce sont les vétérans des armées du royaume Kôngo et du Bénin qui ont le plus contribué à la révolte de Saint-Domingue et ses différentes bandes. Ils avaient l'expérience des batailles qu'il avait eues avec les Portugais. En effet, le royaume Kôngo avait connu près de 50 ans de guerres civiles internes à cause de la lutte au trône entre deux clans sans compter les différentes batailles qu'ils avaient eues avec les Portugais. Le royaume Kôngo a été formé par la force des armes et son fondateur était un guerrier redoutable. Les Bakôngo depuis la fondation du royaume, ont été des gens prompts à faire la guerre, puisque le royaume n'avait pas une armée permanente (armée de métier). Au Kôngo, en cas de guerre, c'est tous les hommes valides qui s'enrôlaient. L'historien Hubert Deschamps[316] nous le confirme quand il déclare :

---

313 Philippe R. Girard:The slave who defeated Napoleon : Toussaint Louverture and the Haitian war of independance 1801-1804, Alabama, the University of Alabama press.

314 Christian Rudel, 1994, Haïti, les chaines d'Aristide, Atelier ED, p.87.

315 John K. Thornton, 1993, African soldiers in the Haitian revolution, journal of Caribbean history 25 :-80.

316 Hubert Deschamps, 1970, Histoire générale de l'Afrique noire : De Madagascar et des archipels, Tome I, Paris, PUF, p.373.

"... Il n'existait pas une armée de métier. En cas de guerre, chaque chef mobilisait les hommes de son territoire". George Balandier[317] nous a laissé un détail important quand il dit : *" ... le contact avec les Européens a accru la capacité offensive des gens de Kôngo. Ils ont reçu des armes à feu : par don, par prise sur les champs de bataille et surtout par traite "*.

Au royaume Kôngo la guerre était ainsi une longue tradition lointaine, plusieurs historiens ont même parlé de l'existence d'un rituel guerrier, une danse dénommée " Sangare " que seuls les chefs et les aristocrates exécutaient. Le " Sangare " tenait lieu d'exercice militaire pour ceux qui avaient la responsabilité des combats. Laurent de Lucques décrit ce rituel militaire de la manière suivante : *" Sangare, n'est pas autre chose qu'un exercice d'armes que ces noirs ont coutume de faire, faisant de l'escrime avec l'épée en main, comme s'ils combattaient contre leurs ennemis. Il est très curieux de les voir les uns avec une épée et un bouclier, d'autres avec un mousquet ou un bâton, courir de-ci, de-là, de façon désordonnée ou faisant des grimaces ou des contorsions fort anormales. Celui qui se rend le plus difforme est le plus applaudi "*[318].

Les Kôngo arrivés dans la colonie de Saint-Domingue étaient des gens aptes à faire la guerre, " des va-t-en-guerre ". Il y a eu à Saint-Domingue, la continuité de tactiques utilisées entre les guerres civiles du royaume Kôngo et les différents combats dans ce qui deviendra Haïti (durant la révolution). Les soldats qui ont combattu dans la première, ont combattu à nouveau dans la seconde. Les armées du royaume Kôngo en Afrique et dans la Caraïbe avaient gardé leurs tactiques, ils étaient organisés en colonne pour affronter l'ennemi qui avance en colonne. Ils ont utilisé des couverts sur le terrain et dans la forêt pour cacher leurs mouvements et leurs tirs. Quand ils s'enfuyaient, il n'était pas possible de les poursuivre. La tactique et les ruses de guerre n'étaient pas inconnus des guerriers Kôngo. Joseph Kizerbo[319] dit des Kôngo :

" Ils attaquaient les Portugais sous la pluie, quand les arquebuses et les bombardiers ne pouvaient pas être mis à feu ".

Les troupes portugaises qui ont combattu au Kôngo ont rapporté que les Kôngo attaquaient par surprise. De grands corps étaient rassemblés pour s'engager dans les combats par surprise, soutenus par l'artillerie, parfois formés durant une longue période, qui, apparemment, cherchaient l'enveloppement partiel des forces opposées.

Dans d'autres cas dans des colonnes de grandes dimensions le long des fronts de 15-20 soldats. Leurs tactiques ont montré un penchant pour les attaques d'escarmouche plutôt que les assauts lourds favorisés par les Européens dans le même secteur. Les armées Kôngo avaient une structure de commandement plus élevée et les soldats étaient aussi habitués à former efficacement une unité plus importante pour les grandes batailles quand la situation le justifiait. C'est dans un art disparate de la guerre que les soldats africains révolutionnaires de Saint-Domingue ont été formés. On peut facilement voir dans la formation des bandes mentionnées dans la première description de la Révolution Haïtienne, le petit peloton des armées Kôngo, chacun sous un commandant indépendant et habitué à une décision tactique considérable.

317George Balandier, 1965, La vie quotidienne au Royaume Kôngo du XVIe au XVIIIe siècle, Paris, Hachette, 1965, p. 116-117.

318   Laurent de Lucques, cité par George Balandier, opcit, p.110.

319   Joseph Kizerbo, 1978, Histoire de l'Afrique, d'hier à demain, Paris, Hatier, p.184.

Félix Carteau, cité par Thornton fut un des premiers observateurs de la guerre dans le nord de Saint-Domingue. Il a noté que les révolutionnaires esclaves, harcelaient les forces françaises jour et nuit et habituellement il a commenté qu'ils ont été repoussés, mais à chaque fois, ils se sont dispersés si rapidement dans des fossés. Cependant les pertes rebelles étaient légères dans ces attaques, de sorte que le lendemain ils réapparaissent avec un grand nombre de personnes qu'ils ne se faisaient jamais voir à l'air libre. Ils avançaient en se dispersant, semblant être six fois plus nombreux qu'ils ne le sont réellement. Mais ils étaient disciplinés, puisqu'ils pouvaient avancer avec une grande clameur, puis soudainement et silencieusement se taire. Ce n'était plus avant que les observateurs aient noté que les rebelles de Saint-Domingue avaient développé une sorte de tactique d'ordre supérieur qui était aussi caractéristique des forces Kôngo.

Au terme de 2 ans de combats meurtriers, la guerre s'achève le 19 novembre 1803 et les troupes françaises commandées par le Général Rochambeau capitulent à Vertières, les noirs d'Haïti écrasaient la plus puissante armée de l'époque, l'armée napoléonienne composée exclusivement de généraux et d'officiers d'élite qui avaient prôné la victoire sur le Rhin et le Danube, aux campagnes d'Égypte et d'Italie. Les pourparlers entre Rochambeau et Dessalines durèrent une journée entière, avant la tombée de la nuit, un accord fut signé, Rochambeau obtint 10 jours pour évacuer le fort de Vertières et embarquer les restes de son armée et quitter Saint-Domingue.

Au total, c'est près de 70 000 hommes que le premier consul aura envoyé dans le seul but de rétablir le système esclavagiste à Saint-Domingue, 55 000 d'entre eux y ont perdu la vie, victimes des anciens esclaves, un fiasco humain aussi important que celui de l'expédition d'Égypte. 20 000 Haïtiens ont vaincu les 70 000 hommes envoyés en Haïti, le plus grand déploiement militaire dans l'histoire française à ce jour. C'est la première défaite de Napoléon Bonaparte.

À la suite de cette défaite, l'occident a gardé une dent dure contre les noirs d'Haïti, des nègres révoltés qui eurent l'audace impardonnable de vaincre les meilleures troupes européennes envoyées par l'ordonnateur du continent. Les Haïtiens mettent fin au système colonial, une glorieuse épopée qui renverse le préjugé condamnant le nègre à être à jamais l'esclave des blancs et qui pose tout le fondement de la législation internationale moderne relative aux droits de l'homme et aux droits des peuples à disposer d'eux-mêmes. Selon l'ancien président d'Haïti, Leslie Manigat : " *c'est la première décolonisation véritable d'un pays indigène par une armée indigène de libération nationale* ".

Le 31 décembre, les généraux de Dessalines se réunirent chez lui au nord d'Haïti pour entendre lire l'acte de l'indépendance. Le 1er janvier 1804, Jean Jacques Dessalines déclare l'indépendance d'Haïti à la population sur la place d'armes des Gonaïves dans le nord d'Haïti. Il avait confié le soin de rédiger la déclaration à Charéron, le plus ancien de ses secrétaires. Charéron ayant longtemps vécu aux États-Unis d'Amérique, s'était inspiré de la déclaration d'indépendance du Congrès américain. " *Tout Africain, indien, et ceux issus de leur sang, nés dans les colonies ou en pays étrangers, qui viendraient résider dans la République, seront reconnus haïtiens* ". C'est sous le nom de " Ayiti " le nom d'avant l'invasion coloniale, que les libérateurs proclament l'indépendance de la République, patrie des Africains et surtout des

Kôngo, du Nouveau Monde et de leurs descendants. Selon Alfred Metraux[320], une légende obscure insinue que Jean Jacques Dessalines était possédé par la Vierge Marie quand il a décidé d'enlever le blanc du drapeau tricolore de la France pour former le drapeau haïtien (bleu et rouge).

C'est Catherine Flon, une révolutionnaire, qui prit les deux morceaux (Bleu et Rouge) et les fit coudre ensemble pour symboliser l'union des noirs et des mulâtres, et créer le nouvel étendard de la République d'Haïti. Timoléon Brutus[321]a insinué que Dessalines avait chanté en Kikôngo, la langue sacrée pour être en communion directe avec les esprits, Dessalines avait chanté en étant en transe. S'agissait-il de la danse " *Sangare* ", la danse guerrière des Kôngo ?

Terry Rey[322] présente l'image de la Vierge Marie comme étant une image messianique pour la libération des pauvres de l'historique injustice sociale dont ils sont victimes ; la Vierge Marie est une puissance libératrice. Le groupe de Lamour Desrance avait préféré le drapeau aux couleurs noire et rouge. L'étendard bleu et rouge horizontal fut intronisé le 1er Janvier 1804 pour, officiellement, enterrer le drapeau français qui flottait depuis le traité de Ryswick (1697). En 1805, un drapeau rouge et noir vertical fut remplacé par Dessalines, et un retour au drapeau bleu et rouge horizontal avec Jean Pierre Boyer en 1820, officialisé en 1843, restitué en rouge et noir sous la dictature des Duvalier de 1964 à 1986, et ensuite la réhabilitation du drapeau bleu et rouge horizontal, dix jours après le renversement de Jean Claude Duvalier (1986) et finalement, sa confirmation par la constitution de 1987 révisée en 2011.

Parlant de la naissance de la première République noire de l'histoire de l'humanité, Yvette Farraudière[323] déclare : *"La naissance d'Haïti a une portée dans l'espace et dans le temps qui dépasse largement la taille et le faible poids économique de ce nouvel état. Les grandes puissances craignent qu'il ne devienne un foyer de contagion révolutionnaire d'où partirait la croisade de libération, en direction de toutes les colonies esclavagistes et qui se propagerait d'île en île, puis déferlerait sur tout le continent américain"*. La victoire des esclaves de Saint-Domingue a marché sur un système qui a prévalu dans le monde occidental pendant des siècles ; durant tout le XVIIIe siècle, il y a eu une prédominance de l'idée de la suprématie des blancs sur les noirs, un destin noir à servir les maîtres blancs. La Révolution Haïtienne de 1804 est sans aucun doute, l'une des plus grandes révolutions de l'histoire de l'humanité et la Révolution Haïtienne a traduit le besoin de tous les droits consacrés dans la Déclaration des droits de l'homme et du citoyen de 1789. Pendant que la révolution américaine de 1776 était politique ; celle de la France de 1789 ne profitait qu'à la bourgeoisie.

Après s'être autoproclamé gouverneur à vie d'Haïti, Jean Jacques Dessalines, se fit couronner à Port-au-Prince sous le nom de Jacques Empereur 1er d'Haïti. L'empire de Dessalines fut fondé sur l'armée qui était la seule force stable du nouvel état. C'est donc un pouvoir autoritaire.

---

320 Alfred Metraux,1959,Vodoo in Haiti, p 326.

321 Timoléon Brutus, 1995, Haiti History And The Gods, Berkeley University of California Press , p. 52; Terry Rey, 1999, Le culte de la Vierge Marie en Haiti, Africa world press, P 287.

322 Terry Rey, 1999, opcité.

323 Yvette Farraudière, 2005, La naissance d'Haïti, à la croisée de trois voies révolutionnaire, l'Harmattan, p.190.

Les esclaves nés en Afrique et majoritairement Kôngo ont constitué la cheville ouvrière de la guerre d'indépendance d'Haïti, fournissant l'essentiel des troupes. Personne ne peut nier, la contribution des Bossales "Les Kôngo" dans la Révolution Haïtienne. L'attitude bossale était contraire à la culture créole ; la culture bossale est une expression rebelle à l'endroit de l'esclavage, la colonisation et ses séquelles. Le plan bossale (Kôngo) a été d'attaquer sans répit, l'armée française et détruire les principaux officiers des troupes coloniales afin d'établir une République noire où règne la liberté, le droit des peuples à disposer d'eux-mêmes. L'historiographie haïtienne à la solde des colonisateurs n'a pas magnifié les véritables combattants et forgerons de la première République noire que furent majoritairement les " Bakôngo ".

Les vertus culturelles des Bossales (Kôngo) n'ont pas fait long feu, pour la simple raison que la hiérarchie de l'armée indigène fut dans l'ensemble créole. Plus tard, après la révolution, les premiers gouvernements créoles vont s'évertuer à annihiler la culture bossale qui s'opposait à la culture des grandes plantations. Les premiers gouvernements créoles vont réinstaurer l'ancien système colonial où les Bossales étaient les serfs de la société des plantations.

Dessalines a-t-il été assassiné à la suite de sa vision sur " *ceux dont les pères étaient en Afrique* " (Les Bossales) ? Toute la vision politique de Dessalines semble se résumer dans la célèbre interrogation "*Et ceux dont les pères sont en Afrique, n'auront-ils donc rien ?* ". Cette interrogation faisait suite à son indignation et sa colère face à la monopolisation et la mainmise sur l'ensemble des terres, richesses par excellence de l'époque, par un petit groupe de créoles. L'interrogation de Dessalines semble en avoir dérangé, plus d'un dans leur projet d'hégémonie et de l'accaparement de tout au détriment de la grande masse d'anciens esclaves au nom de qui et par qui, la lutte a été menée et gagnée. Jean Jacques Dessalines aurait semble-t-il, sans le savoir, signé son arrêt de mort et son exécution, victime de la cause des véritables fondateurs de la République d'Haïti que furent les anciens esclaves nés en Afrique : les Bossales (Kôngo).

Statue du Général Jean Jacques Dessalines " Le Tigre ".

Portrait du Général François Capois " L'Achille noir "

XIII- EMPREINTES KÔNGO PENDANT LA PÉRIODE POST-RÉVOLUTIONNAIRE

XIII.1- LE CULTE DE LA SAINT-JACQUES LE GRAND, LE CULTE DE LA VIERGE MARIE ET DE SAINT-ANTOINE EN HAÏTI : UNE SURVIVANCE DU ROYAUME KÔNGO

Quand Jean Jacques Dessalines s'autoproclame empereur d'Haïti, à la suite de la création de la République d'Haïti, ce dernier établit un empire puissant et catholique. Dessalines va rejeter l'autorité de Rome sur l'Eglise catholique d'Haïti, et par la suite, il se proclamera chef de l'Eglise d'Haïti, de facto grand archevêque d'Haïti. Dans l'histoire d'Haïti c'est le grand schisme (il a duré 56 ans), on parle d'un catholicisme à la Dessalines, un catholicisme qui sera absorbé par le vodou, c'est-à-dire une assimilation du culte catholique d'avec le vodou. Alfred Metraux déclarera que " *Le vodou s'était accaparé du catholicisme* ". D'aucuns comme le professeur Rey, parleront d'un catholicisme influencé par les traditions du royaume Kôngo. Terry Rey[324] déclare d'ailleurs que " *La tradition Kôngo a contribué au développement du catholicisme populaire haïtien durant le grand schisme* ".

Victor Schœlcher qui a visité Haïti, durant la période du grand schisme, nous a laissé un témoignage patent sur la cohabitation entre catholicisme et vodou, puisqu'il aurait vu des prêtres de l'Église Catholique être en rivalité avec des faiseurs de wangas, de gris-gris et de sortilèges : " *Il est impossible d'imaginer rien de plus pervers que le clergé Haïtien* ", déclara-t-il.

Le vodou, s'est donc enraciné dans la société haïtienne durant le grand schisme, et ce sont les prêtres dits " *prêtres aventuriers* " qui se sont faits complices et associés des hougan et des mambo. Ainsi, Dessalines va instaurer un catholicisme populaire, en créant des prêtres à cause de la carence des prêtres dont souffrait le pays. Le langage populaire de cette époque désignait ces prêtres de " Père Savann " (Père de la savane), une information d'ailleurs confirmée par le père Adolphe Cabon. L'un des prêtres les plus célèbres fut le père Félix, ancien chantre à Saint Marc à qui Dessalines ordonna de célébrer les offices et d'administrer les sacrements.

Pendant que Monseigneur Le Ruzie a considéré tous les prêtres d'avant la signature du concordat de 1860 comme étant des épaves ; il s'avère que ces prêtres nommés par Dessalines étaient l'objet d'une enquête de moralité et installés par un conseil de notables. Cette masse de prêtres issue du milieu de la paysannerie, va installer deux cultes importants qui furent : Le culte de la

---

324 Terry Rey, in Linda Heywood, 2002, opcité, p.277.

Saint-Jacques le Grand et La dévotion à la Vierge Marie. Ces deux cultes étaient également les cultes les plus importants au royaume Kôngo.

Évidemment, la fête de la Saint-Jacques était le jour le plus important au royaume Kôngo, car le roi Afonso avait décidé de créer des armoiries, avec cinq bras armés d'une épée à cause de sa vision de Saint-Jacques le Grand. Georges Balandier[325], nous a décrit que le roi Afonso avait vu apparaître dans le ciel Saint-Jacques le Grand, lors de la bataille de Mbandza Kôngo de 1506 qui l'opposa à son neveu Mpanzu A Kitima. L'armée du roi Afonso bien que moins nombreuses remporta la victoire par l'apparition de Saint Jacques et ses cavaliers qui firent fuir l'armée de Mpanzu. Les armoiries de Saint-Jacques créées par le roi Afonso étaient utilisées au Kôngo jusqu'en 1860. Le roi Afonso était tellement ému qu'au moment de créer, le blason du pays, il y fit intégrer, cinq bras portant des sabres. En symbole des évènements de ce grand jour, le blason qui figurait sur le sceau des lettres, sur les insignes de la royauté et dans la salle du trône, continua d'être utilisé, jusqu'à ce que le Roi Pedro V fasse serment de vassalité au Portugal en 1859.

À Mbandza Kôngo, la capitale du premier royaume chrétien d'Afrique, il y avait une église, baptisée Saint-Jacques le Majeur en signe de reconnaissance à ce Saint. Le jour de Saint Jacques, le 25 juillet, était le jour de la fête nationale Kôngo, la fête était célébrée à Mbandza Kôngo avec une foule immense et jusqu'à aujourd'hui à Mbandza Kôngo dans l'actuel Angola, la fête est toujours célébrée du 20 au 25 juillet.

Mais qui fut Saint Jacques ? Saint Jacques fut le fils de Zebedée et était l'un des disciples de Jésus, il était le frère de Saint Jean apôtre, il est appelé Saint-Jacques le Grand, pour le différencier de Jacques, fils de Alphaeus. Saint-Jacques le Grand, est l'un des premiers à rejoindre Jésus et l'un des trois apôtres que Jésus avait choisis pour témoigner sa transfiguration. Les reliques de Saint-Jacques le Grand sont à Santiago de Compostelle, en Galice (Espagne). Saint-Jacques le Grand est le Saint Patron de l'Espagne, mais aussi du Chili, Nicaragua, Guatemala et Uruguay. Après Jérusalem et Rome, la ville de Santiago qui héberge ses reliques, est la troisième ville la plus Sainte du Christianisme.

Le culte de la Saint-Jacques le Grand en Haïti et même à Porto Rico[326], sont un héritage des descendants d'esclaves du Royaume Kôngo. La Saint-Jacques est l'un des plus grands évènements religieux d'Haïti, qui se passe à la Plaine du Nord, au nord d'Haïti (plan di Nò en créole haïtien). Dans la commune de la Plaine du Nord, (département du Nord d'Haïti), arrondissement Acul du Nord, à une dizaine de kilomètres de la ville de Cap Haïtien. Dans le bassin Saint-Jacques, lieu de pèlerinage des vodouisants, une tradition persiste : "*La fête patronale Saint-Jacques le Majeur*", afin de plonger dans l'eau boueuse, limon de terre qui est l'élément originel. Certains disent y venir pour trouver guérison à leurs maux, d'autres disent pour avoir la chance. Saint-Jacques le Majeur est le Saint Patron de la plaine du nord, Saint-Jacques le Majeur est à ce lieu objet d'un pèlerinage rituel et culturel.

325George Balandier, 1968, La vie quotidienne au Royaume Kôngo, Gallimard, p. 49.

326Dans la ville de Loiza sur l'île de Porto Rico, chaque 10 juillet, on commémore Saint Jacques avec une culture africaine et américaine. Cette célébration de la Saint Jacques à Porto Rico est faite avec une danse d'origine Kôngo, " La Bomba ", avec des chansons en Kikôngo créolisés. La municipalité de Loiza, a la plus grande concentration des noirs à Porto Rico. La danse Kôngo " La Bomba " est l'attraction principale durant la fête de la Saint Jacques de Porto Rico.

Le catholicisme de Dessalines, avait également instauré la dévotion à la Vierge Marie, cette dévotion, peut être considerée comme étant une survivance, une continuité d'une pratique du Kôngo. Le Père Giacinto Da Bologna, un capucin qui a servi au Kôngo de 1741 à 1747 explique que la dévotion à la Vierge Marie était l'un des grands cultes du royaume Kôngo, on l'appelait " Mama nzambi ". La paroisse " Notre dame des victoires " était l'une des premières paroisses construites dans la capitale du Kôngo. Dans un document daté de 1747[327] sur la pratique missionnaire des prêtres capucins italiens dans les royaumes de Kôngo, Angola et contrées adjacentes, il est dit : " …. *dans les endroits où le christianisme est établi, prodigieuse, on peut bien le lire, la dévotion à la très Sainte Vierge dont font preuve ces peuples, qui en leur langue la nomment Mamanzambi, c'est à savoir " Mère de Dieu ". En son honneur, ils ont usage de porter chaque samedi quelque offrande à l'église ; là où il n'y a point d'église, ils déposent leurs offrandes à Notre dame au lieu où est dressée la croix* ".

La place du culte de la Vierge Marie en pays Kôngo, s'explique surtout par le pouvoir de la fécondité et le pouvoir de la guérison qui étaient donnés aux femmes par une espèce de déesse qu'on appelait " Ma Kibunu "[328]. C'est le nom d'une femme, une femme universelle, comme une déesse de la douceur et de la maternité. Les Kôngo n'ont pas eu de mal à reporter ce pouvoir sur celle qui est en haut, c'est-à-dire la Vierge Marie. " Ma Kibunu " était une femme très belle et on faisait d'elle, des statuettes, des bustes et elle portait toujours un enfant sur le bras. Le culte de " Ma Kibunu " était surtout pratiqué par les femmes qui ne mettaient pas au monde et on offrait beaucoup de sacrifices de poulets et des cabris. Pour Robert Gevaudan, cité par Witwicki[329], " *Dans l'histoire traditionnelle du Congo, s'il fallait chercher un antécédent culturel à la Vierge Marie, ce serait la place de la femme qui dans la société, est importante parce qu'elle est la mère. Chez les Kôngo, c'est par la mère que se fait la transmission de la vie et des générations et de la culture, puisque la mère, par son frère, est chef de la famille, et non pas le mari. C'est la ligne matrilinéaire qui transmet la vie* ". Il faut également noter que traditionnellement au Kôngo, il y avait des femmes guérisseuses, des femmes médiatrices entre les humains sur terre et les esprits. Dans une société comme le Lemba on cultivait l'estime de la chasteté, préparant inconsciemment l'image de la Vierge Marie. Dans le Lemba, la femme jouissait d'un statut très élevé et les nombreux interdits qui entourent les femmes du Lemba, attestent de leur caractère sacré. Certains rôles que les Capucins, Franciscains, qui avaient la ferveur Mariale vont attribuer à la Vierge Marie étaient déjà traditionnellement exercés par des femmes devins, femmes guérisseuses et femmes médiatrices entre les humains sur terre et les esprits.

Leslie Demangles [330] a conclu que les esclaves en provenance du royaume Kôngo étaient catholiques au début du 16e siècle, et la dévotion à la Vierge Marie était populaire au royaume Kôngo, à leur arrivée en Haïti, la Vierge Marie n'était pas quelque chose de nouveau, la dévotion à la Vierge Marie en Haïti n'était qu'une extension du marianisme Kôngo. Comme en Haïti, la Sainte Vierge Marie au Kôngo, représente la divine libération d'un peuple oppressé par le joug

---

327   La pratique missionnaire des P.P.capucins italiens dans les royaumes de Congo, Angola et contrées adjacentes brievement exposées pour eclairer et guider les missionnaires destinés ces saintes missions, 1747, Ed.de l'AUCM, Louvain, 1931, p. 9-12.

328   Robert Witwicki, 1992-96, Marie et l'évangelisation du Congo, Tome III, Qui est Marie pour vous ? Marie telle qu'on l'aime au Congo, Brazzaville (Congo), p. 103.

329   Robert Witwicki, 1992-96, opcit, p. 149.

330 Leslie Demangles, 1992, The Faces of the Gods, Chapel Hill , The University of North Carolina Press , p.143 .

colonial. Terry Rey[331] a été très convaincant en disant que " *le marianisme haïtien et le marianisme Kôngo sont similaires* ".

Le 17 octobre 1806, quand Jean Jacques Dessalines est sauvagement assassiné, le pays se divisa en deux, le Général Henry Christophe contrôle le nord et se proclame Roi Henry 1er, tandis qu'Alexandre Pétion contrôle le sud qu'il proclame République. Pétion meurt en 1818, le roi Henry Christophe tentera de réunir Haïti en vain. Jean Pierre Boyer succèdera à Pétion. Le 20 octobre 1820 Henry Christophe meurt, le 26 octobre Boyer contrôle le nord et Haïti devint une seule République. En 1825, Boyer signe l'ordonnance française qui demandait le payement de 150 millions de francs pour la reconnaissance de l'Indépendance. En 1840, les spiritains rétablirent l'autorité de Rome, en 1860 un nouveau concordat fut signé entre Rome et le gouvernement haïtien, malgré le concordat avec Rome, les cultes les plus importants de l'Église Catholique d'Haïti resteront ceux de la Vierge Marie et ceux de la Saint-Jacques le Grand et ce jusqu'au XXIe siècle.

Pedro Kibenga un prétendant roi du Kôngo, plaçait toujours l'image de la Vierge Marie dans la salle royale[332], cette pratique, est retrouvée sur l'île Haïtienne : Le Général Raoul Cédras, le leader putschiste d'Haïti 1991-1994, s'adressait toujours aux masses à partir de son balcon derrière lequel, on pouvait remarquer l'image de la Vierge Marie. Le général Raoul Cédras était-il, d'origine Kôngo ? Faustin Soulouque, président d'Haïti de 1847 à 1859 considérait la dévotion à la Vierge Marie comme une force potentielle pour la légitimation de son pouvoir et pour la promotion de son agenda politique et militaire. Le roi Alvare Vi (Ndo Luvwalu Vi), construisit une église qu'il baptisa Notre Dame des victoires à l'occasion d'une victoire qu'il remporta sur ses ennemis. À l'exception de Cédras et Soulouque, d'autres présidents se sont appuyés sur la Vierge Marie : Il s'agit d'Alexandre Pétion, Henry Christophe, Lescot, Jonassaint.

Aujourdhui, le culte de la Vierge Marie en Haïti se manifeste par plusieurs événements, parmi lesquels : le pèlerinage du Mont Carmel, l'Assomption et l'Immaculée Conception, qui sont toujours des évènements hérités de l'influence de la Vierge Marie depuis le grand schisme. Il y a eu 3 fausses apparitions de la Vierge Marie en Haïti. L'apparition de 1849 au champ de Mars, la fausse apparition à Seau d'eau et celle du Mont Carmel. L'image de la Vierge Marie est très marquante en Haïti, comme cela l'était au royaume Kôngo.

De décembre 1881 à mars 1882, l'île d'Haïti fut dévastée par une épidémie de variole. Le 16 janvier les hommes d'église avaient demandé des prières générales sur l'île d'Haïti. Par l'entremise de Monseigneur Jean Marie Guilloux, évêque de Port-au-Prince, le samedi 5 février 1882, à l'Eglise Saint-François de Bel-Air, une foule se mit à réciter le rosaire, Monseigneur Jean Marie Guilloux présenta une image de Notre Dame du Perpétuel Secours. Cette image fut placée dans l'enceinte de l'église, une neuvaine nationale débuta par la suite. Une très grande pluie torrentielle secoua l'île d'Haïti. 2 jours après il n'y eut aucun cas d'épidémie, dit-on.

Une icône de la Vierge Marie, que le père Kersuzan du Cap Haïtien avait ramenée de l'étranger, aurait été à l'origine du miracle, considéré, comme un temps fort de l'histoire de l'Église Catholique d'Haïti. Monseigneur Jean Marie Guilloux est resté l'une des figures dominantes de l'histoire de l'Église d'Haïti. Pour marquer le 15e anniversaire du miracle de 1882, Monseigneur

---

331 Terry Rey, 1999, Le culte de la vierge Marie en Haïti, Africa World Press.
332   John. K. Thornton, 1998, The Kôngolese Saint Anthony, Cambridge University Press, p. 187.

Joseph Legouaze, archevêque de Port-au-Prince avait déclaré trois jours de prière nationale le 15, 16 et 17 décembre 1932. Le 18 décembre 1932, il y eut une très remarquable procession en présence du président Estenio Vincent. Au royaume Kôngo également, la Sainte Vierge Marie était vénérée pour obtenir des guérisons. Robert Witwicki[333] nous a rapporté des scènes de cultes de guérison liée à la Vierge Marie : " ... *A cette chapelle de notre dame de Pinda, il n'y a pas seulement un grand concours de chretiens, mais ce qui me laissait au point de m'étonner, c'est que des paiens du royaume d'Angoij situé de l'autre coté du grand fleuve zaïre, qui sépare ce royaume de celui du Congo, passaient aussi pour visiter cette chapelle, apportant des offrandes, amenant des malades pour implorer de Notre dame leur guérison...* ".

À Saut-d'Eau, au nord de Port-au-Prince en Haïti, où il y eut une fausse apparition de la Vierge Marie, chaque année, des pèlerins y défilaient par milliers. Saut d'eau est devenue, une ville bonheur, pour rendre hommage, à Notre Dame du Mont Carmel. C'est sur l'habitation Dubreuil en 1848 que eut lieu la fausse apparition, et beaucoup de vodouisants s'y rendent aux alentours du 16 juillet, pour solliciter les grâces de la Vierge Marie. C'est effectivement en juillet 1848 que la Vierge Marie y apparut à un paysan de la zone qui l'aurait aperçue au sommet d'un palmier, à la base des chutes d'eau, là où les eaux de la rivière Latombe, percutent avec force. Les hauts dignitaires de l'État Haïtien et toutes les catégories sociales se font représenter à Saut-d 'Eau. Le pèlerinage de Saut-d'Eau, est un patrimoine culturel d'Haïti.

En 1942, au 60e anniversaire, l'archevêque de Port-au-Prince, convoqua tout son peuple à un triduum solennel qui exprimerait à Notre Dame du Perpétuel Secours[334], la reconnaissance du pays, pour le passé et la prierait de sauvegarder les intérêts bien compris du peuple haïtien. Dans un présent lourd d'angoisse et pour un avenir qui n'est pas sans inquiétude. Pendant que la guerre mondiale battait son plein, l'archevêque se proposait à cette occasion de consacrer le pays à Notre Dame du Perpétuel Secours. La cérémonie de cette consécration eut lieu, le 8 décembre en présence des autorités du pays, sur l'esplanade et le parvis du Palais national. L'épiscopat haïtien tout entier prononça la formule et le président de la République, à haute voix confirma cet acte en son nom et celui du peuple haïtien. Les cultes précités sont fortement ancrés au nord d'Haïti où étaient concentrés la plupart des esclaves Kôngo à savoir, Cap Français ou Cap Haïtien, la Plaine du Nord et Marmelade. La Vierge Marie est la Sainte Patronne d'Haïti depuis plus de 74 ans[335] : " *Nòtredam Pèpetyèl Sekou, Mari Patwòn e Rèn d'Ayiti* ".

L'influence du culte de la Vierge Marie a perduré jusqu'aux générations des Kôngo modernes en Afrique Centrale. Le premier président du Congo Brazzaville, l'Abbé Fulbert Youlou, un ecclésiaste d'ethnie Bakôngo, avait choisi la date de la fête de la Sainte Vierge Marie, le 15 Août, comme date de la fête de l'indépendance. L'Abbé Adolphe Tsiakaka[336] dans sa biographie du Cardinal Émile Biayenda, nous rapporte qu'avant de mourir, son éminence, le Cardinal Émile Biayenda, premier cardinal d'Afrique Centrale, d'ethnie Bakôngo, avant d'être enlevé à son domicile pour être assassiné par la suite, avait dit à son collègue Adolphe Ndoundi, de " *Toujours*

---

333   Robert Witwicki, SM, 1995, Marie et l'evangelisation du Congo, Tome I, Chronique de l'ère des missionnaires, Marie telle qu'ils l'ont fait connaitre au Congo(1594-1952), Brazzaville, centre chaminade, p. 35.

334   À Mbandza Kôngo, le roi Afonso avait également construit une église dédiée à Notre Dame du Perpétuel Secours.

335   Monseigneur Jean Marie Jan, Collecte pour L'histoire du Diocèse du Cap Haïtien, Tome 3, p. 123, Port-au-Prince Deschamps 1958. Et aussi Adolphe Cabon, Notes sur L'Histoire Religieuses D'Haïti, de la Révolution Au Concordat, 1789-1760, Port-au-Prince, Petit Séminaire, Collège Saint Martial 1933, p. 432.

336 Adolphe Tsiakaka, 1999, Émile Biayenda, Grandeur d'un Humble, Éditions du signe.

priez la Sainte Vierge Marie, le Congo lui avait été destiné". Les spiritains arrivés au XIXe siècle, ont juste augmenté la ferveur du culte de la Vierge Marie : *"L'âme congolaise, s'est ouverte facilement à l'amour de la vierge. chaque église a eu, depuis toujours, son autel à Marie, avec une statue imposante. Dans beaucoup de missions il y avait et le plus souvent, il y a toujours, une statue de Marie en plein air... "*[337]. On retrouve le culte de la Vierge Marie chez les noirs, Kôngo du Mexique " la vierge Moreno ", au Brésil, " nossa señora do Rosario ", a Higuey en République Dominicaine où l'on fête " notre dame de Alta gracia ", " Neustra Señora da Guadeloupe ", le culte de la Vierge Marie à Caracas au Venezuela, chez les esclaves Kôngo au Pérou où il vénère " la Virgin Del Carmen ", Sainte Patronne des afro péruviens. Au Costa Rica où les noirs vénèrent la " nuestra señora de los Angeles ", " la negrita ".

Le Docteur Jean Price Mars[338] a signalé la présence en Haïti du culte de Saint-Antoine et celle des sociétés mutuelles agricoles des femmes appelées " coumbites " " Sanzu en kikôngo ". Saint-Antoine était le Saint le plus vénéré au Kôngo " Ntoni Malawu " Antoine de la puissance, Antoine de la chance.

XIII.2- La tradition Kôngo dans les croyances nécrologiques et le rite funéraire des Haïtiens

Le rite funéraire (ou funérailles) est un ensemble de gestes et de paroles et dans certains pays de danses, accompagnant l'agonie puis la mort d'un être humain. Les anthropologues considèrent généralement que les rituels funéraires sont un des fondements du passage à la civilisation. Ces rites semblent relever depuis toujours de la religion. La nature des rites funéraires varie selon l'époque, le statut social du défunt, les croyances d'une société. L'ethnologie attache, une grande importance à l'étude des rites funéraires qui éclaire la compréhension des rapports entre les individus et avec le monde tels qu'ils le conçoivent.

Les rites funéraires et les croyances nécrologiques chez les Bakôngo sont un culte lié aux Ancêtres, " les défunts ". C'est un rituel qui constitue l'épine dorsale des activités spirituelles, en gardant un contact pour tout et en tout avec les " bakulu " (défunts) à travers des activités concrètes telles que se rendre sur la tombe pour des incantations, verser du vin ou déposer des vivres.

En Haïti, on retrouve sur les tombes, les ustensiles utilisés par le défunt et on dépose un poulet blanc pour symboliser le monde des morts représenté par la couleur blanche, et à la Noël les tombes sont badigeonnées en blanc, on répand du sang d'un coq blanc à côté, ainsi que des coquillages qui symbolisent l'eau, le monde des morts. Plusieurs tombes dans les cimetières d'Haïti sont construites avec des carreaux blancs de salle de bain, pour symboliser l'eau " Kalunga ", le monde des morts selon la tradition Kôngo.

Pour Noël Baliff[339] *" L'argile blanche dite Mpemba est assez commune au Congo. La couleur blanche n'est-elle pas le support du monde surnaturel et des esprits des morts ? Le noir demeure*

---

337   Monseigneur Raymond de la Moureyre, cite par Robert Witwicki, 1995, opcit, p.33.

338   Jean Price Mars, 1959, De Saint-Domingue à Haïti. Essai sur la Culture, les Arts et la Littérature, Présence africaine, p. 76 et 102.

339   Noël Ballif, 1993, Le Congo, Karthala, p.182.

la couleur de la vie quotidienne et des activités terrestres ". On a retrouvé des coquillages blancs sur les tombes des soldats noirs qui périrent au cours de la guerre du Vietnam et plusieurs tombes de Port-au-Prince sont semblables à ceux du sud des États-Unis d'Amérique où plusieurs fétiches y sont déposés pour ne pas troubler l'immortalité de l'esprit dans le monde des morts. La coquille d'escargot dit " Kodia Nkuata " dans le Bukôngo, porte le secret de l'évolution cosmique. Symbole de la Voie Lactée, le " Nzila Zombo ". Les Mages Bakôngo disent le Chemin de l'Oncle pour expliquer le Nzila Zombo. Mais de quel Oncle parlent-ils ?

Dans l'encyclopédie de l'histoire Africaine Américaine[340], parlant de " Graves Décorations ", Décorations tombales au sud des États-Unis d'Amérique, sous influence de la tradition Kôngo : *" Les populations Kôngo de l'Afrique Centrale, arrivées en grand nombre en esclavage aux Amériques, placent les bouteilles, les ustensiles de cuisine sur la tombe pour se rassurer que l'esprit n'ira pas à la recherche de ces objets "*.

Dans la même encyclopédie, parlant des croyances nécrologiques des Kôngo au sud des États-Unis d'Amérique, on découvre que la terre était prélevée dans les cimetières pour la fabrication des charmes, on retrouve le même spectacle au sein des communautés Kôngo en Haïti. Des chercheurs comme Zora Neale Hurston[341] et Elizabeth Fenn, ont noté ces pratiques entre 1920 et 1940, dans le Sud et sur la région côtière de l'atlantique des USA, ainsi que sur la tombe de la célèbre prêtresse vodou Marie Laveau à la nouvelle Orléans en Louisiane (États-Unis d'Amérique).

Le Père Van Wing, parlant des rites funéraires, dans son étude Bakôngo, nous raconte que sur la tombe, on dispose, les assiettes, vases, bouteilles, verre à boire, ces objets servent de repas aux esprits des morts, cette philosophie des morts est identiques à celle de la plupart des Haïtiens. Pour Robert Farris Thompson, les croyances vodous dans les pouvoirs moraux transcendantaux des morts, et dans l'efficacité de charmes figuratifs, pour guérir et intimider à des fins vertueuses, trouvent essentiellement leur origine au Kôngo.

Quant au rituel aux morts, il est manifesté par les cérémonies de sacrifice, qui est avec la danse, l'essence même du vaudou haïtien, il est destiné à apaiser les esprits, à leur faire plaisir ou à implorer leur assistance. Parmi les sacrifices, il y a les offrandes, repas rituels préparés avec les aliments (viandes, tubercules, légumes) et breuvages (rhum, coca-cola) préférés des loas ou des Ancêtres (morts) qu'on veut honorer. On appelle ces offrandes mangers secs, pour préciser qu'il s'agit de sacrifices non sanglants, dans des circonstances plus importantes, on procède à l'immolation d'une victime dont la nature (poule, chèvre, mouton, porc, bœuf, etc.) diffère, selon les esprits et selon l'ampleur, de la cérémonie. Les rites funéraires du Kôngo et d'Haïti (Desounen, Boulezen...) sont des délivrances, un passage pour le monde des Ancêtres. Les funérailles haïtiennes, présentent ainsi, une anthologie virtuelle des gestes Kôngo créolisés. Quand les Haïtiens invoquent les morts, ils le font en des termes Kikôngo, qui restent malgré la francisation de la transcription et la fragmentation de certains mots, lisibles et compréhensibles pour les Kôngo modernes.

340Leslie. M. Alexander et Walter. C .Rucker,2010,Encyclopedia of African American History, volume 1, ABC-CLIO, p. 201.

341   Zora Neale Hurston :The Independent Folklorist, Harry Middleton Hyatt; Elisabeth Fenn : Honoring the Ancestors : Kôngo American Graves in the American South, Southern Exposure 13 September/October 1985 :42-47.

Un remarquable tableau de l'artiste Haïtien Jacques Richard Chery "Enterrement à la campagne" datant de 1974 environ, illustre des funérailles de type "Kikôngo". A l'avant plan, deux femmes de la famille, toutes deux vêtues de noir. L'une sèche ses larmes avec un mouchoir. L'autre écarte tragiquement les bras, aussi loin qu'elle le peut ; dans un même contexte funéraire, ce geste s'appellerait au Kôngo "Yamba", "se lamenter, pleurer ".

XIII.3- LE CULTE MARASSA OU CULTE DES JUMEAUX EN HAÏTI ET LE CULTE MAPASSA EN PAYS KÔNGO

Le culte de plus grande importance qui se développa au sein des familles en Haïti après les indépendances fut celui de Marassa ou culte des jumeaux, culte inspiré par le désir du paysan d'avoir de nombreux enfants pour l'aider dans les travaux champêtres et c'est à cette époque que le vaudou est devenu une religion agraire et familiale qui reposait en grande partie sur les temples familiaux. Le culte de marassa était un secours pour lutter contre les aléas de la vie. Les marassa sont honorablement vénérés dans le vodou haïtien, ce sont des enfants, plus ancien qu'aucun autre lwa, doué d'une double puissance, symbolisé par la feuille de palmier.

La naissance des jumeaux dans toutes les tribus africaines constitue un évènement, donnant souvent lieu à de grandioses cérémonies. Autant de tribus et autant de rituels autour des jumeaux, mais tous caractérisés par leur aspect religieux quasi sacré. Partout en Afrique, les jumeaux sont considérés comme des enfants venant du monde des esprits avec une force spéciale. C'est pour cette raison qu'ils sont traités avec beaucoup de délicatesse et de crainte. Mais partout en Afrique tous les jumeaux ne sont pas appelés avec le vocable " Marassa ".

En pays Kôngo, les jumeaux sont appelés "Mapassa" et la femme qui met deux fois au monde des jumeaux s'appelle Ma ngudi "Marassa". Ma Ngudi c'est la mère et Marassa viendrait du verbe Kikôngo "Rasumuna" (faire sortir en abondance). Pour Auguste Miabeto[342], spécialiste de la tradition orale Kôngo et linguiste, les lettres " R ", " P " et " V " sont des variantes linguistiques en langue Kikôngo et ces lettres peuvent subir des variations phonétiques. " P " peut devenir " R " ou " V ". Ainsi "Mapassa" peut devenir " Marassa " (créole haïtien) ou " Mavassa " (dialecte Vili du Loango).

Le culte Marassa d'Haïti n'est que le culte Mapassa du Kôngo. La croyance populaire dans le pays Kôngo, range les jumeaux parmi les intouchables par les sorciers tout en leur reconnaissant des dons de guérisseurs. Chez les Kôngo, le premier jumeaux (Mapassa est appelé " Nsimba " et le second "Nzuzi", le troisième, en cas de triplet "Katumuko". Leur cadet "Nlandu ", "Nsunda " ou " Malanda ", " Lukombo ". Ta Ngundi c'est le père des jumeaux et Ma Ngudi, c'est la mère. Il y a des rites et des traditions pour la protection des mapassa (jumeaux). Une fête traditionnelle est généralement réservée à la naissance des jumeaux. Chez les Vili, Punu et Kôngo (…), les jumeaux sont souvent vénérés comme des génies de l'eau.[343]Les génies de l'eau séjournent dans les marigots et les rivières et se manifestent dans les vagues, les tourbillons (…).

---

342 Entretien avec Auguste Miabeto, à Brazzaville (Congo) le19 Aout 2016.

343   Carinne Plancke, 2009, Rites, chants et danses de Jumeaux chez les Punu du Congo Brazzaville, Pp177-208, Journal des Africanistes N 791.

Chaque village compte un ou deux marigots principaux dans lesquels vit un génie de l'eau qui est le garant du bien-être et de la fertilité du village. Puisque les jumeaux ne sont pas des enfants ordinaires, mais des génies de l'eau, leur naissance donnait et donne encore lieu à des pratiques rituelles particulières, prises en charge par une spécialiste, la gardienne des jumeaux. Obligatoirement, une mère de jumeaux ou une femme qui a eu des révélations de la part des génies. La naissance des jumeaux nécessite beaucoup des offrandes. Adolphe Tsiakaka dans son œuvre sur " Fêter les jumeaux, les berceuses Kôngo "[344] dit que " les jumeaux sont des créatures surnaturelles, ainsi possèdent-ils, chez les Kôngo, des berceuses particulières qui rythment toute leur vie ". Entre la conception des jumeaux (Mapassa) au Kôngo et celle des Jumeaux (Marassa) en Haïti, il n'y a qu'un pas.

Le jour de la naissance des jumeaux, en pays Kôngo, les gens s'interdisent d'aller puiser de l'eau afin de ne pas rencontrer, l'esprit des eaux (Kisimbi Ki masa) ou d'aller chercher du bois de chauffage pour ne pas rencontrer le " Kisimbi ki nseke ", l'esprit qui habite la savane et la forêt. En pays Kôngo, à la naissance des jumeaux, ils reçoivent deux assiettes pour des mets spéciaux. En Haïti, pour honorer les jumeaux, on leur offre des mets spéciaux, le plus souvent on leur sacrifie des cabris, des poulets aux couleurs spéciales. On place pour les jumeaux, des bouteilles de boissons alcoolisées de toutes sortes, des bougies noires allumées et même des couronnes de fleurs. On utilise aussi des feuilles de bananier aussi bien au Kôngo qu'en Haïti, pour les mets des jumeaux. Marassa, est le principe de la première manifestation de l'âme. Le premier homme qui est la polarité positive, la première femme qui est la polarité négative. La loi physique de l'attraction. Les deux formant un seul. Les jumeaux de dieu. Dans le vodou haïtien, les jumeaux sont représentés par Come et Damien, deux frères jumeaux monozygotes. Ce sont des entités si redoutables qu'aucun esprit, aussi puissant soit il n'ose les contrecarrer. Dans le vodou, les jumeaux sont si puissants qu'ils sont toujours prêts à nous sortir du gouffre. Dans le vodou haïtien, les Marassa sont des triplets, pendant que chez les Kôngo, marassa est également le nom des triplets " Marassa " et leur mère " Ma Ngudi Marassa ". Celle qui enfante des triplets. Dans le vodou haïtien, il y a la légende de Nicolas, qui rendit la vie aux trois enfants dépecés et mis dans un salvir. Nicolas est considéré comme étant le père des triplets (Marassa) : Come et Damien, les jumeaux catholiques, Jacob frère d'Esaü, fils d'Isaac, les jumeaux de la bible, Lucie considérée comme la mère des Marassa. En Haïti le culte marassa se retrouve dans les familles dotées de jumeaux et il est aussi célébré dans les lieux de culte vodou.

Les marassa sont classés en deux groupes principaux. Les marassa créoles ou kay et les " marassa ginen " qui représentent l'âme des marassa de l'Afrique et les marassa morts. On peut donc parler du culte des jumeaux vivants (créoles ou Kay) et celui des jumeaux morts (ginen yo). Les marassas morts sont servis dans des plats en bois, fabriqués soit en acajou, en chêne, en gommier, en cèdre ou en goyavier. Le bois est la représentation du bateau qui a conduit les âmes des jumeaux africains de la guinée (Afrique) jusqu'à Saint-Domingue, pour la protection des esclaves nègres. Le bateau qui reconduira en Guinée, l'âme des jumeaux morts sur la terre des esclaves pour accomplir le voyage de la réintégration. Les marassas ginen sont servis dans la cour des maisons sacrées. Les plats en terre cuite sont dédiés aux marassas créoles ou Kay. Parce qu'ils sont vivants. Ils sont servis à l'intérieur de la maison sacrée. Les plats marassas sont lavés et graissés à l'huile d'olive, puis on les baptise avec l'eau bénite. Ce rituel est accompagné de

---

344 Adolphe Tsiakaka, 2006, Fêter les jumeaux, les berceuses Kôngo, L'Harmattan.

prières catholiques. Les plats sont lavés chaque lundi, jour des Morts pour les marassas ginen et chaque vendredi pour les créoles ou Kay parce qu'ils sont vivants. La terre glaise représente le corps physique. Le soin accordé aux jumeaux en pays Kôngo et en Haïti est le même. Parfois en Haïti, une famille frappée par une succession de malheurs apprend de la bouche d'un houngan qu'elle est punie pour avoir négligé les marassas appartenant à sa lointaine parenté " au temps de la Guinée ". Dans le panthéon vodou, une place privilégiée leurs est réservée à côté des grands " mystères ". D'aucuns prétendent même que les marassas sont les plus puissants que les loas. Ils sont invoqués et salués au début d'une cérémonie. Dans certaines régions, ils ont la préséance sur les divinités. Les marassas, règlent les manifestations de la nature. Ils président la fertilité. Les marassas, se présentent toujours sous l'apparence d'un enfant.

XIV- LA TRADITION KÔNGO ET L'UNIVERS FOLKLORIQUE HAÏTIEN

Le Petit Robert définit le folklore comme étant : La science des traditions, des usages et de l'art populaire d'un pays. La musique folklorique serait donc la musique du peuple d'un pays donné. Le folklore Haïtien doit sa coloration aux origines de sa population qui est le résultat d'une incomparable richesse dûe à son double héritage africain et européen, et surtout français. C'est surtout vers les Africains de la colonie qu'il faut regarder pour découvrir le substrat du folklore d'Haïti, en jetant un profond regard sur l'histoire même de son peuplement Africain.

Le français Degranpré, parlant de la vie sociale et culturelle des Africains de la colonie de Saint-Domingue disait que *" ce sont les Kôngo qui avaient de la jouissance et chantaient beaucoup "*. Le colonel Malenfant de l'expédition Leclerc à Saint-Domingue découvrit des Kôngo qui chantaient sans cesse et mettaient leur bonheur dans la danse. Gabriel Debien[345] a parlé des chants perpétuels des esclaves du Congo, qui chantaient sans cesse. Monseigneur Jean Marie Jan[346], nous relate qu'une bande musicale conduite par Princesse Amesythe, chantait souvent pendant la nuit au Cap Français en langue Kikôngo durant la période coloniale. Pour David Geggus[347], certaines chansons Kôngo étaient des invocations des mbumba (divinités kôngo) ; esprits invoqués pour anéantir les forces maléfiques *" mbumba mbingu, mbumba malele et mbumba makonda "*. Les Mbumba[348], sont des divinités des fleuves, fontaines et bois ; forces vives de la nature, ce sont aussi des esprits des Ancêtres.

La danse est un phénomène et héritage culturel qui domine le quotidien du peuple Haïtien ; le folklore Haïtien est composé de danses profanes et sacrées qui composent le riche répertoire musical ethnographique d'Haïti. La vraie danse populaire Haïtienne est dans le vodou. Le vodou Haïtien compte des centaines de rythmes, et à chaque rythme, est associée une danse. Certaines danses sont accessibles au grand public tandis que d'autres sont réservées aux initiés. Les danses rituelles sacrées sont une richesse dans l'univers culturel Haïtien.

Le vodou Haïtien possède ses musiciens qui animent avec une vibration incontestable, toutes les cérémonies, du mariage, en passant par le baptême et la mort. Les musiciens portent souvent un uniforme blanc qui varie selon les circonstances. La danse et le chant permettent de communiquer avec les esprits, qui guident et dominent la vie des vivants.

---

345   Gabriel Debien, 1974, Les esclaves aux Antilles françaises (XVIIe-XVIIIe siècles), Matériel description, Basse-Terre : Société d'histoire de la Guadeloupe ; Fort-de-France : Société d'histoire de la Martinique, p. 50.

346Monseigneur Jean Marie Jan, 1981, Les Congrégations religieuses à Saint-Domingue, 1681-1793, port au prince, p.277-278.

347David Patrick Geggus,1991,Haitian Voodoo in the Eighteenth Century: Language, Culture, Resistance," *Jahrbuchfür Geschichte von Staat, Wirtschaft und Gesellschaft Lateinamerikas* 28, 21-51., p. 30-31.

348Wyatt Mac Gaffey, 2000, Kôngo Political Culture, Indiana university press, p. 243.

Pour l'haïtien, la danse est sacrée et elle occupe une place centrale dans les cérémonies et elle s'enracine dans tous les évènements de la vie, depuis les actes de naissances jusqu'aux cérémonies funéraires. Le rythme de la danse haïtienne, vient essentiellement du tam-tam, car il a pour but d'attirer les esprits dans les cérémonies vaudou à travers le rythme du tam-tam. Le Tam-Tam est au centre du spectacle folklorique d'Haïti. Le tam-tam fait que la danse haïtienne soit enracinée dans la tradition Africaine du vodou. Dans la capitale Haïtienne, les écoles de danse se présentent comme des gardiennes de tradition séculaires, tout en composant avec la modernité.

Il y a donc, des danses séculières et des danses religieuses, on invoque les loas pour accompagner les pratiques magiques et honorer les Ancêtres. Lionel Charles[349] qui a considéré, la danse comme un rituel sacré, "*art le plus ancien*", a placé cet art comme un puzzle important et riche de l'univers culturel Haïtien. Jean Lhérisson[350], ancien directeur de cabinet au ministère haïtien de la Culture, qui a énormément collaboré à notre étude et qui a résidé plusieurs années au Congo, a remarqué que la musique vodou est dominée par les sons Kôngo. Lhérisson cite deux sons de la musique haïtienne, qui sont : "*Tak mam Tak nam*" et "*Plakataou plaou*". Or certains musicologues comme Marc Ntsibou que nous avons rencontrés à Brazzaville (Congo) ont parlé de deux sons dans le tam-tam Kôngo ; à savoir : "Pelekété" et "Pakundungu" et ces deux sont équivalents aux deux sons de la musique haïtienne dont parle Jean Lhérisson, qui a insisté que toute la musique haïtienne est accompagnée par les deux sons du tam-tam Kôngo sur les 36 rythmes de la musique haïtienne. Le carnaval, le rara, les fêtes patronales, les bals hebdomadaires qui offrent des occasions à l'haïtien de danser sont marqués par les sons Kôngo, selon Lhérisson. Les danses et les chansons Kôngo dans le répertoire chorégraphique haïtien sont par conséquent, très remarquables, et cela s'explique par le fait que les Kôngo ont exercé une influence durable au sein de la population esclave ; ils ont diffusé le goût de la danse et le sens de la chanson, deux éléments du patrimoine culturel populaire d'Haïti.

Les danses traditionnelles du Kôngo sont restées prédominantes, ainsi que celles du Dahomey (surtout le Yanvalou), elles ont évolué avec le temps et se sont mélangées avec des éléments des indigènes indiens (Les Arawak) et des Français qui avaient occupé l'île. Le ballet "*Bacoulou*" d'Haïti vieux de 53 ans pratique les danses traditionnelles sacrées qui composent le riche répertoire musical et chorégraphique d'Haïti. Le mot "*Bacoulou*" vient du mot kikôngo "*Nkulu*" au singulier et "*Bankulu*" au pluriel, qui veut dire "*Ancêtres*". Le ballet Bacoulou est donc un miroir de l'héritage musical et chorégraphique de l'Afrique "Kôngo" à Saint-Domingue.

Le rara

Le mot rara est utilisé en Haïti à la fois comme nom et comme adjectif. Le terme "*rara*" désigne plusieurs éléments, il signifie "*vacarme*" dans l'expression "*Pa vin Fe rara la a*" (éviter de faire du vacarme dans cet espace), on retrouve le sens proche de son origine africaine. Pour

---

349   Danseur, Professeur, Chorégraphe et membre du ballet folklorique haïtien : www.lenational.org/vulgariser-la-danse-traditionnelle-haitienne.
350 Entretien avec Jean Lhérisson, le 18 janvier 2018 à Brazzaville (Congo).

Robert Farris Thompson[351], " *rara* ", vient du mot Kikôngo " *Wala* ", une danse des Bakôngo. Le rara indique un type de son ou un rythme musical particulier dans son acceptation la plus populaire. Le terme rara fait référence à des fêtes traditionnelles haïtiennes commençant le lendemain du mercredi des Cendres et finissant le lundi de pâques, soit durant la période du carême chrétien. C'est donc une musique festive jouée durant les processions de rue. C'est un mélange paradoxal de carnaval et de religion. Les orchestres s'arrêtent au lieu religieux important comme les cimetières, où ils saluent leurs morts et demandent protection et vie meilleure.

Du point de vue culturel, le rara rappelle les célébrations de joie des anciens esclaves. À Cuba il est connu par le nom de Gaga. Ce sont des bandes de rara qui animent les festivités, généralement dans la rue, rassemblant une foule dansant et chantant au rythme du tambour, l'instrument central de la fête rara. Les chansons sont toujours chantées en créole haïtien et célèbrent l'ascendance Africaine de la population afro-Haïtienne.

Le conducteur du rara, major-jon ou chèf-bann porte le masque d'un lwa (esprit) protecteur (wangòl) dont la tradition remonte à la société secrète Kôngo du Lemba. Wangòl est une créolisation du mot " Angola " qui est un synonyme de " Kôngo " dans le créole haïtien.

Le rara est une des grandes fêtes culturelles haïtiennes, qui se transmet depuis plusieurs générations et qui attire depuis plusieurs années de milliers de participants. En raison de sa richesse historique et culturelle, héritée des apports des Amérindiens, des Espagnols, des Français et de plusieurs ethnies Africaines, surtout Kôngo, le rara est de ce fait, un élément patrimonial exceptionnel d'Haïti.

Le rara a lieu dans plusieurs endroits d'Haïti, mais Léogane est la zone la plus renommée où on rencontre plus d'une trentaine de bandes de rara qui drainent environ 2000 personnes, chacune, au moment des festivités des trois derniers jours de la semaine Sainte.

Plusieurs chercheurs présentent le rara, comme étant d'origines diverses[352], situant avec difficulté, la culture exacte de départ. Notre étude admet que les traditions Africaines qui ont participé à la construction de cette pratique festive et folklorique sont : Kôngo et Yorouba. Mais ce sont les traditions Kôngo qui dominent le rara. La plupart des rituels et les rythmes du rara sont proches des rites Petro (Kôngo). Le rara est dominé par la musique Petro, car les rituels, les rythmes, les couleurs et les danses sont proches du Petro-Lemba et du rite Kôngo, qui sont tous de tradition Kôngo. Cette coloration Kôngo du rara, fait dire que le rara est une tradition militaire Kôngo, une tradition de musique, de danses, de rituels, à partir de la fin des jours gras, du mercredi des Cendres, jusqu'à la semaine pascale. Le rara semble donc être hérité d'une tradition militaire qui a été défigurée, mais a conservé l'essentiel.

Les " Majors Jonc " qui constituaient le leader du spectacle, devant la bande, sont munis d'un bâton ou d'une machette, d'un sifflet " c'est comme le colonel de l'armée ", le colonel de la bande de rara. Le roi, la reine, le commandant, le garde (…), nous rappellent l'armée.

Les instruments anciens des débuts du rara étaient des instruments Kôngo : La Conga, la coquille de lambi (...) ont été pendant longtemps, les seuls vrais instruments modernes. Il est irréfutable

---

351 Turner Richard Brent ,2016,Jazz religion(…), Indiana University Press, p. 40.
352 Paul Emmanuel C, 1962, Panorama du folklore haïtien, Port-au-Prince, Imprimerie de l'État.

que les groupes rara d'Haïti s'inspirent, largement des musiques de procession Kôngo. La danse militaire faisait partie de la culture guerrière de l'Afrique Centrale. Dans la guerre africaine, la danse constituait, une préparation militaire, tout aussi importante, que les exercices de tir en Europe. Avant 1680, quand les soldats se battaient au corps à corps, la danse équivalait à une forme d'entrainement pour accélérer les réflexes et développer la parade.

Danser pour préparer la guerre, était une pratique courante au Kôngo que " danser une danse de guerre " (Sangare ou Sangamento) était synonyme de déclarer la guerre.

Aujourd'hui, le rara, hérité des esclaves marrons sans tambour ni bambou, est après l'indépendance, passé d'un rara révolutionnaire à un rara de réjouissance. Le rara s'est déplacé avec l'exode rural au cours du XXe siècle, le rara moderne est dorénavant doté d'un ensemble d'instruments musicaux, entre autres le tambour, le bambou et les instruments à vent.

La danse Congo

La danse Kôngo est une danse associée à la nation Kôngo, c'était une danse rituelle du peuple Kôngo à Saint-Domingue. Cette danse représente la beauté et la majesté du peuple haïtien. Les Kôngo étaient connus pour leur sociabilité et leur gaieté. La danse Congo est une danse où les sentiments les plus gais sont exprimés ; c'est une danse de réjouissance célébrée lors des occasions heureuses. Les costumes portés sont riches en couleurs pour exprimer la joie et l'allégresse. C'est aussi la danse de l'amour où les femmes parées de leurs plus beaux atours se font courtiser par les hommes. Il y a plusieurs variantes à la danse Congo : Kôngo franc, Kôngo Payette, Kôngo layé etc…

Le pas de base du Kôngo Franc, combine une légère rotation des hanches, un mouvement doigt talon, et le tournoiement de la jupe de la danseuse. Le Congo payèt, utilise une rotation des hanches similaire, mais les pieds sont parallèles et à plat sur le sol. Le Congo Fran et le Congo payèt sont aujourd'hui exécutés presque exclusivement en spectacle. Le rouge et le blanc sont continuellement portés pour honorer le peuple Congo. Il est dit que c'est la danse Congo d'Haïti qui a influencé le Jazz.

La Bamboula

" *Bamboula* " est un mot Kikôngo qui se traduit par " *se souvenir* ". La bamboula haïtienne, est une danse effectuée au son d'une variété de tambours dont le " *Bamboula* ", un instrument à percussions dont elle tire son nom. Le terme est en fait dérivé de " Kam-Bambulu " et de " Ba M'bula " en Kikôngo qui signifie " tambour ". La Bamboula apparaît dans une chanson Haïtienne en 1757 et la Bamboula deviendra une danse syncopée exécutée au rythme de ce tambour lors des fêtes et des cérémonies à Haïti. Aujourd'hui, faire la bamboula signifie aussi familièrement " *faire la fête* ". À Saint-Domingue, les " *Bamboula* " voulaient dire : " *Les séances de danse* " autorisées par les colons. En général, il s'agissait des danses de fécondité d'origine Kôngo, notamment : La chica et la Kalinda (Calinda), qualifiées de lascives par l'administration coloniale. Elles étaient accompagnées de percussions, de flûte ou de la " *Banza* ", une sorte de violon à quatre cordes.

Le Petro ou Petwo

La danse Petro est associée à la Révolution Haïtienne, parce que c'est le Petro qui était le rituel à Bois Caïman, c'est une danse de feu. La danse petro ou petwo est une évolution de la danse Don Pedro décrite par Moreau de Saint Mery au XVIIIe siècle. La danse Don Pedro a existé dans la péninsule sud, depuis les années 1760. Une danse caractérisée par des violents tremblements face à des explosions de poudre à canon. Son mouvement fondamental, consiste en une coordination du torse tremblant et d'un pas en arrière, en anticipation du temps fort du rythme.

Les danses "*Kita*" et "*Boumba*", deux mots Kikôngo, sont des déclinaisons de la danse "*Petwo*". La première est exécutée sur un tempo extrêmement rapide, la deuxième sur un tempo plus lent. Les instruments de musique et la technique de frappe caractérisent les esprits Petwo et Kôngo et les invitent à se révéler dans la possession. Les musiciens jouent les percussions petwo à main nues, et les frappent avec une paire de baguettes fines qui produisent un son vif. On constate que certaines figures rythmiques petwo, privilégient l'utilisation d'une frappe qui ressemble à un claquement de fouet ; peut-être en écho au prêtre qui claque son fouet sur le parterre du temple. Chaque rythme joué pour les esprits petwo, comporte le motif "*Kata*", dont les frappes découpent la mesure en 3 : 3 : 2. On peut l'entendre dans diverses parties de tambour et de percussions, allant du "*staccato*" de la timbale aux entrechocs du "*Tchatcha*" (maracas). Le "*Kata*" joue contre une pulsation régulière (1 : 1) donnant ainsi ce sentiment de contre temps pour lequel la musique noire est réputée. Pierre Pluchon a confirmé que : "*La danse Petro est un héritage du Kôngo*"[353].

La Juba

Le mot Juba vient du Kikôngo "Dzuba", une danse qui était pratiquée au Kôngo[354]. La Juba est la danse des fermiers et des paysans, qui célèbre la terre et ses fruits. Le Juba est caractérisé par des mouvements souples de la hanche et la bonne humeur ; symbolisant, le flirt entre les paysans et la paysanne. Le Juba a donné naissance au tap dance et au swing.

La contredanse à bois de lance

La contredanse à bois de lance, est une danse haïtienne métisse avec une forte coloration de la tradition Kôngo, qui existe dans deux communes de Limonade. C'est une danse qui existe depuis plusieurs générations et participe activement à l'identité et à la cohésion de la communauté.

La contredanse fut une danse de "résistance", une sorte de contre-culture des esclaves de Saint-Domingue qui s'appropriaient des éléments de la culture européenne et qui reprenaient ainsi possession de leurs corps et de leurs vies. C'est une musique du monde rural haïtien. D'aucuns pensent que la contredanse reproduit un combat amoureux avec les avances et les reculs, la séparation et la réunion.

La contredanse est une succession de danses ou en retrouve principalement : Les contredanses créolisées et les Menuets Kôngo. Ces danses sont surtout accompagnées de tambours, cordes de

---

353 Pierre Pluchon, 1987, opcité, p.97.
354 Raphael Batsikama, 1999, opcité, p. 37.

type Kôngo, tambourins, caisse et la flute, pour créer la mélodie. Il y a un commandeur qui guide les figures, en alternant, les formes récurrentes et les improvisations. La langue utilisée est un jargon composé de français et de créole. Lors de la contredanse, quatre couples exécutent les figures principales comme : croisez les huit (Kwaze lè 8), où ils échangent leurs places et se déplacent en faisant des entrechats. En principe, l'on devait danser un pot-pourri. C'est-à-dire danser d'affilée neuf contredanses différentes comme si elles n'en faisaient qu'un seul, donc neuf rythmes différents, s'enchainant avec des figures complètes. Il y a également une contredanse appelée "Matinik" qui est une danse de fécondité Kôngo, pratiquée par le groupe "Lonje La Men". Cette contredanse comprend deux parties : Un "haut" et un "bas", dont la danse du ventre. Le groupe "Lonje La Men" est l'un des dépositaires des traditions de danse dans la commune de Limonade.

Le Banda

Le Banda (mot venant du Kikôngo "Kimbanda" le tambourin), une danse de réincarnation des Guédés est une autre des nombreuses danses Kôngo d'Haïti.

L'organologie du folklore haïtien présente plusieurs instruments de musique Kôngo : Le tambour gros baka (grand mur en kikôngo) et le tambour Ti-baka (Le mur). Les fûts de percussion Petwo sont en bois tendre, découpés en forme de cône et couverts d'une peau de chèvre. La timbale Kôngo (de la française timbale) est en général un cylindre de bois tendre d'un quart de mètre de long (et pour cette raison, appelé "Ka" dans certains lieux), couvert à chaque extrémité de peau de chèvre, tenue par des anneaux et des cordages. Les groupes de musiques ont mis au point des styles commerciaux néo-traditionnels durant la période tourmentée de la fuite en exil de Jean Claude Duvalier en 1986. La dictature des Duvalier père et fils (1957-1986) a exploité et discrédité le mouvement national noir. Quand un grand nombre d'Haïtiens de la diaspora retournèrent au pays après la chute du régime, ils y découvrirent un fort sentiment de fierté chez les pauvres. Les styles musicaux qui en émergèrent mélangeaient des ingrédients du vodou, du carnaval et du rara dans une sauce reggae-rock. Les Haïtiens appellent ce style "Mizik rasin" (du français, musique racine). Certains groupes, ont ajouté de la batterie de percussion vodou à sa formation de base, constituée de guitares électriques (solo, rythmique, basse). Plusieurs groupes puisent dans le répertoire vodou ou composent des titres originaux. Certaines compositions utilisent des rythmes traditionnels comme le Yanvalou ou le Djouba.

La danse Haïtienne a grandement influencé les danses modernes du monde. En 1999 Haïti inaugura un théâtre national, dont la troupe Folklorique nationale était une des compagnies résidentes dirigées par des chorégraphes. La troupe a introduit dans la scène moderne, la musique et la danse traditionnelle, basées principalement sur les danses vodou (surtout Kôngo). Le genre appelé folklore, intègre la notion de chorégraphie venue du ballet pour organiser, l'exécution de la danse traditionnelle.

XV- LE PALMIER SUR LES ARMOIRIES DE LA RÉPUBLIQUE D'HAÏTI : UN SYMBOLE KÔNGO

L'emblème d'Haïti est composé d'un palmier (palmiste plus exactement) couronné d'un bonnet phrygien aux couleurs du drapeau national. Au pied du palmier on peut voir un tambour et au-dessus, trois fusils à baïonnettes de chaque côté du palmier, le même nombre de drapeaux et divers armements entourent le palmier, notamment deux canons de chaque côté. Dans la partie inférieure, sur une ceinture d'argent, on peut lire la légende en français : " L'union fait la force ", bien que la devise nationale soit " Liberté, Égalité, Fraternité ". Ce blason apparaît également sur le drapeau national. Le palmier est donc l'élément dominant des armoiries d'Haïti. Le palmier en Afrique Centrale, d'abord au royaume de Loango, vassal du Kôngo, il est nommé : " Liba ". Le " Liba " était l'un des symboles et emblèmes de la nation du Loango, vassal du Kôngo et l'une des provenances majeures de la colonie de Saint-Domingue. Filippo Pigafetta appelait le royaume de Loango " La terre des palmiers ", la région de " Palmare " (palmeraie), à cause de l'abondance des palmiers. L'enclos de la demeure du roi du Loango était une palissade de branches de palmiers, qui formait un carré d'une grande étendue. À partir du palmier, on obtenait des tissus de raphia et le roi du Loango recevait ses visiteurs en étant assis sur une chaise qui se trouvait sur un large tapis en tissus de velours de raphia. Samuel Brun a indiqué l'ingéniosité avec laquelle les palmiers étaient plantés dans la capitale du Loango[355].

Au royaume Kôngo, le palmier était un arbre sacré[356]. Dans la littérature Kôngo, le thème du palmier est répandu dans tous les clans. Il se trouve dans les patronymies, les toponymies, les proverbes, les contes et la poésie. La civilisation de l'ancien royaume du Kôngo semble s'être édifiée à l'ombre des palmiers. Ceci n'est pas seulement une image, car le palmier a donné au paysage Kôngo sa personnalité. Le palmier était un patrimoine national au Kôngo à cause de son utilité polyvalente ; toute une civilisation s'est articulée autour de lui. Cavazzi[357] notait que " *le palmier croit naturellement dans le royaume de Kôngo et les forêts en sont pleines* ". Il semble que l'auteur de la nature ait pourvu ce pays de cet arbre d'un si grand nombre pour préparer en quelque manière la stérilité de ce pays et donner de quoi vivre à ces peuples. Dans la symbolique végétale Kôngo, le palmier est arbre femelle et noble. Chez les Kôngo, le palmier est utilisé dans des cérémonies festives pour symboliser la victoire et l'espoir. Le palmier au Kôngo représentait plusieurs savoir-faire dont : La fabrication éléments de la vannerie comme les sacs, le tissage du raphia, la fabrication de l'huile de palme et du savon, du vin de palme que l'on boit lors des festivités ou des rituels traditionnels. Le palmier fournissait des matériaux à l'architecture, au transport et certains instruments de musique Kôngo ont été fabriqué à partir du palmier, notamment les idiophones qui produisent le son. L'art de construire dans la métropole et les bourgs Kôngo se remarque dans l'utilisation du palmier. Le palmier procurait les ressources de la cosmétique. Partout se retrouve le don de cet arbre : Dans les pièges à gibier, les nasses de pêcheurs, dans l'alimentation, les instruments de musique et la pharmacopée. Le palmier était l'expression de la vitalité Kôngo. Pour André Pandi[358], Le palmier intervenait dans le système de symboles qui lient entre eux, les hommes à leurs dieux au Kôngo.

Le palmier a créé un véritable culte comme il est d'ailleurs le cas dans le Vodou haïtien. C'est autour du palmier que s'accomplissent les rites les plus essentiels de la vie. Il y avait des palmiers dédiés aux idoles chez les Kôngo d'après Cavazzi[359].Le palmier intronisait le Roi du Kôngo. Il est le médiateur du pouvoir temporel et spirituel. Lors de l'investiture du chef chez les Kôngo orientaux (Vadika) on apportait des feuilles de palmiers tressés en bracelets. Le vieux chef les dépose dans les mains de l'investi et celui-ci en revêt tous les membres du clan[360].Le vin de palme était utilisé pour communiquer avec les esprits, au moment des fêtes et des mariages, il accompagne même les morts dans l'au-delà. Chez les Kôngo, tout un culte et une liturgie se pratiquent autour du palmier.

En Haïti, le palmier est un arbre symbolique que l'on retrouve un peu partout sur le territoire haïtien. Dans le vodou haïtien, le palmier est l'arbre sacré de " Mambo Ayizan " : Mambo Ayizan à côté de Papa Loko, son époux, qui connaît les vertus des plantes et initie les " doktè-fey " (docteurs feuilles), tandis qu'Ayizan protège des mauvais sorts, elle est la maîtresse dans la

---

355   Ravenstein, E.G, 1901, The stranges adventures of Andrew Battell in Angola and the Adjoining regions, London, p.69.

356   Pandi André, 1984, La place et le rôle du palmier dans la civilisation de l'ancien Royaume Kôngo du XVe au XIXe siècle, Mémoire pour le DES, Histoire, Université Marien Ngouabi de Brazzaville (Congo).

357   Antonio Cavazzi, 1687, Relations historique de l'Ethiopie occidentale, contenant la description des royaumes de Congo, Angola et Matamba, traduite de l'italien, Paris, Chez Jean-Baptiste Deleopine, p. 133-135.

358   Pandi André, 1984, opcité.

359   Antonio Cavazzi, 1687, opcité, p. 351.

360   Joseph Van Wing, 1959, opcité, p. 110.

cérémonie d'initiation appelée " cérémonie Kanzo ". Elle est considérée comme une femme des marchés portant une robe blanche, associée à Sainte Claire, énergie de l'Église catholique. Dans le vodou Haïtien, la feuille de palmier dévoile un secret sur cette grande énergie. Son symbole est donc la feuille de palmier. Son vévé montre quatre traits formant un losange central hachuré représentant la feuille de palme, ou un palmier stylisé. Elle ne boit pas d'alcool. Sa cérémonie se fait en blanc, sa couleur est le vert avec sa robe de grandes poches. Elle conserve des petits bonbons ou d'autres petits objets qu'elle donne à des enfants ou à ses " Pitit KAY " terme courant dans le vaudou. Au cours de l'initiation, la seule cérémonie en l'honneur d'Ayizan connue des profanes, cérémonie importante est dédiée à Mambo Ayizan, se fait en son honneur une commémoration qu'on appelle Chire Ayizan. Le Chire Ayizan est le rituel le plus important du service d'ouverture. Lwa Ayizan Velkete, symbole de pureté et d'éternité, est la patronne des Hounfò. Ce rituel a lieu au peristyle autour du potomitan. Le chire Ayizan c'est l'effilochage de rameaux de palmier pour en faire une sorte de représentation de la longue chevelure de la déesse. Ces rameaux seront plus tard transportés dans le djevò et déposés sur une chaise recouverte d'un drap blanc placée sur le vévé ayizan pour leur bénédiction par le pè savann. Les feuilles de palmier sont déchiquetées bien particulièrement pour elle selon la région et le règlement. " Kouri Ayizan " qui se fait avant le chevauchement par quelqu'un de très habile dans le péristyle, course de Ayizan, possédé le serviteur d'Ayizan bénit ses " Pitit Kay ", sensibilisera des gens et entrera dans la chambre initiatique couramment appelée djevo pour transmettre des savoirs aux futurs Houngans par les vertus qu'à son époux Loko Atissou lors de la cérémonie " Kanzo ".

Fier de cette énergie, car elle symbolise la " Terre sacrée " d'où vient le nom d'Ayiti. Mambo Ayizan Ou Ayizan Vélékété de son nom qui signifie " Terre sacrée " nous appelle à nos devoirs et à notre responsabilité envers Haïti (Ayiti). Il est dit que " Mambo Ayizan ", possède les secrets d'Ayiti qui sont dans le symbolisme du palmier. Dans la cosmogonie vodou, le palmier représente ainsi le " loa " ou l'esprit *Ayizan, metrès tè "* qui surveille et protège la terre d'Haïti. Le " vèvè " *ayizan*, dessin rituel, prend parfois la forme d'un palmier et on le retrouve dans de nombreuses cérémonies vodou. Les feuilles de palmiers sont également le symbole de jumeaux dit " Marassa " :

Les marassa sont des enfants, plus anciens qu'aucun autre lwa. Doués d'une double puissance, ils sont invoqués tout de suite après Papa Legba. Les Marassa sont des fantômes d'enfants morts qui symbolisent les forces élémentaires de l'univers. Ils représentent l'autre partie de la liaison avec le divin avec les lwas. Papa Legba, le médiateur et l'interprète des autres loas, le loa protecteur des habitations, des routes et des carrefours ; lui qui ouvre les portes et qui indique la direction à suivre ; lui qui détient les clefs de passage entre l'univers visible et invisible, entre le monde des humains et celui des divinités ; le premier invoqué et qu'il reçoit les premières offrandes ; on le reconnait à sa pipe et à sa sacoche en feuilles de palmier tressées qu'il porte en bandoulière. En Haïti, les palmiers sont parmi les arbres qui entourent toujours les temples vodou et les vodouisants utilisent parfois des feuilles de palmiers pour chasser les mauvais esprits. Il y a aussi des sanctuaires vodou qui sont décorés avec des feuilles de palmiers[361]. L'histoire nous apprend que les cas d'utilisation des arbres ou des plantes comme symboles ont existé sous d'autres

---

361   Gasner Joint, 1999, opcité, p. 106.

cieux. Lorsque l'on pense à l'olivier dans la Grèce antique, au cèdre en Phénicie, au papyrus et au lotus en Égypte pharaonique, au rizet ou bambou en Extrême orient, le riz en Sénégambie, etc.

CONCLUSION

" *L'idéologie de Kimpa Mvita, a contribué à l'idéologie révolutionnaire en Haïti* "

Professeur Terry Rey[362]

" *C'est en allant vers la mer que le fleuve est fidèle à sa source* "

Laurent Fabius

L'histoire du peuple Haïtien est beaucoup plus longue que les treize années qui de la révolte, ont abouti à l'indépendance. La république Haïtienne puise une grande partie de sa source spirituelle et matérielle dans la tradition ancienne du Kôngo. Le processus de la naissance d'Haïti fut déclenché par la réponse que les sorciers Kôngo présents dans la colonie vont donner aux maitres d'esclaves à savoir : Les poisons, talismans (…) que Makandal fabriqua et qui se perpétuèrent chez les autres leaders de bandes d'esclaves nés en Afrique (Bossales) dites " Les Kôngo ", qui ont constitué l'embryon et la force motrice de la Révolution Haïtienne.

La plus importante cérémonie religieuse de l'histoire de ce qui devint la nation Haïtienne s'est faite dans une pure tradition Kôngo, qu'est le Lemba. Les sorciers Bakôngo de la colonie ont dominé la période pré-révolutionnaire tandis que la période révolutionnaire est menée par les anciens soldats de guerre et prisonniers de guerre du Kôngo qui eurent comme ingrédients, la tradition Kôngo du Lemba. La Révolution Haïtienne n'est pas fille des révolutions américaines (1776) et françaises (1792). La Révolution Haïtienne est fille des révolutions Kôngo initiées d'abord avec les lettres de protestations du roi Afonso Ier au Pape (XVIe siècle) contre la traite négrière opérée par les Portugais au Kôngo ; les résistances du roi Antonio Mvita Nkanga du Kôngo contre la colonisation portugaise (XVIIe siècle) et enfin et de manière déterminante avec la religion syncrétique et l'idéologie révolutionnaire de la prophétesse Kimpa Mvita. L'idéologie révolutionnaire Kôngo ou l'idéologie de Kimpa Mvita était dans les germes de la majorité (Kôngo) servile de la colonie de Saint-Domingue. La prophétesse Kimpa Mvita peut être considérée comme étant la mère spirituelle d'Haïti et de l'indépendance ou de la libération de la plupart des peuples africains opprimés des Amériques.

Par conséquent, dès le début des révoltes à Saint-Domingue, les Kôngo ont dirigé la lutte contre l'oppression coloniale, le roi du Kôngo était le monarque des Africains de la colonie de Saint-Domingue ! Cette considération a fait la peinture de la suprématie pour les sujets de ce monarque à Saint-Domingue. Dessalines ne pratiquait-il pas le rite Congo ? Les génies tutélaires du Lemba ont conduit les anciens esclaves de Saint-Domingue vers la victoire sur la plus puissante armée de l'occident. Ces génies tutélaires d'après les sources orales et écrites, sont partis dans un cercle

---

362 Terry Rey, in Linda Heywood, 2002, opcité, p.27.

où la majorité de captifs que les Français ont fait débarquer sur la baie de Loango pour Saint-Domingue. Sur la base donc des survivances linguistiques et religieuses d'Haïti d'aujourd'hui, nous savons que les Bayombe, les woyo et les Basundi qui peuplaient le Ngoyo, Kakôngo, Loango et la province du Nsundi du Kôngo sont ceux-là qui ont créé la république Haïtienne. Au sens propre, nous dirons qu'ils étaient des Basundi, descendants des vigoureuses confréries des forgerons qui ont créé le Kôngo, le Loango, Kakôngo et Ngoyo. Leurs génies du feu ont fait naitre le rite Petro-Lemba dont l'épicentre se trouvait dans la province du Nsundi du Kôngo et celle du Mayombe (Loango), dans l'enclos du léopard "Lukôngolo Lua Ngo", d'où le nom "Kôngo" tire sa racine.

Notre étude reconnaît le mérite de nos prédécesseurs sur la place des Bakôngo dans la fondation de la république Haïtienne, notamment, Claude Auguste dans "*Les Congo, dans la Révolution Haïtienne*" ainsi que la thèse de Doctorat de Christina Mobley[363], malgré quelques tergiversations et sa méconnaissance historique du pays Kôngo, nous la félicitons pour ses déclarations :

"*Depuis, l'indépendance d'Haïti, l'histoire des Ancêtres Kôngo d'Haïti a été largement ignorée, même s'il y a eu des chants clamant : Je suis un créole Kôngo en concluant que le soleil se lève en pays Kôngo...*".

Ce n'est pas la position Kôngo (Pose Kôngo)[364] "main *droite tendue, main gauche sur la hanche*" que les Haïtiens célèbrent leur indépendance ? Le geste Kôngo "Telema" (debout), est une attitude tout particulièrement employée par les Haïtiens. Les femmes se servent parfois de la "pose Kôngo", "Telema Lwunbanganga", main gauche sur la hanche et bras droit tendu devant soi, pour donner de la grâce à ce qui pourrait autrement être investi d'une esthétique plutôt violente. En Afrique Centrale, cette position est utilisée pour ouvrir et clore un procès. La pose Kôngo est d'ailleurs utilisée dans les sociétés Sanpwèl et Bizango qui sont d'origine Kôngo.

Les Bakôngo (Beshikôngo) sont les vrais fondateurs de la République d'Haïti. Nous disons non à Mobley, que ce ne sont pas seulement les populations côtières du Loango et de sa province du Mayombe qui ont peuplé Saint-Domingue à partir de l'Afrique Centrale, car l'expérience militaire des insurgés est une expérience du royaume Kôngo, ainsi que les survivances du culte de la Vierge Marie et de la Saint Jacques. La famille Kôngo est une ; la conscience collective et la tradition orale du Loango, Kôngo, Ngoyo et Kakôngo sont unanimes. L'historiographie haïtienne doit cesser de parler de Congolais car les Congolais sont les habitants de la république moderne du Congo qui possèdent plusieurs tribus dont certaines comme les Mbochis (Mbosi), n'ont pas participé à la traite négrière, puisque arrivées au nord du Congo vers 1852, selon la date avancée par le Professeur Stuart Olson[365], confirmée par le français Hubert Deschamps[366] qui parle d'ailleurs du peuplement de la forêt équatoriale à la veille de la pénétration européenne du XIXe siècle. Donc après la traite négrière. L'historiographie haïtienne doit parler des Bakôngo

---

363 Christina Frances Mobley,2015, opcité.

364 Le geste Kôngo, Musée Dapper, 2002, p.167.

365 James Stuart Olson, 1996, The peoples of Africa: An Ethnohistorical dictionary, Greenwood Publishing Group, p. 384.

366 Deschamps, Hubert, dir. 1970, Histoire Générale de l'Afrique noire de Madagascar (...), Vol II : De 1800 à nos jours, Tome I, Paris, PUF, p.216.

ou Besi Kôngo pour désigner les esclaves Kôngo afin de ne pas tomber dans la confusion et éviter de s'identifier à des peuples sans liens historiques.

Notre étude se veut être une tentative pour tracer un chemin authentique, une histoire vraie pour le peuple haïtien, car c'est en allant vers la mer, que le fleuve est fidèle à sa source. La culture Haïtienne, prend naissance dans la culture Bakôngo à près de 75 % et la majorité nationale Haïtienne est paysanne et cette classe est enracinée dans le vodou dont la plupart des divinités, chants et prières contiennent des survivances du Kikôngo. Or la culture est un levier important dans le développement durable et l'intégration des industries culturelles Haïtiennes à travers le vodou, dans le développement économique est l'une des clés essentielles, pour le développement d'Haïti. "*Sans le vodou, le développement économique et social d'Haïti n'est pas possible* "[367]. Notre présente étude vient pour sonner le glas, du lancement du dialogue culturel entre le Pays Kôngo en Afrique et les Kôngo de la diaspora, afin de baliser un chemin pour la renaissance, la prospérité et l'unité culturelle. À tous les Haïtiens qui ont perdu leurs noms et leurs identités, que ce livre soit une source qui leur permettra de se retrouver et de renaître en vrai Africain Kôngo.

Qu'à jamais, qu'il soit reconnu que dans l'espace occidental, que c'est en Haïti que les droits de l'être humain ont pour la première fois, d'une manière universelle, été déclarés et mis en œuvre. Par sa révolution, Haïti a apporté une contribution historique à la libération des peuples des Amériques, la destruction du système esclavagiste. La Révolution Haïtienne est l'un des faits les plus marquants des annales de l'évolution de l'humanité. Haïti a déclaré la guerre aux puissances de l'axe et a participé à la Seconde Guerre mondiale, aux côtés des puissances alliées. Ce qui lui a valu de siéger à l'Organisation des Nations unies, à San Francisco à la naissance de l'O.N.U. Au cours de la guerre 1939-45 Haïti a même déclaré la guerre à l'Allemagne nazie et au Japon avant les États-Unis d'Amérique, et ce après avoir accueilli des juifs persécutés. Pourtant les efforts historiques de la République d'Haïti pour le respect universel de la dignité humaine n'ont jamais été récompensés ni reconnus à leur juste valeur. À l'ONU, la voix et le vote d'Haïti furent décisifs dans la reconnaissance de l'État d'Israël en 1947. En 1948, Haïti joua, brillamment, sa partition dans les discussions et les débats sur l'adoption et la proclamation de la Déclaration universelle des droits de l'homme, dont le père en second après René Cassin, fut l'haïtien Émile Saint-Lot[368], le tribun à la voix de stentor.

" Haïti a enseigné au monde le danger de l'esclavage et la valeur de la liberté. À cet égard, elle a été la plus grande de toutes nos enseignantes modernes "

Hon Frederick Douglas, ancien ministre des États-Unis d'Amérique pour Haïti "Lecture on Haïti " (Jan 2, 1893).

---

367   Jean Eric René, Sans le vodou pas de développement, Le Nouvelliste, section culture, le 06/05/2005.

368   Premier ambassadeur d'Haïti auprès des Nations Unies et membre du conseil de sécurité chargé de voter sur l'indépendance des pays. Il était décisif pour l'indépendance de la Somalie, d'Israël et de la Libye. Quant à ce dernier, il a été convaincu par Ali Aneizi, membre du comité de la libération de la Libye, de voter contre le plan Bevin-Sforza, un plan visant à créer les trois régions de la Libye (Tripolitania, Cyrenaica, Fezzan). sous tutelle de trois pays (Italie, Royaume-Uni, France respectivement). Les votes nécessaires pour adopter le plan n'ont jamais été atteints, Saint-Lot ayant voté contre.

Nan Ginen gen lwa, se lwa Kôngo Ki lwa mwen,

Nan ginen m te ye,

Se lwa Kôngo a Ki Lwa mwen.

En Guinée (Afrique), il y a des lwa, ce sont les lwas Kôngo

Qui sont mes lwa, en guinée (Afrique), il y a des lwas,

Ce sont des lwas Kôngo qui sont mes lwa, j'étais en guinée (Afrique)

Ce sont les lwas Kôngo qui sont mes lwas

" Endure ce que tu vis aujourd'hui et surtout de tes origines. Car si tu connais tes origines, il n'y a réellement pas de limite sur les lieux que tu peux atteindre. Je suis fier des noirs, non à cause de la couleur de leur peau, mais plutôt pour leur force spirituelle et leur beauté. L'histoire sur le rôle que les noirs ont joué et jouent encore dans la vie quotidienne aux Amériques serait en mesure d'éclairer l'opinion sur l'Amérique et la soif des Américains à tout connaitre sur leur nation ".

James Baldwin(1924-1987)

L'auteur Arsène Francoeur NGANGA (à gauche) et Dr André Pandi (à droite), chargé de cours d'histoire à l'université Marien Ngouabi (Congo) et auteur d'un mémoire sur le rôle du palmier dans la civilisation Kôngo, à son domicile de massissia (Brazzaville) le 20 mai 2018.

Dr Edmond Kiwami, Docteur en linguistique, spécialiste du Kikôngo avec l'auteur Arsène Francoeur NGANGA, le 08 Août 2018 à Brazzaville (Congo).

Arsène Francoeur NGANGA (l'auteur) avec Jean Jr. Lhérisson, ancien directeur de cabinet au ministère de la Culture d'Haïti, en octobre 2017 à Brazzaville (Congo).

L'historien guadeloupéen Jean Claude Blanche avec l'auteur Arsène Francoeur Nganga, à Brazzaville (Congo), le 12 Août 2018.

Le père Alix Francocur, missionnaire haïtien, né et grandi à Port au Prince (Haïti) à la rue de la Réunion. Il a servi pendant 15 ans au Congo[369], où il décéda et fut enterré dans le cimetière des ouvriers apostolique de la cathédrale du sacré cœur de Brazzaville (Congo), avec le drapeau haïtien. C'est pour toujours se souvenir de lui que l'auteur de ce livre porte son nom.

---

369 Come Kinata, 2005, La formation du clergé indigène du Congo Français, l'Harmattan et Camille Kuyu, 2006, Les Haïtiens au Congo, l'Harmattan.

ANNEXES

ANNEXE 1

LA LIBERTÉ OU LA MORT.

Proclamation du Général en chef au peuple d'Haïti.

Quartier général des Gonaïves, le 1er janvier 1804, an 1er.

       Citoyens,

Ce n'est pas assez d'avoir expulsé de votre pays les barbares qui l'ont ensanglanté depuis deux siècles. Ce n'est pas assez d'avoir mis un frein aux factions toujours renaissantes qui se jouaient tour à tour du fantôme de liberté que la France exposait à vos yeux. Il faut, par un dernier acte d'autorité nationale, assurer à jamais l'empire de la liberté dans le pays qui nous a vus naître. Il faut ravir au gouvernement inhumain qui tient depuis longtemps nos esprits dans la torpeur la plus humiliante, tout espoir de nous réasservir. Il faut enfin, vivre indépendants ou mourir.

Indépendance ou la mort ! Que ces mots sacrés nous rallient, et qu'ils soient le signal des combats et de notre réunion.

Citoyens, mes compatriotes, j'ai rassemblé dans ce jour solennel ces militaires courageux, qui, à la veille de recueillir les derniers soupirs de la liberté, ont prodigué leur sang pour la sauver ; ces généraux qui ont guidé vos efforts contre la tyrannie, n'ont point encore assez fait pour votre bonheur.... Le nom français lugubre encore nos contrées.

[1] Voyez, N°2, Proclamation, du 1er janvier 1804, du Général en chef au peuple d'Haïti.

Tout y retrace le souvenir des cruautés de ce peuple barbare : nos lois, nos mœurs, nos villes, tout encore porte l'empreinte française ; que dis-je ? Il existe des Français dans notre île, et vous vous croyez libres et indépendants de cette république qui a combattu toutes les nations, il est vrai ; mais qui n'a jamais vaincu celles qui ont voulu être libres.

Eh quoi ! victimes pendant quatorze ans de notre crédulité et de notre indulgence ; vaincus, non par des armées françaises, mais par la pipeuse éloquence des proclamations de leurs agents ; quand nous lasserons-nous de respirer le même air qu'eux ? Qu'avons-nous de commun avec ce peuple bourreau ? Sa cruauté comparée à notre patiente modération ; sa couleur à la nôtre ; l'étendue des mers qui nous séparent, notre climat vengeur, nous disent assez qu'ils ne sont pas nos frères, qu'ils ne le deviendront jamais, et que s'ils trouvent un asile parmi nous, ils seront encore les machinateurs de nos troubles et de nos divisions.

Citoyens indigènes, hommes, femmes, filles et enfants, portez vos regards sur toutes les parties de cette île ; cherchez-y, vous, vos épouses, vous vos maris, vous vos frères, vous vos sœurs ; que dis-je ? Cherchez-y vos enfants, vos enfants à la mamelle ! Que sont-ils devenus ?... Je frémis de le dire.... la proie de ces vautours. Au lieu de ces victimes intéressantes, votre œil consterné n'aperçoit que leurs assassins ; que les tigres encore dégoûtants de leur sang, et dont l'affreuse présence vous reproche votre insensibilité et votre coupable lenteur à les venger. Qu'attendez-vous pour apaiser leurs mânes ? Songez que vous avez voulu que vos restes reposassent auprès de ceux de vos pères, quand vous avez chassé la tyrannie ; descendrez-vous dans la tombe sans les avoir vengés ? Non, leurs ossements repousseraient les vôtres.

Et vous, hommes précieux, généraux intrépides qui, insensibles à vos propres malheurs, avez ressuscité la liberté en lui prodiguant tout votre sang ; sachez que vous n'avez rien fait si vous ne donnez aux nations un exemple terrible, mais juste, de la vengeance que doit exercer un peuple fier d'avoir recouvré sa liberté, et jaloux de la maintenir ; effrayons tous ceux qui oseraient tenter de nous la ravir encore : commençons par les Français.... Qu'ils frémissent en abordant nos côtes, sinon par le souvenir des cruautés qu'ils y ont exercées, au moins par la résolution terrible que nous allons prendre de dévouer à la mort quiconque, né français, souillerait de son pied sacrilège le territoire de la liberté.

Nous avons osé être libres, osons l'être par nous-mêmes et pour nous-mêmes ; imitons l'enfant qui grandit : son propre poids brise la lisière qui lui devient inutile et l'entrave dans sa marche. Quel peuple a combattu pour nous ? Quel peuple voudrait recueillir les fruits de nos travaux ? Et quelle déshonorante absurdité que de vaincre pour être esclaves. Esclaves !... Laissons aux Français cette épithète qualificative : ils ont vaincu pour cesser d'être libres.

Marchons sur d'autres traces, imitons ces peuples qui, portant leur sollicitude jusque sur l'avenir, et appréhendant de laisser à la postérité l'exemple de la lâcheté, ont préféré être exterminés que rayés du nombre des peuples libres.

Gardons-nous cependant que l'esprit de prosélytisme ne détruise notre ouvrage ; laissons en paix respirer nos voisins, qu'ils vivent paisiblement sous l'empire des lois qu'ils se sont faites, et n'allons pas, boute-feux révolutionnaires, nous érigeant en législateurs des Antilles, faire consister notre gloire à troubler le repos des îles qui nous avoisinent. Elles n'ont point, comme celle que nous habitons, été arrosées du sang innocent de leurs habitants ; elles n'ont point de vengeance à exercer contre l'autorité qui les protège[1].

Heureuses de n'avoir jamais connu les fléaux qui nous ont détruits, elles ne peuvent que faire des vœux pour notre prospérité.

Paix à nos voisins ; mais anathème au nom français ; haine éternelle à la France : voilà notre cri.

Indigènes d'Haïti ! mon heureuse destinée me réservait à être un jour la sentinelle qui dût veiller à la garde de l'idole à laquelle vous sacrifiez ; j'ai veillé, combattu, quelquefois seul, et si j'ai été assez heureux pour remettre en vos mains le dépôt sacré que vous m'avez confié, songez que c'est à vous maintenant à le conserver. En combattant pour votre liberté, j'ai travaillé à mon propre bonheur. Avant de la consolider par des lois qui assurent votre libre individualité, vos chefs que j'assemble ici, et moi-même, nous vous devons la dernière preuve de notre dévouement.

Généraux, et vous, chefs, réunis ici près de moi pour le bonheur de notre pays, le jour est arrivé, ce jour qui doit éterniser notre gloire, notre indépendance.

S'il pouvait exister parmi nous un cœur tiède, qu'il s'éloigne et tremble de prononcer le serment qui doit nous unir.

Jurons à l'univers entier, à la postérité, à nous-mêmes, de renoncer à jamais à la France, et de mourir plutôt que de vivre sous sa domination ;

De combattre jusqu'au dernier soupir pour l'indépendance de notre pays[1].

Et toi, peuple trop longtemps infortuné, témoin du serment que nous prononçons, souviens-toi que c'est sur ta constance et ton courage que j'ai compté quand je me suis lancé dans la carrière de la liberté pour y combattre le despotisme et la tyrannie contre lesquels tu luttais depuis 14 ans ; rappelle-toi que j'ai tout sacrifié pour voler à ta défense, parents, enfants, fortune, et que maintenant je ne suis riche que de ta liberté ; que mon nom est devenu en horreur à tous les peuples qui veulent l'esclavage, et que les despotes et les tyrans ne le prononcent qu'en maudissant le jour qui m'a vu naître ; et si jamais tu refusais ou recevais en murmurant les lois que le génie qui veille à tes destins me dictera pour ton bonheur, tu mériterais le sort des peuples ingrats.

Mais loin de moi cette affreuse idée ; tu seras le soutien de la liberté que tu chéris, l'appui du chef qui te commande.

Prête donc, entre ses mains, le serment de vivre libre et indépendant, et de préférer la mort à tout ce qui tendrait à te remettre sous le joug. Jure enfin de poursuivre à jamais les traitres et les ennemis de ton indépendance.

Fait au quartier général des Gonaïves, le 1er janvier 1804, l'an 1er de l'indépendance.

Signé : J.-J. Dessalines.

ANNEXE 2

Le Leopard (Le " NGO ")

Le totem du pays Kôngo : Les dents et la peau du léopard se retrouvent sur les armoiries du royaume Kôngo

ANNEXE 3

Hymne National d'Haïti de 1893 à 1904

Quand nos Aïeux brisèrent leurs entraves, connues également sous le titre de " Chant national ", et plus tard " Hymne présidentiel ", fut l'hymne national d'Haïti de 1893 à 1904. Le texte fut écrit par l'écrivain et poète haïtien Oswald Durand.

> Quand nos Aïeux brisèrent leurs entraves
>
> Ce n'était pas pour se croiser les bras
>
> Pour travailler en maîtres les esclaves
>
> Ont embrassé corps à corps le trépas.
>
> Leur sang à flots engraissa nos collines,
>
> À notre tour, jaune et noir, allons !
>
> Creusons le sol légué par Dessalines :
>
> Notre fortune est là dans nos vallons.
>
> *Refrain* :
>
> L'indépendance est éphémère
>
> Sans le droit à l'égalité !
>
> Pour fouler, heureux, cette terre
>
> Il nous faut la devise austère :
>
> Dieu ! Le Travail ! La Liberté !
>
> De Rochambeau les cohortes altières,
>
> Quelques instants, suspendirent leur feu,
>
> Pour saluer le héros de Vertières,
>
> Capois-La-Mort, grand comme un demi-dieu
>
> Vers le progrès, crions comme ce brave :
>
> " Noirs ! En avant ! En avant ! " Et bêchons
>
> Le sol trempé des sueurs de l'esclave !
>
> Nous avons là ce qu'ailleurs nous cherchons !
>
> *Refrain* :
>
> Sans quoi, tout devient éphémère ;

Pas d'ordre et pas d'égalité !

Pour fouler, heureux, cette terre,

Il nous faut la devise austère :

" Dieu ! Le travail ! La liberté ! "

Sang des martyrs, dont la pourpre écumante

A secoué nos chaînes et nos jougs !

Chavannes, Ogé, sur la route infamante,

Toi, vieux Toussaint, dans ton cachot de Joux

O précurseurs, dont les dernières fibres

Ont dû frémir, — vous les porte-flambeaux -

En nous voyant maintenant fiers et libres,

Conseillez-nous du fond de vos tombeaux !

Refrain :

Votre bonheur est éphémère ;

Ayez droit à l'égalité !

Pour fouler, heureux, cette terre,

Il vous faut la devise austère :

" Dieu ! Le travail ! La liberté ! "

À l'œuvre donc, descendants de l'Afrique,

Jaunes et Noirs, fils du même berceau !

L'antique Europe et la jeune Amérique

Nous voient de loin tenter le rude assaut.

Bêchons le sol qu'en l'an mil huit cent quatre,

Nous ont conquis nos aïeux au bras fort.

C'est notre tour à présent de combattre

Avec ce cri : " Le progrès ou la mort ! "

Refrain :

À l'œuvre ! Ou tout est éphémère !

Ayons droit à l'égalité !

Nous foulerons, plus fiers, la terre,

Avec cette devise austère :

" Dieu ! Le travail ! La liberté ! "

ANNEXE 4

Hymne national d'Haiti : La Dessalinienne, adopté en 1904

Pour le Pays, pour les Ancêtres
Marchons unis, marchons unis
Dans nos rangs point de traîtres
Du sol soyons seuls maîtres
Marchons unis, marchons unis
Pour le Pays, pour les Ancêtres
Marchons, marchons, marchons unis
Pour le Pays, pour les Ancêtres

Pour les Aïeux, pour la Patrie
Bêchons joyeux, bêchons joyeux
Quand le champ fructifie
L'âme se fortifie
Bêchons joyeux, bêchons joyeux
Pour les Aïeux, pour la Patrie
Bêchons, bêchons, bêchons joyeux
Pour les Aïeux, pour la Patrie

Pour le Pays et pour nos Pères
Formons des Fils, formons des Fils
Libres, forts et prospères
Toujours nous serons frères
Formons des Fils, formons des Fils
Pour le Pays et pour nos Pères
Formons, formons, formons des Fils
Pour le Pays et pour nos Pères

Pour les Aïeux, pour la Patrie
O Dieu des Preux, O Dieu des Preux
Sous ta garde infinie
Prends nos droits, notre vie
O Dieu des Preux, O Dieu des Preux
Pour les Aïeux, pour la Patrie
O Dieu, O Dieu, O Dieu des Preux
Pour les Aïeux, pour la Patrie

Pour le Drapeau, pour la Patrie
Mourir est beau, mourir est beau
Notre passé nous crie :
Ayez l'âme aguerrie
Mourir est beau, mourir est beau
Pour le Drapeau, pour la Patrie
Mourir, mourir, mourir est beau
Pour le Drapeau, pour la Patrie

ANNEXE 5

Le serment du prophète Kôngo, Simon Kimbangu

Le prophète de la libération de l'homme noir, à Mbandza-Nsanda (Congo Démocratique), le 10 Septembre 1921[370]

Mes frères, l'Esprit est venu me révéler que le temps de me livrer aux autorités est arrivé. Tenez bien ceci : avec mon arrestation commencera une période terrible d'indicibles persécutions pour moi-même et pour un très grand nombre de personnes. Il faudra tenir ferme, car l'esprit de notre dieu Tout puissant ne nous abandonnera jamais. Il n'a jamais abandonné quiconque se confie en lui.

Les autorités gouvernementales vont imposer à ma personne physique un très long silence, mais elles ne parviendront jamais à détruire l'œuvre que j'ai accomplie, car elle vient de notre Dieu le père. Certes, ma personne physique sera soumise à l'humiliation et à la souffrance, mais ma personne spirituelle se mettra au combat contre les injustices semées par les peuples du monde des ténèbres qui sont venus nous coloniser.

Car j'ai été envoyé pour libérer les peuples du Kôngo et la race noire du monde. L'homme noir deviendra blanc et l'homme blanc deviendra noir. Car les fondements spirituels et moraux, tels que nous les connaissons aujourd'hui, seront profondément ébranlés. Les guerres persisteront à travers le monde. Le Kôngo sera libre et l'Afrique aussi.

Mais les décennies qui suivront la libération de l'Afrique seront terribles et atroces. Car tous les premiers gouvernants de l'Afrique libre travailleront au bénéfice des blancs. Un grand désordre spirituel et matériel s'installera. Les gouvernants de l'Afrique entraineront, sur le conseil des blancs, leurs populations respectives dans des guerres meurtrières et celles-ci s'entretueront. La misère s'installera. Beaucoup de jeunes quitteront l'Afrique dans l'espoir d'aller chercher le bien-être dans les pays des blancs. Ils parleront toutes les langues des blancs. Parmi eux beaucoup seront séduits par la vie matérielle des blancs. Ainsi deviendront-ils la proie des blancs. Il y aura beaucoup de mortalité parmi eux et certains ne reverront plus leurs parents.

Il faudra une longue période pour que l'homme noir acquière sa maturité spirituelle. Celle-ci lui permettra d'acquérir son indépendance matérielle. Alors s'accomplira la troisième étape. Dans celle-ci naitra un grand roi Divin. Il viendra avec ses trois pouvoirs spirituels, pouvoir scientifique et pouvoir politique.

---

370 Kiatezua Luyaluka, 2010, opcité, p.147.

Je serais moi-même le représentant de ce roi. Je liquiderai l'humiliation que depuis les temps les plus reculés, l'on a cessé d'infliger aux noirs. Car de toutes les races de la terre, aucune n'a été autant maltraitée et humiliée que la race noire.

Continuez à lire la Bible. À travers ses écrits vous arriverez à discerner les actes de ceux qui sont venus vous apporter ce livre et les écrits ou principes moraux contenus dans ce livre. Il faut qu'un voleur soit saisi avec l'objet qu'il a volé.

Nous aurons notre propre livre sacré, dans lequel sont écrites des choses cachées pour la race noire et les peuples du Kôngo. Un Nlongi (instructeur) viendra avant mon retour pour écrire ce livre et préparer l'arrivée du roi. Il sera combattu par la génération de son temps, mais petit à petit, beaucoup de gens comprendront et suivront son enseignement. Car, sans ce Nlongi, qui préparera les peuples Kôngo ? Car l'arrivée du Roi sera très meurtrière et sans pardon. Alors, il faut que les peuples du Kôngo soient instruits avant cet évènement.

Vous ne savez pas encore ce que c'est qu'une guerre spirituelle. Quand les peuples du Kôngo commenceront à se libérer, un pays qui osera attaquer leur pays sera englouti sous les eaux. Vous ne connaissez pas encore la puissance de ceux qui sont envoyés par le père Tout puissant.

À quoi sert à l'homme de s'attaquer à Dieu si le jour de sa mort, même s'il avait beaucoup de biens matériels, il n'a même pas le temps d'arranger son doigt ? Vous ne savez pas de quoi est faite votre vie et pourquoi vous vivez. Car, exister physiquement c'est apparaître comme presque rien. Pourquoi tuer son prochain et espérer rester en vie et pour combien de temps ?

Dieu n'est pas le temps, ni l'espace. Il est tout-en-tout.

La génération du Kôngo perdra tout. Elle sera embrouillée par des enseignements et des principes moraux pervers du monde européen. Elle ne saura plus les principes maritaux de ses Ancêtres. Elle ignorera sa langue maternelle. Alors je vous exhorte à ne pas négliger ni mépriser vos langues maternelles. Il faut les enseigner à vos enfants et à vos petits-enfants. Car viendra un temps où les langues des Blancs seront oubliées. Dieu le père a donné à chaque groupe humain une langue qui sert comme d'une alliance de communication.

Préparez-vous à la prière. Alors prions :
Prière à vous tous les anges du trône céleste, source de notre existence
Prière à vous les sept anges qui siègent à la cour de Dieu tout puissant !
Prière la ou le soleil et là ou se couche le Soleil !
Prière à l'est et à l'ouest
Prière à Vous notre Dieu créateur Solaire (Mbumba lowa)
Prière à Vous notre Dieu Gouverneur de l'humanité (Mpina Nza)
Prière à vous tous les anges de la terre et de l'air !
Prière à vous tous les anges qui gouvernent les eaux et le feu !
Prière à Vous le Grand Esprit Kôngo !
Prière à vous tous les anges de la guerre qui gouvernent le centre du Kôngo !

Prière à Vous tous les anges de la victoire qui luttent dans les quatre coins des cieux et de la Terre !

Au nom de l'œuvre que Vous m'avez confiée devant les cieux et la terre, je le répète trois fois : faites à ce que Votre Sainte bénédiction puisse remplir les cœurs de ceux qui se lèveront pour aider les peuples du Kôngo !

Je vous le répète encore trois fois et je m'adresse à ceux qui mépriseront mon œuvre par ignorance : J'implorerai notre père Créateur afin qu'il leur pardonne et qu'il leur ouvre la voie de la compréhension !

Mais gare à ceux qui vont se servir de couteaux, de flèches, de fusils, de poisons et de la sorcellerie, d'envoutement, ou de tout autre moyen de nuisance pour causer la mort et la désolation aux peuples du Kôngo. Ce genre de truands : Qu'ils soient des Blancs ou des noirs, qu'ils soient des Bakôngo perdus ou des Bangala, qu'ils soient des Baluba ou des Swahili, ces esprits des ténèbres, je le jure au nom de tous les envoyés qui ont été tués au Kôngo en Afrique, en Asie, en Amérique et en Europe : que leurs esprits maudissent ces ignobles individus ! Qu'ils soient détruits et envoyés dans les prisons spirituelles des cieux !

Je le demande et je le commande à vous tous les anges des cieux et de la terre, de mener un combat sans pitié contre ce genre d'individus qui sont contre le progrès humain et divin !

Je le répète encore trois fois devant les cieux et la Terre : gare à ceux qui continuent à chercher la désolation dans les quatre coins du monde !

Venez ! O ! Dieu, Père Tout Puissant ! Je vous appelle, ainsi que tous les anges de la guerre, afin de conduire un combat contre ce monde des ténèbres !

Grâce à ceux qui continuent à renforcer l'esclavagisme et la colonisation des peuples Noirs ! Vous êtes un Dieu vivant. Je vous implore sans cesse au nom du sang versé de tous vos envoyés et de leurs humiliations. Je vous le demande et je Vous le recommande, ô Dieu d'amour : venez avec Vos anges des cieux et de la terre pour détruire cette humanité des ténèbres qui continue à se moquer de Votre Amour majestueux !

Je demande à ce que la guerre éclate encore en Europe, pour que la race noire se réveille et puisse revêtir une maturité qu'elle avait perdue depuis les temps les plus reculés !

Que votre alliance soit sanctifiée et bénissez les peuples du Kôngo et la race noire de toute l'humanité !

Amen

BIBLIOGRAPHIE

Ajax(F), 2006, La libation sacrée du vodou haïtien, ICES.

Alexander (L.M) et Rucker (W.C), 2010, of African American history, Vol 1, ABC-Clio.

Anstey (R), 1975, The volume and profitability of the British slave trade 1761-1807, in race and slavery in the western hemisphere, Ed Stanley L. Engerman and Eugene. D. Genovese.

Archives nationales paris, affaires de Cabinda (1784-1785), colonies C6 24.

Archives Générales de la Congrégation du Saint-Esprit à Chevilly-la rue, (France) Fol 224, B 11.

Archives Nationale d'Haïti, 27 Ap/12.

Archives privées, AN, 27 AP 12, Fonds François de Neufchateau, Folder 2.

AN, 27 AP 11, Archives privées, Fonds François de Neufchateau, Folder 3.

Attali(J), 1988, Au propre et au figuré : Une histoire de la propriété, Fayard.

Auguste (C.B), Décembre 1990, " Les Congo dans la révolution haïtienne ", revue de la société haïtienne d'histoire et de géographie, N° 168, Port-au-Prince.

Axelson (S), 1970, Culture confrontation in the lower Congo, Gunnessons, Falkoping.

Bachelard(G), 1967, La formation de l'esprit scientifique, Paris, 5ᵉ édition, librairie philosophique J.Vrin.

Bahelele Ndimansa (J), 1971,Kinzonzi ye ntekolo andi Makundu, CEDI,Kinshasa.

Balandier(G), 1992, La vie quotidienne au Royaume Kôngo, Hachette.

Barskett(J), 1826, Histoire politique et statistiques de l'île de Saint-Domingue, Paris, Brière.

Bastian (A), 1859,Ein Besuch in San Salvador der Haupstadt des konigreichs Congo, Bremen.

Batsikama(R), 1999, L'ancien royaume du Kôngo et les Bakôngo, l'Harmattan.

Bauer (J), 2001, 2000 ans de christianisme en Afrique : Une histoire de l'Église Africaine, Paulines Publications, Nairobi.

Baumann (H) et Westermann(D), 1948, Les peuples et civilisations, Payot.

Beaudry (N), 1983, Le langage des tambours dans la cérémonie vaudou haïtienne, canadian university music review, N 4, Pp 125-140.

Beauvoir (R.D), 1991, L'ancienne cathédrale de Port-au-Prince : Perspectives d'un vestige de carrefours.

Bentley (H), 1887, Dictionnary and Grammar of the Kôngo language, London.

Bittremeux(L), 1936, La société secrète des Bakhimba dans au mayombe, Institut royal colonial belge, Bruxelles.

Blier (S), 1995, West african roots of voodoo, Sacred arts of Haitian voodoo, Édition Donald cosentino,Los angeles,UCLA.

Bontick (F), 1970, Diaire Congolais de Frère Luca da Caltaniseta, 1690-1701, Ed Nauwelaerts, Louvain.

Bouffartigues(S), 2000, Le roman des guerres de l'indépendance de Cuba : 1898-1951, thèse de doctorat en études hispaniques et latino-américaine, université de Paris VIII Vincennes Saint-Denis, sous la direction de M le professeur émérite Paul Estrade.

Brutus (T), 1995, Haiti history, and the gods, berkeley university of california Press.

Budge (W.E.A), 1911,Osiris and the Egyptian resurrection,London,PL Warner.

Buhlmann (W), 1986, Les peuples élus : pour une nouvelle approche de l'élection, Medias Paul, Paris.

Butaye(R), 1909, Dictionnaire Kikôngo-Français, Français-Kikôngo, Roulers, De Meester.

Cabon(A), 1933, Notes sur l'histoire religieuse de Haiti, de la révolution au Concordat, 1789-1860, Port-au-Prince, Petit Seminaire, College Saint Martial.

Cardonega(A de O),1940-1942, Historia general das guerras anglanas, Lisboa.

Clist(B), de Maret(P) et Bostoen(K), 2018, Une archéologie des provinces septentrionales du Royaume Kôngo, archaeopress Archaeology.

Croegaert (L), 1996, L'évangélisation du Royaume Kôngo, édition Gregorian Biblical Bookshop.

Cuvelier(J), 1974, Nkutama mvila za makanda mu nsi a Kôngo, édition De.

Cuvelier(J), 1953, Relation sur le Congo, du père Laurent de Lucques(1700-1717), IRCB.

D'Asseux (P.G), 2012, La voie du blason, lecture spirituelle des armoiries, seconde édition, Éditions Télètes.

D'auberteuil (M.R.H), 1776, Considérations sur l'état présent de la colonie française de Saint-Domingue, A Paris, chez Grangé, imprimeur-libraire, rue de la Parcheminerie ; & au Cabinet-Littéraire, Pont Notre-Dame.

Davis (M), 1997,Macandal,the greatest unknown History of history,undergraduate paper on Macandal.

De Albuquerque (F.A),1931,Angola, apontamentos sobre a occuaçao do establicimento dos portugueses no congo, Angola et Benguela, Coimbra.

Debien (G), 1974, Les esclaves aux Antilles Françaises XVII-XVIIIe siècles, société d'histoire de la Guadeloupe et société d'histoire de la Martinique.

De Cauna (J), 2012, Toussaint Louverture, le grand précurseur, éditions sud-ouest.

Descourlitz (M.E), 1935, Voyage d'un naturaliste en Haiti, 1799-1803, Paris Plon

Desquiron (L), 1990, Les racines du vodou, Port-au-Prince, éditions H. Deschamps.

De Vaissière (P), 1909, Saint-Domingue, la société et la vie créole sous l'ancien régime, 1629-1789, Paris Perrin.

Degranpré (L), 1801, Voyage à la côte occidentale d'Afrique fait dans les années 1786-1787, Paris.

Delacroix (F.J.P), 1819, Mémoires pour servir à l'histoire de la révolution de Saint-Domingue, 2 Vols, Paris.

Denbow(J),2014,Archaeology of central Africa,cambridge university press.

Demangles (L.G), 1977, Liturgy and cultural religions traditions, eds Hermann Schmidt and David power, New York, Seabury press.

Demangles (L.G), 1992, The faces of the god's: vodou and Roman Catholicism in Haiti, Chapel Hill: The university of North Carolina Press.

De Munck (R.P.J), 1956, Kikulu Kia Nsi eto, édition Tumba.

Deschamps(H)., 1970, Histoire générale de l'Afrique Noire, Volume I : Des origines à 1800, PUF.

Donnan(E), 4 Vols.Documents illustrative of the history of the slave trade to america, washington, D-C 1930-1935, Carnegie institute of technology, pittsburgh, Pennsylvania.

Doutreloux (A), 1967, L'ombre des fétiches, société et culture Yombé, Édition Nauwelaert.

Dubois (L), 2004, Avengers of the new world : The story of the Haitian Revolution, Cambridge, The Belknop press of Harvard university press.

Dubois (L) et Garrigus (J), 2006,Slave revolution in the Caribbean,1789-1804:A brief history with document,Bedford/St Martin.

Feingold (H.L), 1974, Le sionisme en Amérique : L'expérience juive du temps des colonies Jusqu'à ce jour, New York, Twayne Publishing Inc.

Ebiatsa(H), 2011, Fondements de l'identité et de l'unité teké : Du Stanley-pool à Leketi, l'Harmattan.

Ferro (M), 2004, Le livre noir du colonialisme, édition Hachette, littérature.

Fick (C), 1990, The making of Haiti : The Saint-Domingue revolution from below,University of Tennesee press, Knoxville.

Forbes (B.D) et Mahan (J.H), 2005, Religion and popular culture in america,university of California press.

Fouchard(J), 1972, Les marrons de la liberté, Éditions de l'école.

Frobenius (L), 1936, Histoire de la civilisation Africaine, Gallimard, Paris.

Fromont (C), 2014, The art of conversion : Christian usual culture in the kingdom of Kôngo, chapel hill, university of north Carolina press.

Garcia(J.A),1995,La diaspora de los Kôngo en las Americas y los Caribes,Editorial Apicum.

Girard (P), Découvertes récentes sur la vie de Toussaint Louverture " Présentation lors de la 25e conférence de l'association des études haïtiennes, le Nouveliste, 29/10/2013.

Grayzel(S), 1948, A History of the jews : From Babylonian exile to the end of world war 2, Philadelphia, Jewish Publication, society of America.

Golden (H.L),Rywell (M),1950,Jews in American history:Their contributions to the united states of America,Henry,Martin Lewis co.

Geggus (D.P), , Slave society in the Sugar Plantation Zones of Saint-Domingue , and the revolution Of 1791.

Geggus (D.P), 2002,Haitian revolutionary studies,Indiana university press.

Geggus(D.P), 1989, Sex, Ratio, Age and Ethnicity in the atlantic slave trade, data from French shipping and plantation records, journal of African history, 30/1.

Geggus (D.P), 1991,Haitian voodoo in the Eighteenth century : Language, culture, resistance, Bohlau Verlag.

Goma Thethet (J.E), La libération de l'homme noir dans le chant Kimbanguiste de 1921 à 2006 ; in Musiques d'émancipation et mouvements de libération en Afrique et dans la diaspora, Éditions FESPAM, Brazzaville, 2007.

Grenoulleau (O.P), 2004, Les traites négrières, essai d'histoire globale, Gallimard, coll " Bibliotheque des histoires ", Paris.

Heywood (L), 1998, Central Africans and Cultural Transformations inthe American Diaspora, Cambridge University Press.

Herkovits (M), Life in a Haitian Valley.

Hildebrand (R.V.H), 1940, Le martyr de Georges de Geel et le début de la mission au Congo:1645-1652,Anvers.

Hilton(A), 1985, Le royaume du Congo, Oxford.

Hurbon(L), 1993, Les mystères du vodou, Gallimard.

Hurbon (L) dir, 2000, L'insurrection des esclaves de Saint-Domingue 22-23 août 1791, édition Karthala.

Jadin (L), 1961, Le Congo et la secte des Antoniens : Restauration du royaume sous Pedro IV et la " Saint-Antoine " Congolaise (1694-1718), Bulletin de l'institut historique belge de Rome, fax XXXIII.

Jadin (L) et Cuvelier(J), 1975, L'ancien royaume du Congo et l'Angola(1518-1640) d'après les archives romaines, portugaises, néerlandaises et espagnoles, tome1, Louvain.

James (C.L.R), 1963, the Black Jacobin, Toussaint Louverture and Santo Domingo Revolution, 2nd Édition New York, Random House .

Janzen (J.M), 1974, An Anthology of Kôngo religion, University of Kansas, publications in anthropology 5, Lawrence, Kansas.

Janzen (J.M), 1974,"Nkisi Figures of the bakôngo," *African Arts* 7: 87-89.

Janzen (J.M), 1967, Elemental categories, symbols and ideas of association in Kôngo-Manianga society, Doctoral dissertation, department of Anthropology, university of Chicago.

Jan (J.M), 1951, Les congrégations religieuses à Saint-Domingue, 1681-1793, Port-au-Prince 1951.

Jan (J.M), 1958, Collecte pour l'histoire du diocèse du cap haïtien, Tome 3, Port-au-Prince, Deschamps.

Kabwita (K.I), 2004, Le Royaume Kôngo et la mission catholique, édition Karthala.

Kerboulle(J), 1973, Le Vaudou, magie ou religion, Paris, Laffont.

Kiampassi (K.K), 2005, Barbarie et folie meurtrière au Congo Brazzaville, un châtiment collectif pour appartenance ethnique, l'Harmattan.

Kiatezua (L.L), 2010, La religion Kôngo, ses origines égyptiennes et sa convergence avec le christianisme, l'Harmattan.

Kiatezua (L.L), 2009, Vaincre la sorcellerie en Afrique : Une étude de la spiritualité en milieu Kôngo, l'Harmattan.

Kinata(C), 2005, La formation du clergé indigène du Congo français : 1815-1960, l'Harmattan.

Kohler (M.J.K), 1902, Luis de Santangel and Colombus, Pajhs, Vol 10.

Lafiteau(J), 1734, Histoire des découvertes et conquêtes des Portugais dans le Nouveau Monde, Paris.

Lamal(F), 1956, Basuku et Bayaka des districts Kwango et Kwilu au Congo, Musée royal de l'Afrique Centrale, Tervueren.

Laman (K.E), 1953–68, *The Kôngo* 4 volumes, Uppsala : Studia Ethnografica Uppsaliensia.

Larose(S), 1977, The meaning of Africa in Haitian voodoo: article, symbols and sentiments: cross-cultural studies in symbolism, London, academics press.

Law (R), 1999,The bois caiman ceremony and the dahomian blood pact, Harriet Tubman seminar, Department of History, York University.

Lehuard (R), 1980, Fétiches *à clou à Bas-Zaïre.* Arnouville.

Livingstone (D), 1857,Missionary travels and researches in south Africa, John Murray, London.

Loembe(G), 2017, Parlons Vili : Langue et culture de Loango, l'Harmattan.

Lumanisa (F.B), 1969, Le Mukôngo et le monde qui l'entourait, ONRD, Kinshasa.

Mac Gaffey (W), 2000, Kôngo Political Culture, Bloomington and Indianapolis, Indiana University Press .

MacGaffey (W), 2000, Religion *and Society in Central Africa: The Bakôngo of Lower Zaire* Chicago, University of Chicago Press.

MacGaffey (W), 1988, "Complexity, Astonishment and Power: The Visual Vocabulary of Kôngo *Minkisi" Journal of Southern African Studies*14: 188-204.

MacGaffey (W), ed. and transl., 1991, *Art and Healing of the Bakôngo Commented Upon by Themselves* Bloomington, IN: Indiana University Press.

Madiou(T), 1989, Histoire D'Haïti : Tome 1 : 1492-1799, Port-au-Prince, éditions Henri Deschamps.

Magnus (L), 1890, Outlines of Jewish history, Revues Par M. Friedlander, Philadelphia: Jewish Publication Society of America .

Manso (M), 1877,Historia da Congo, Documentos, Lisboa.

Mars (J.P), 1959, De Saint-Domingue à Haïti : Essai sur la culture, les arts et la littérature, présence Africaine.

Massengo (M.M), 2005, Le vodou haïtien vu avec les yeux d'un Kôngo d'Afrique, édition Malaki Ma Kôngo.

Maurice(G), de Sschryver, Grollemund(R), Branford(S) et Bostoen(K),*Introducing a state of the art phylogenetic classification of the kikôngo la,guage cluster,Africana linguistica 21(2015).*

Mayima Mbemba (J.C), 2004, Assasinats politiques au Congo Brazzaville, rapport de la commission ad hoc de la conférence nationale souveraine, 25 février-10 juin 1991, ICES.

Mayoulou(E), 2006, L'histoire des forces armées dans l'espace culturel Koongo : Des origines à la colonisation, Publibook.

Mbemba Ndoumba(G), 2006, Les Bakôngo et la pratique de la sorcellerie : ordre ou désordre social, l'Harmattan.

Metreaux (A), 1972, Vodoo in Haiti, New York, Schocken Books.

Metraux(A), 1977, Le vaudou haïtien, Gallimard.

Miller (I), 2009,Voice of the leopard:African secret societies and Cuba,university of Mississipi press.

Mobley (C.F), 2015,The Kôngolese Atlantic : Central African slavery and culture from Mayombe to Haiti, thèse de Doctorat en Histoire, department of History, Duke University, supervisor Laurent Dubois.

Mullin (M), 1992, Africa in America, slave, acculturation and resistance in the American South And British Carribean 1736-1831, Urban And Chicago Édition .

Musée dapper, 2002, Le geste Kôngo.

Ndinga Mbo (A.C), 1984, Introduction à l'histoire des migrations au Congo (…), P.Kivouvou Verlag.

Ngoma Foutou (C), 1981, Histoire des civilisations du Congo, Paris, éditions Anthropos.

Nzeza(N), 2007, La variation dialectale koongo. Essai de classification des parlers koongo en RDC.M.A dissertation, Université de Kinshasa.

Obenga(T), 1979, Habillement, cosmétique et parure au royaume de Kôngo (XVIe-XVIIIe siècles), cahier congolais d'anthropologie et d'histoire, Vol IV : 25.

Obenga(T), 1974, l'Afrique Centrale précoloniale, Documents d'histoire vivante, Paris, Présence Africaine.

Obenga(T), 1977, Le Zaire : Civilisations traditionnelles et cultures modernes, Présence Africaine.

Olson (J.S), 1996,The peoples of Africa:An Ethnohistorical dictionary,Greenwood publishing group.

Palanque(C), 1909, Le Nil à l'époque pharaonique, son rôle et son culte en Égypte, Paris Librairie Emile Bouillon.

Pandi (A), 1984, La place et le rôle du palmier dans la civilisation de l'ancien Royaume Kôngo du XVe au XIXe siècle, Mémoire pour le DES, Histoire, Université Marien Ngouabi de Brazzaville (Congo).

Papyrus Harris I,

Papyrus d'Ani, British muséum, code bm.104.70.

Plancke (C), 2009, Rites, chants et danses de jumeaux chez les Punu du Congo Brazzaville, Journal des africanistes N° 791.

Pluchon (P), 1987, Vodoo, sorciers et empoisonneurs de Saint-Domingue à Haiti, Paris, Karthala.

Randles (W.G.L), 1969, L'ancien royaume du Congo des origines à la fin du 19eme siècle, Paris-lahaye, Ed mouton.

Ravenstein(E.G),The stranges adventures of Andrew Battell in Angola and the Adjoining regions,London,The Hakluyt Society-University of California libraries.

Rey(T), 1999, Le culte de la Vierge Marie en Haiti, Africa World Press.

Rey(N), 2005, Quand la révolution aux Amériques était nègre : caraïbes noirs, negros frances et autres oubliés de l'histoire, Karthala.

Riché (P.R), 2012, Chansoeme, mon petit éditeur, Paris.

Rinchon (D), 1934, La traite et l'esclavage des Congolais par les Européens, revue Belge de philologie, Vol 13, N° 1.

Roth (C), 1932, history of the marranos, Jewish publication society of America.

Sarcophage de la reine Mentouhotep, XIIIe dynastie, Berlin, Lepsius.A.Elteste Texte Bi.5.

Sauneron (S), 1998, Les prêtres de l'ancienne Égypte, Le seuil.

Savary des Brulons (J), 1748, Dictionnaire universel de commerce, édition Estienne et fils, Paris.

Scelle (G), 1906, histoire politique de la traite négrière aux indes de castille, Paris.

Simpson (G.E), 1965, Religious cult of the caribbean: trinidad, Jamaica and Haiti, Caribbean Monographs Series 15, San Juan University of Puerto Rico.

Schœlcher (V), 1889, 1982, Vie de Toussaint Louverture, Karthala.

Sepinwall(A.G), 2013, Haitian History : New perspectives, Routledge.

Soret (M), 1978, Histoire du Congo Brazzaville, Paris, Berger-Levrault.

Thornton (J.K): African soldiers in the Haitian revolution, journal of Caribbean history 25(1993).

Thornton (J.K), 1998, The Kôngolese Saint anthony, cambridge university press.

Thornton (J.K), 1993, " Je suis le sujet du roi de Congo ",Journal of world history,4.

Thompson (R.F), 1981,The Four moments of the sun:Kôngo arts in two world,National Gallery of Art.

Thompson (R.F), 1984,Flash of the spirit(…),Vintage Book édition.

Tonnoir(R), 1970, Giribuma : Contribution à l'histoire et à la petite histoire du Congo équatorial, Tervuren, Musée royal de l'Afrique Centrale (Annales, série 8, monographies ethnographies, N° 14.

Trouillot [R], TIDI fé boulé sous l'histoire d'Haïti

Tsiakaka [A], 1999, Emile Biayenda, grandeur d'un humble, édition du signe.

Tsiakaka [A], 2006, Fêter les jumeaux, les berceuses Kôngo, l'Harmattan.

Van der Kerken, 1944, L'ethnie Mongo, Bruxelles.

Van Dyck [J], Vocabulaire Kikôngo-Français, Tumba.

Van Hoogledes [H.R), 1940, Le martyr de Georges de Geel et le début de la mission au Congo : 1645-1652, Anvers.

Vanhee [H] et Dupré, [M.C], 1975, " Les systèmes des forces *nkisi* chez le Kôngo d'après le troisième volume de K. Laman, " *Africa* 45 : 12-28.

Van Wing [J], 1959, Études Bakôngo, Desclée Debrouwers, Bruxelles.

Vincent [J.F), 1966, Le mouvement croix-Koma : Une nouvelle forme de lutte contre la sorcellerie en pays Kôngo, cahier d'études africaines/Vol 6/N° 84.

Witwicki [R], 1992, Marie et l'évangélisation du Congo, Tome III, Qui est Marie pour vous ? Marie telle qu'on l'aime au Congo-Brazzaville, centre Chaminade.

Witwicki [R], 1995, Marie et l'évangélisation du Congo, Tome I, chronique de l'ère des missionnaires, Marie telle qu'ils l'ont fait connaitre au Congo [1594-1952], Brazzaville, centre Chaminade.

Wood (P), 1974, Negro in colonial South Carolina from 1670, through the stono Rebellelion, New York .

TABLE DES MATIÈRES

SOMMAIRE _______________________________________ 5

DÉDICACE _______________________________________ 7

REMERCIEMENTS _________________________________ 9

PRÉFACE ____ 11

AVANT-PROPOS __________________________________ 15

INTRODUCTION __________________________________ 17

I- LE MOUVEMENT DE LIBÉRATION DU KÔNGO ET LA DÉPORTATION DES KÔNGO POUR LES AMÉRIQUES _______________________ 21

  I.1- Le Royaume Kôngo _____________________________ 21

  I.2- LA PROPHÉTESSE KIMPA MVITA ET LA LIBÉRATION DU KÔNGO _____ 51

II- L'ARRIVÉE DES KÔNGO DANS LA COLONIE DE SAINT-DOMINGUE _____ 79

  II.1- LA TRAITE NÉGRIERE FRANÇAISE SUR LA CÔTE DE LOANGO, LIEU D'EMBARQUEMENT DES CAPTIFS KÔNGO POUR SAINT-DOMINGUE _____ 79

    ARMEMENTS DE NANTES (France) POUR LA CÔTE DE LOANGO ENTRE 1744 ET 1753, POUR LA DESTINATION DE SAINT-DOMINGUE _____ 81

    ARMEMENTS DE NANTES (France) POUR LA CÔTE DE LOANGO ENTRE 1754 ET 1767, POUR LA DESTINATION DE SAINT-DOMINGUE _____ 82

    ARMEMENTS DE NANTES (France) POUR LA CÔTE DE LOANGO ENTRE 1768 ET 1770, POUR LA DESTINATION DE SAINT-DOMINGUE _____ 83

    ARMEMENTS DE DUNKERQUE (France) POUR LA Côte DE LOANGO ENTRE 1766 ET 1784, POUR LA DESTINATION DE SAINT-DOMINGUE _____ 84

    ARMEMENTS DU HAVRE (France) POUR LA CÔTE DE LOANGO EN 1783, POUR LA DESTINATION DE SAINT-DOMINGUE _____ 85

  II.2- LES ESCLAVES KÔNGO DANS LA COLONIE DE SAINT-DOMINGUE _____ 86

  II.3- LES KÔNGO COMME MANIFESTATION DE LA SORCELLERIE AFRICAINE A SAINT-DOMINGUE ET LA SORCELLERIE COMME LE BÂTON DE PÈLERIN POUR LA LIBÉRATION DU JOUG COLONIAL _____ 94

    II.3/A- MARIE CATHERINE KINGUÉ : UNE SORCIÈRE KÔNGO DANS LA COLONIE DE SAINT-DOMINGUE _____ 97

    II.3/B- DON PEDRO : _____ 98

    II.3/C- FRANÇOIS MAKANDAL (MAKANDALA) _____ 99

    II.3/D- EMPEREUR BAKALA BIZANGO BAZIN Ier: _____ 105

    II.3/E- JERÔME POTEAU, TÉLÉMAQUE CANGA ET NÈGRE JEAN _____ 106

III- LE VODOU HAÏTIEN : UNE RENCONTRE DE PLUSIEURS TRADITIONS AFRICAINES, MAJORITAIREMENT KÔNGO : UN HÉRITAGE MAJORITAIRE DES SORCIERS KÔNGO ____ *109*

III.1- Les Divinités du rite Rada : _________________________________ **116**

III.2- Les Loas (divinités) du rite Petro-Lemba ____________________ **118**

III.3- Les divinités Congo ou rite Congo __________________________ **121**

III.4- Autres Loas (divinités) ____________________________________ **124**

III.5- Les Guédés ____ **125**

III.6- Les Vèvès ____ **125**

III.7- Rite Spécial Macaya et rite Mayombe _______________________ **127**

IV- ÉTUDES DE L'INFLUENCE DE LA LANGUE KIKÔNGO (H 10) DANS LE VODOU HAÏTIEN SUR LA BASE D'UN ÉCHANTILLON DE 3 PRIÈRES : ________ *130*

Prière du rite MAKAYA : Famille Benmbo Makaya / Fanmi Benmbo Makaya (prière A) ____ **130**

Identification des morphèmes Kikôngo et études des changements phonétiques du Kikôngo dans une prière du rite Makaya (prière A) _______________ **131**

Prière du rite MAYONMBE : Famille Makaya Genmbo / Fanmi Makaya Genmbo (prière B) ____ **132**

Identification des morphèmes Kikôngo et études des changements phonétiques du Kikôngo dans la prière du rite Mayombe (prière B) _______________ **133**

Prière (La priyè) performée dans la tradition Kanzo et Ginen du vodou Haïtien (prière C) ____ **135**

Identification des morphèmes Kikôngo et études des changements phonétiques du Kikôngo dans une prière de tradition Kanzo et Ginen (prière C) ______ **136**

V- LA POUPÉE VAUDOU OU LE FÉTICHE NKONDI DES KÔNGO ______ *138*

Les objets-liens ____ **139**

Les dagydes ____ **139**

L'acte de baptême ____ **139**

La poupée vaudou est le fétiche Nkondi des Bakôngo _______________ **139**

VI- LA TRADITION KÔNGO DANS LES LIEUX ET SANCTUAIRES EN HAÏTI ____ *142*

VI.1- Lakou (La cour) Soukri Danach à Gonaïves : Un sanctuaire de divinités Kôngo 142

VI.2- Lakou (La cour) Souvnans (Souvenance) aux Gonaïves : Un sanctuaire de divinités du Dahomey ____ **143**

VI.3- Lakou (La cour) Badio ou Badjo à Gonaïves : Un sanctuaire de divinités multi nations ____ **144**

VII- LE RÔLE ET L'APPORT DES KÔNGO DANS LA PÉRIODE RÉVOLUTIONNAIRE _____ *146*

VII.1- ROMAINE RIVIÈRE LA PROPHÉTESSE _____ **146**

VII.2- MACAYA ET LAMOUR DESRANCE _____ **147**

VII.3- JEAN BAPTISTE SANS SOUCI _____ **148**

VIII- LA CÉRÉMONIE DU BOIS CAÏMAN D'AOÛT 1791 : LA PLUS IMPORTANTE CÉRÉMONIE RELIGIEUSE D'HAÏTI. QUELLE TRADITION ? _____ *151*

IX- LA BATAILLE DE LA CROIX DES BOUQUETS : 22 MARS 1792 _____ *163*

X- LA BATAILLE DE L'ARTIBONITE OU LE SIÈGE DE LA CRÈTE-À-PIERROT MARS 1802 _____ *165*

DISCOURS DE DESSALINES SUR LA CRÈTE-À-PIERROT (Mars 1802). _____ **166**

XI- TOUSSAINT LOUVERTURE _____ *169*

XII- LA BATAILLE DE VERTIÈRES ET L'EFFORT DE GUERRE KÔNGO ABOUTISSANT À L'INDÉPENDANCE _____ *175*

XIII- EMPREINTES KÔNGO PENDANT LA PÉRIODE POST-RÉVOLUTIONNAIRE _ *185*

XIII.1- LE CULTE DE LA SAINT-JACQUES LE GRAND, LE CULTE DE LA VIERGE MARIE ET DE SAINT-ANTOINE EN HAÏTI : UNE SURVIVANCE DU ROYAUME KÔNGO _____ **185**

XIII.2- La tradition Kôngo dans les croyances nécrologiques et le rite funéraire des Haïtiens _____ **190**

XIII.3- LE CULTE MARASSA OU CULTE DES JUMEAUX EN HAÏTI ET LE CULTE MAPASSA EN PAYS KÔNGO _____ **192**

XIV- LA TRADITION KÔNGO ET L'UNIVERS FOLKLORIQUE HAÏTIEN _____ *195*

Le rara _____ **196**

La danse Congo _____ **198**

La Bamboula _____ **198**

Le Petro ou Petwo _____ **199**

La Juba _____ **199**

La contredanse à bois de lance _____ **199**

Le Banda _____ **200**

XV- LE PALMIER SUR LES ARMOIRIES DE LA RÉPUBLIQUE D'HAÏTI : UN SYMBOLE KÔNGO _____ *201*

CONCLUSION _____ *205*

ANNEXES ____ *213*

ANNEXE 1 ____ **215**
    LA LIBERTÉ OU LA MORT._____________________________ 215

ANNEXE 2 ____ **219**
    Le Leopard (Le " NGO ") _______________________________ 219

ANNEXE 3 ____ **221**
    Hymne National d'Haiti de 1893 à 1904 ___________________ 221

ANNEXE 4 ____ **223**
    Hymne national d'Haiti : La Dessalinienne, adopté en 1904 ______ 223

ANNEXE 5 ____ **225**
    Le serment du prophète Kôngo, Simon Kimbangu ___________ 225

BIBLIOGRAPHIE ______________________________________ *229*

DU MÊME AUTEUR

Monseigneur Dom Henrique Ne Kinu A Mvemba [1495-1531] : Premier noir évêque de l'Église Catholique, Edilivre, Saint Denis [France], avril 2018.

La traite négrière sur la baie de Loango pour la colonie du Suriname, 2e édition, Edilivre, Saint Denis [France], novembre 2018, Préfaces des professeurs Willem Frijhoff et François Lumwamu.

Estéban Gomez et Mathieu Dacosta : Marins noirs sur l'atlantique [XVIe et XVIIe siècles.], 2e édition, Edilivre, Saint Denis [France], novembre 2018, Préfaces des professeurs John.K.Thornton et Willem Frijhoff.

La Compagnie royale d'Afrique et les commerçants négriers anglais sur la baie de Loango : Entre 1650 et 1838, Études caribéennes N° 42 /2019 d'avril 2019, Université des Antilles, ISSN électronique 1961-859 X.